Filosofia Política • III / 4

editores:
Denis L. Rosenfield e Jean-François Mattéi

O Terror

Jorge Zahar Editor
Rio de Janeiro

Esta publicação conta com o apoio do PRONEX através do grupo de pesquisa em filosofia *Lógica, Ontologia e Ética*

Os artigos devem ser enviados para os editores, impressos em espaço duplo, acompanhados de disquete, para o seguinte endereço: Revista Filosofia Política
Departamento de Filosofia Curso de Pós-Graduação em Filosofia
IFCH/UFRGS
Caixa Postal 15.055
91501-970 Porto Alegre, RS
e-mail: denisrosenfield@terra.com.br
fax: (55) 3241-2157

Jorge Zahar Editor Ltda.
rua México 31 sobreloja
20031-144 Rio de Janeiro, RJ
tel.: (21) 2240-0226 / fax: (21) 2262-5123
e-mail: jze@zahar.com.br
site: www.zahar.com.br

Capa: Sérgio Campante

CIP-Brasil. Catalogação-na-fonte
Sindicato Nacional dos Editores de Livros, RJ.

T317 O terror / editores, Denis L. Rosenfield e Jean-François Mattéi. — Rio de Janeiro: Jorge Zahar Ed., 2002
(Filosofia política. Série III; n. 4)

Revista Filosofia política, Departamento de Filosofia, Curso de Pós-Graduação em Filosofia IFCH/UFRGS / editor, Denis L. Rosenfield

1. Terrorrismo. 2. Civilização moderna. 3. Pensamento e faculdade de pensar. I. Rosenfield, Denis L. (Denis Lerrer), 1950-. II. Mattéi, Jean-François, 1943-. III. Série.

CDD 909.82
02-1289 CDU 93

Sumário

CIVILIZAÇÃO E BARBÁRIE

Apresentação

O mundo mudou. Ele não será certamente mais o mesmo depois dos atentados de setembro de 2001. As torres que se volatilizaram levaram consigo crenças, representações e pensamentos. As vigas metálicas que mostraram a sua fragilidade quando atacadas por aviões, que se tornaram mísseis na ocasião, indicam não somente a fragilidade militar e policial de um Estado bem constituído e democrático como o americano, mas também nosso modo de lidar com a violência sob essa forma pura, sem causas.

O espetáculo de boa parte da inteligência brasileira e mundial foi de uma tristeza desoladora. Desarmada no pensamento, procurou imediatamente causas, como se causas materiais pudessem ser apresentadas para explicar acontecimentos dos mais aterradores. Quando o pensamento se recusa a se debruçar sobre o que acontece, quando se recusa a analisar algo inaudito, é porque estamos sob o signo de uma ausência de reflexão ou, inclusive, de uma tentativa de tudo reduzir a clichês por demais usados e ultrapassados.

Vimos se desenvolver tentativas de justificar os atentados ao World Trade Center como se fossem um ato legítimo de uma luta contra o "neoliberalismo" ou o "imperialismo". A pobreza de pensamento chegou aqui a seu ápice, como se fosse possível voltar ao período anterior à queda do muro de Berlim. Alguns entenderam a destruição das torres gêmeas como o signo de uma reconstrução desse muro, agora, afinal, fortalecido e posto no seu devido lugar. A história, já dizia Marx, só se repete como farsa.

O pensamento, quando se exerce, afronta precisamente a questão das coisas que mudaram de lugar, ninguém podendo mais se acomodar a uma ideologia estabelecida e defendida de antemão. Este número da revista foi elaborado na perspectiva dessa necessária abertura da reflexão. Como poderá ser constatado em sua leitura, ele abriga contribuições dos mais diferentes horizontes políticos, teóricos e filosóficos, tendo como único objetivo perseguir os traços que podem nos conduzir à reflexão sobre algo novo, algo que procura comprometer aquilo mesmo que consideramos como liberdade ou democracia.

As questões suscitadas são tão decisivas que envolvem conceitos caros à nossa tradição, tais como cultura, civilização, democracia, mal, barbárie, pluralismo, reconhecimento, para só mencionar alguns deles. O horizonte das contribuições foi bastante amplo, implicando pessoas que trabalham com literatura, psicanálise, política e filosofia. Os ângulos de abordagem recortam, portanto, diferentes aspectos da realidade, realçando ora determinado enfoque, ora outro, porém sempre com a preocupação de perscrutar aquilo que procura fugir do pensamento. As torres voaram; a tarefa do pensamento consiste em pegar os seus destroços no ar.

O presente volume foi feito a quatro mãos, sendo publicado simultaneamente na França e no Brasil. O Professor Jean-François Mattéi foi o responsável pelas contribuições francesas, enquanto eu mesmo me encarreguei da participação brasileira. A ele, os meus mais sinceros agradecimentos.

DENIS L. ROSENFIELD

Terrorismo e barbárie

A BARBÁRIE DA INTELIGÊNCIA OU O *GROUND ZERO* DO PENSAMENTO

Jean-François Mattéi
Institut Universitaire de France
Université de Nice-Sophia Antipolis

Acrescento ainda isto para os destruidores de colunas.
É realmente uma grande loucura jogar sal no mar e colunas no lodo.
A coluna estava deitada na lama de vosso desprezo — mas sua lei quer
que por ela renasçam do desprezo a vida nova e uma beleza viva!
F. Nietzsche[1]

O espectador substitui aquilo que as obras de arte reificadas não dizem
mais pelo eco padronizado de si mesmo que ele percebe a partir delas.
T. W. Adorno[2]

Terror

Pouco tempo após os atentados de Nova York e de Washington, o compositor alemão Karlheinz Stockhausen declarava em uma conferência de imprensa realizada em Hamburgo, em 16 de setembro de 2001:

> Isto a que assistimos, e vocês devem doravante mudar totalmente sua maneira de ver, é a maior obra de arte jamais realizada *(Das ist das größte Kunstwerk überhaupt)*. Que espíritos atinjam num só ato o que nós, músicos, não pudemos conceber; que pessoas se exercitem fanaticamente durante dez anos, como loucos, para um concerto, depois morram. Imaginem o que ocorreu. Cinco mil pessoas estão concentradas sobre uma representação e são, num instante, arremetidas rumo à ressurreição. Eu jamais chegaria a tanto. Diante disso, nós, compositores, não somos nada.[3]

Em 19 de setembro, inquieto com as reações da mídia e com a anulação dos concertos previstos, Stockhausen publicava um comunicado retificativo. Suas colocações deviam ser postas no contexto do encontro, que discorria sobre seu ciclo musical, *Licht (Luz)*, sete óperas cósmicas distribuídas em sete dias. A expressão "obra de arte" fazia referência em seu espírito à ação destruidora do diabo em "O sonho de Lúcifer", primeira cena da ópera *Sábado,* cujos protagonistas são o arcanjo Miguel, Eva e Lúcifer. "Um tal plano [o atentado contra as torres de Manhattan] aparece como a maior obra-prima de Lúcifer. Utilizei a expressão 'obra-prima' para significar o trabalho de destruição personificado por Lúcifer, espírito cósmico de rebelião e anarquia." E o compositor precisa *in fine*: "Eu evoquei o papel da destruição na arte."

O arrependimento, ao que parece, era inútil. Qualquer que tenha sido a responsabilidade de Lúcifer no plano diabólico de Bin Laden, Stockhausen fizera um julgamento estético e subjetivo sobre os atentados do World Trade Center que descartava deliberadamente toda consideração ética e objetiva. A destruição das torres gêmeas e de seus habitantes não era julgada em função da realidade efetiva dos atos, mas segundo o ponto de vista dos espectadores que outorgariam às vítimas uma "ressurreição" fictícia na sua lembrança. O terror se encontrava, assim, magnificado num espetáculo que acedia, pelo jogo de olhares cruzados para as telas de televisão, ao estatuto de uma "representação" artística pairando sobre a história: a morte de vários milhares de pessoas era elevada à posição de "a maior obra de arte jamais realizada". Diante da estetização sublime de uma realidade sangrenta, justificada pela necessidade da *destruição* artística, os criadores deviam confessar sua nulidade com relação aos terroristas — "não somos nada" — e saudar ao final "o papel da destruição na arte". Stockhausen teria podido suspirar, no lugar de Bin Laden: *qualis artifex...!*

Algumas semanas mais tarde, Jean Baudrillard publicava no *Le Monde* um memorável artigo sobre "O espírito do terrorismo"[4]. Ele reconhece no atentado de Nova York, de modo hiperbólico, "o evento absoluto, a 'mãe' dos eventos, o evento puro que concentra em si todos os eventos que não tiveram lugar". De novo, a realidade do crime era submetida à "fulgurância inesquecível das imagens", ou seja, à ficção saída "desta imaginação terrorista (sem o saber) que nos habita a todos". O ponto de apoio da alavanca do terror se via duplamente deslocado: quanto ao mundo, da realidade ao imaginário; quanto ao homem, dos autores dos atos aos seus espectadores cúmplices. Todos tínhamos sonhado um tal acontecimento — acusava, com efeito, Baudrillard —, todos, "sem exceção", tanto que se poderia sustentar, obviamente até o limite — limite da lógica ou da moral? — esta afirmação provocante: se se deve admitir que "foram eles que o fizeram", na verdade "fomos nós que havíamos querido". A análise baudrillardiana repousava sobre a hipótese de que o desenvolvimento exponencial de uma potência a impele invencivelmente a se destruir, de maneira que esta hiperpotência exasperada, no caso a do sistema ocidental, é a "cúmplice de sua própria destruição". A conclusão se impunha em toda lógica: as torres arrogantes de Manhattan não se despedaçaram sob o efeito do ataque dos aviões-camicases; "cometeram suicídio" ao erigir suas colunas gêmeas e soberbas no céu americano. Foi o Ocidente que, transformado em suicida, declarou guerra a si mesmo, ainda que tenha passado pela mediação oriental da Al-Qaeda.

Ficção

As reações de Stockhausen e de Baudrillard parecem-me reveladoras do apagamento progressivo do horizonte moral na paisagem intelectual contemporânea. Pois não se pode falar de moral ali onde o sujeito, reduzido ao papel de espectador, não percebe mais que seu próprio eco no silêncio do real. Tal é realmente a lição do 11 de setembro, segundo Baudrillard: o espetáculo do *terrorismo* se revirou em terrorismo do *espetáculo* e a violência da *realidade,* em *ficção* da violência. O terror que sentimos não é, em todo estado de causa, "real"; ele é, mais inquietante ainda, "simbólico", e arrisca levar os Estados democráticos a se abrigarem detrás de uma "globalização policial" que equivaleria a um "terror securitário". Poder-se-ia objetar que a globalização policial havia sido adquirida com a Interpol, que precedeu de longa data a Internet, e que sua assimilação ao terror securitário, considerando tudo menos inquietante que o perigo terrorista, não se estabeleceu em nenhum momento. Não está aqui, portanto, o ponto essencial. A questão colocada pela catástrofe do 11 de setembro deve-se ao fato de que, conforme a imagem de Stockhausen e de Baudrillard, o intelectual contemporâneo pensa menos em termos de *realidade*, a dos atentados, dos terroristas e das vítimas, que em termos de *ficção,* a de suas construções ideológicas. O juízo estético fez-se pouco a pouco substituto do juízo moral para diminuir o choque: a realidade da violência é um espetáculo a que assistimos e que devemos interpretar em termos de ficção, mesmo se os milhões de mortos dos atentados, em Nova York, Jerusalém ou Karachi, sejam, por sua parte, bastante reais. Atinge-se então — e eu verei aqui a manifestação mais aguda do terrorismo de espírito, mais exatamente, de sua barbárie — a dupla denegação da realidade e da humanidade. Não teria como se ficar atônito: Eróstrato e Nero já se regozijavam, enquanto artistas, do crime que haviam perpetrado.

Enquanto a reflexão de Stockhausen tem valor de sintoma — o de uma estetização, ou seja, de uma subjetivização da vida —, a análise de Baudrillard tem valor de testemunho — o de uma desmoralização, ou seja, de uma barbarização da existência. Cada uma coopera, contudo, com a outra, e ambas se reforçam na indiferença a um julgamento ético incidindo sobre ações criminosas e no desaparecimento de uma instância normativa. A apreciação deve se situar sobre um outro terreno, revela Baudrillard. Se o sistema mundial dominante, quer se chame capitalismo, liberalismo ou democracia, produz seu próprio esgotamento do fato de faltar um adversário reconhecido — outrora o nazismo ou o comunismo — como se "o próprio mundo" resistisse à "globalização", isso é porque toda hegemonia secreta porta no seu próprio corpo os fermentos de sua destruição. Em termos metafísicos, pois se trata realmente de uma tese metafísica a que Baudrillard põe em cena sob vestes políticas. O poder de toda unidade culminando em seu paroxismo produz sua própria negação e a explosão — terrorista — de seu processo de homogeneização.

Trata-se aqui de uma variação sobre a tese da "autodestruição incessante da razão" na obra de Horkheimer e de Adorno, *A dialética da razão,* que se realiza nesta constatação implacável: "O terror e a civilização são inseparáveis"[5]. Os autores sustentam, com efeito, que a razão, no centro do pensamento ocidental, impõe à realidade um ascendente totalitário através de sua obsessão com uma totalidade que ela quer unificar com todas as forças. Um axioma filosófico inicial funda e justifica esta tese: "*A priori,* a razão não reconhece como existência e ocorrência senão o que pode ser reduzido a uma unidade; seu ideal é o sistema onde tudo pode ser deduzido".[6] E o sistema, como estrutura do saber global, assim como estrutura da técnica e da economia globais, se nomeia hoje em dia "globalização". Todo processo de unificação, quer se produza no pensamento ou na realidade, é naturalmente destruidor das multiplicidades e das diversidades, o que Horkheimer e Adorno entendem pela "destruição dos deuses e das qualidades"[7]. O silogismo parece inapelável: a racionalidade, da qual a globalização é a figura de escala planetária, é um espírito de sistema; ora, o espírito de sistema é o espírito do terrorismo; *ergo,* a racionalidade é o espírito do terrorismo. Basta constatar que os terroristas utilizaram as armas específicas do Ocidente — o dinheiro, a especulação financeira, os processos informáticos, as técnicas aeronáuticas e as redes de mídia — para compreender que o terrorismo nasceu nos porões do sistema econômico mundial.

Desde então, somos tentados a falar, com Jean Baudrillard, não somente de um "terrorismo dos ricos", sem dúvida o dos capitalistas, mas também de um "terrorismo mental mais sutil ainda", talvez o dos intelectuais. Com efeito — e nós aqui nos chocamos contra o limite da análise, limite tanto lógico como moral —, o autor deve convir que sua própria hipótese é, por sua vez, uma hipótese com forma terrorista, pois que o sistema intelectual ocidental, do qual Baudrillard é parte interessada como todo o mundo, determina sua própria ruína acedendo à unidade. Ora, a hipótese em questão apresenta-se explicitamente como unitária e hegemônica imitando o sistema que ela combate: "A hipótese terrorista é que o próprio sistema se suicide em resposta aos desafios múltiplos da morte e do suicídio." Admitamos, então. Mas foi o sociólogo ele próprio, e não o chefe da Al-Qaeda, que apresentou a hipótese de uma decomposição do sistema racional do Ocidente, qualificando-a de "hipótese terrorista". Como um bumerangue, essa hipótese reflexiva retorna forçosamente àquele que a lançou.

Claramente, a elaboração do modelo terrorista, caso se tomem a sério as análises de seu autor, provém também do terrorismo. O intelectual ocidental que assimila os *atos* terroristas a uma *ficção*, "uma ficção ultrapassando a ficção" como nos diz, está contaminado por este terrorismo ficcional (*terrorismo mental* ainda mais sutil, certamente) que Baudrillard não percebe ou faz de conta que não percebe. Tal é a lógica implacável, tão implacável quanto uma bomba humana, de cada hipótese que incrimina a unidade e a hegemonia como fonte de opressão, ao mesmo tempo em que se apresenta ela própria como hegemônica e unitária. O teatro da crueldade do intelectual é implacável à verdade: ele põe em cena um ator algoz de si mesmo que consagra à destruição seu papel, assim como a peça que ele encena. "Não há solução para esta situação extrema", ele conclui secamente; entendamos aqui solução intelectual, porque a hipótese da unidade, na sua lógica fria, bloqueou todas as saídas. Uma só solução resta, efetiva desta vez e não fictícia: a da morte; o espírito do terrorismo é a morte do espírito.

A razão

O diagnóstico de Baudrillard parece-me irrefutável em um ponto decisivo. O terrorismo é uma violência unitária e totalitária inscrita no homem de tal modo que o espírito do terrorismo engendra, por sua convulsão interna, o terrorismo do espírito. Sua análise resta, contudo, insuficiente, a não ser que alguém se satisfaça com o fato consumado e ponha no mesmo plano vítimas e algozes, cúmplices respectivos uns dos outros — "cumplicidade inconfessável", desliza Baudrillard, mas mesmo assim admitida e reivindicada pelo autor. O *fato* do terrorismo, identificado ao *fato* da globalização, evacua toda reflexão sobre o *direito* do espírito de se satisfazer com uma hipótese que, em última instância, justifica o fato consumado. No fundo, o que o sociólogo nos constrange a admitir é que somos impotentes contra a globalização e contra o terrorismo, porque ambos se apresentam, tão inseparáveis quanto as torres gêmeas, como reflexos invertidos de uma mesma totalidade. Ora, como lutar contra a totalidade sem abraçar a própria totalidade, utilizando meios totalitários, que sejam chamados controle, regulação, polícia, segurança ou guerra contra o terrorismo?

Uma contradição análoga atravessava as análises de Horkheimer e Adorno há meio século. Se é verdade que "a razão é totalitária" e que seu instrumento, a abstração, é "um empreendimento de liquidação"[8], como mostra hoje a economia mundial vista sob a forma de um sistema generalizado de produção e de troca, então ninguém pode lutar contra a razão. Sobretudo ninguém pode elaborar uma hipótese de pesquisa, "dialética da razão" ou "espírito do terrorismo", pois a única faculdade de elaboração de hipóteses teóricas e de realizações práticas é a razão universal. Além do mais, onde encontrar um outro recurso? A dialética da razão, em Horkheimer e Adorno, o espírito do terrorismo, em Baudrillard, continuam sendo, a despeito dos arrependimentos sobre sua cumplicidade confessada ou inconfessável, manifestações da razão. Reconhece-se a filiação lógica das análises dos filósofos alemães na constatação do sociólogo francês: se a razão, para uns, ou o Ocidente para o outro, é assimilada à "radicalização do terror mítico"[9] enquanto sistema universal, é impossível escapar, porque o apelo do mito nos é interdito por esse mesmo terror. *Tudo é terror*, mitos, religiões reveladas, racionalidades científicas, procedimentos técnicos ou processos econômicos, para Horkheimer e Adorno, de modo que é impossível saber como eles poderiam arrancar a razão das garras da razão. *Tudo é terrorismo,* "terrorismo informático, terrorismo biológico, terrorismo do antraz e do boato", terrorismo das mídias, terrorismo dos espetáculos, terrorismo da própria "hipótese terrorista", para Baudrillard. Conseqüentemente, nenhuma esperança é concedida à humanidade, pois se identificou, desde a origem, a razão com a história para este, o terrorismo com a civilização para aquele, a universalidade da justiça com a universalidade do crime para as duas interpretações. Somos ao mesmo tempo autores e cúmplices de nossa própria destruição.

Um mesmo preconceito limita, e sem dúvida condena à contradição, as análises de Horkheimer, de Adorno, de Baudrillard e de todos os intelectuais que se entregam à misologia. Imputam à razão, princípio metafísico colocado imediatamente como universal, e à sua forma econômica, a globalização ocidental, o terror que o homem sofre através da história, interditando-se por isso mesmo de dominá-la por uma reflexão e uma prática racionais. Recusando-se a separar o mau uso da razão de seu uso legítimo, em outros termos, fechando-se num monismo metafísico cujo aspecto totalitário eles condenam contraditoriamente, em vez de aceitar o dualismo ético que, teria dito Kant, é um *fato da razão*, a oposição do bem e do mal e não sua identificação, assim justificam as formas mais extremas de violências. Ao mesmo tempo, eles dão fim a toda exigência moral — "sejamos nós mesmos imorais", escreve tranqüilamente Baudrillard —, porque a globalização é imoral do mesmo modo que o terrorismo. Assim foi possível interpretar o artigo de Baudrillard, em paralelo com a declaração de Stockhausen, como um reconhecimento, se não uma apologia da ação terrorista, uma obra de arte em um caso, e mesmo a maior de todas, uma ficção, no outro, e mesmo a mais elevada, da qual seríamos os cúmplices espectadores. A ficção da civilização é identificada com a ficção do terrorismo — o terrorismo reativo de Bin Laden respondendo, em cada um de seus elementos, ao terrorismo ativo da globalização.

Esta hipótese do "terrorismo mental", de que seríamos os autores e as vítimas, parece-me sem nenhuma consistência. Deveria ser substituída pela hipótese da "barbárie interior", cujos efeitos diversos descrevi na minha obra sobre o *imundo moderno*[10]. Há, sem dúvida, nisto que se chama em francês de "mundialização", uma impossibilidade de constituir um *mundo comum*, conjunto ordenado de coisas dotadas de sentido no seio das quais o homem possa habitar com os outros homens, como pensava Heidegger, em lugar de ali reinar, como esperava Camus. Mas a realidade do mundo resiste tanto à globalização das trocas quanto à destruição terrorista dos homens. Pois tal é a barbárie da inteligência à qual intelectuais demais se sacrificam sem hesitar: a recusa da realidade em nome da ficção de suas hipóteses, ou seja, da ficção do sujeito autoproclamado que os constitui. Amarga vitória do estético kantiano: o juízo objetivo determinante, que submetia o particular ao universal, cedeu lugar ao juízo reflexivo que não se refere mais ao objeto, mas reflete a operação do sujeito remetendo-o, segundo a palavra de Adorno, "[ao] eco padronizado de si mesmo"! Stockhausen e Baudrillard não discernem nos atentados de 11 de setembro, apesar das destruições objetivas dos prédios e dos homens que devem ser julgados como tais, destruições de partes inteiras de mundo e de humanidade, senão um fenômeno subjetivo dependente da ficção. E essa "ficção ultrapassando a ficção", numa sublime hipérbole, permite reduzir "o real" à "última e mais temível ficção". A desrealização do real, em favor das impressões do espectador desengajado, tranqüilo na calma de seu retiro — *Suave mari magno...* —, é ao mesmo tempo a desrealização da moral que não tem mais domínio a que se aplicar. Como julgar, com efeito, um ato terrorista quando a vítima se confunde com o agressor e quando o crime é repudiado em favor da ficção de um olhar, ou da estetização de uma postura, as quais são doravante a única "realidade" a se levar em conta?

Realidade

Encontra-se disso uma ilustração convergente na exasperação recente da luta armada entre os israelenses e os palestinos; os observadores sublinharam suas repercussões internacionais com o combate sem trégua da Al-Qaeda contra os interesses americanos e ocidentais. A questão ética levantada pelo conflito do Oriente Próximo não diz respeito à legitimidade das reivindicações das duas partes, que depende do campo da história e da política, mas à justificação do terrorismo contra as populações civis, em violação das convenções internacionais e das leis da guerra. É sobre esta única realidade, a dos atentados cegos contra vítimas aleatórias, que o julgamento moral deveria legitimamente se exercer. Ora, as críticas da política israelense — relacionadas em primeiro lugar ao general Sharon, depois ao conjunto dos dirigentes israelenses, antes de se estender, no entender de grupos como o Hamas que reivindica os atentados mais sangrentos, ao conjunto dos "judeus" — preocupam-se pouco em denunciar as ações terroristas palestinas. Eles colocam sistematicamente em pauta o terrorismo do Estado de Israel contra o qual seus adversários não teriam outro recurso além das explosões causadas pelas bombas humanas. O terror dos camicases estaria apenas respondendo ao terror dos militares, e o terrorismo dos oprimidos ao terrorismo dos possuidores, num lance dobrado de terror que logra aterrorizar o terrorismo tomando suas próprias armas.

Um tal argumento só teria valor se a condenação dos dois terrorismos, qualquer que seja o véu ideológico que os cobre e qualquer que seja o seu contexto político, fosse igualmente partilhada fundando-se na realidade dos excessos das partes presentes. Basta ler os posicionamentos dos intelectuais pró-palestinos para constatar que o terrorismo dos camicases, que vai estraçalhar uma população sem defesa, é discretamente passado em silêncio. Quando ele é condenado, é da boca para fora, e por razões mais retóricas que morais. Trocando o terreno das armas pelo da ciência, não hesita nem mesmo em gelar as relações com os pesquisadores israelenses, julgados solidários com o terrorismo de Estado de seu país, não hesitando em impor a esses presumidos terroristas uma responsabilidade e uma punição coletivas. A confusão entre os dois terrorismos, que a prepara entre vítimas e algozes, obedece mais uma vez à confusão entre realidade e sua imagem. As televisões mundiais exibem à vontade as brutalidades e as violências, bem reais, das tropas israelenses nos campos palestinos, porquanto, a despeito da censura militar, elas são visíveis e previsíveis por serem o fato de um exército ocupando um território estrangeiro. Mas as televisões não podem mostrar os atentados dos camicases que explodem suas bombas no interior de um restaurante ou numa parada de ônibus, na medida em que essas ações são, por definição, imprevisíveis. Na ausência de câmeras, "a representação", para falar com Stockhausen, encontra-se anulada: a imaginação dos espectadores não pode compadecer-se senão com aquilo que vêem, o que lhes permite relativizar, em vez de apagar, a realidade dos crimes terroristas.

É chocante notar a que ponto muitos dos que partilham a causa palestina ou que, com alguma provocação, identificam-se com os muçulmanos em seu conjunto tendem a desrealizar os atos de terror que dizimam uma população civil, inextricavelmente misturada de judeus e de árabes israelitas, sem se interrogar sobre a hemiplegia ética de sua escolha. O único argumento deles consiste em comparar o desespero dos palestinos, privados de pátria, algo cuja injustiça ninguém contestará, com a necessidade de resistir à ocupação israelense pelas armas do terrorismo. Mas necessidade não faz lei, nem obrigação moral. Nenhum desespero poderia justificar que uma bomba humana seja lançada no meio de uma multidão desarmada, matando e mutilando civis, homens, mulheres e crianças de todas as idades, que não têm nenhuma responsabilidade pessoal no conflito armado. O agente terrorista transmite sua cegueira à argumentação daqueles que, fechando os olhos, tornam-se cúmplices de seus crimes pela constante denegação da realidade. Estamos em presença de uma cegueira intelectual, que, evitando olhar uma representação à qual não assiste, por falta de acepipes ficcionais picantes o bastante, justifica a perpetuação do terrorismo e de seus massacres.

Regra geral, a barbárie intelectual aparece quando o homem se recusa a olhar a realidade de frente, e, pela via conseqüente, o terror, sempre que a realidade é terrível. Logo lhe dão um viés pela ficção, desrealizam-na por meio da retórica, destroem-na por via da metáfora. Aceita-se por isso mesmo, numa verdadeira abdicação do espírito, que ela destrua aqueles que, no momento de morrer, num súbito fulgor, na sua queda e em seu abrasamento, tomam consciência da impiedosa *realidade* do mundo. As petições internacionais contra a política israelense somaram-se nesse ponto à "petição dos 113" intelectuais franceses, assinada sem demora por 500 deles, que lançava em outubro de 2001 um apelo contra a guerra no Afeganistão. Sem ter em conta a resolução 1368 do Conselho de Segurança que, no dia seguinte aos atentados, autorizava os Estados Unidos a fazer retaliações militares contra os agressores em nome do "direito inerente à legítima defesa individual e coletiva", uma proclamação delirante atacava a "cruzada imperial" da "armada ocidental". Confundia, sem cuidado com gradações, as "legiões imperiais" americanas com "o terror de Estado israelense"; condenava, a propósito das represálias contra Bin Laden e os talibãs, o verdadeiro "apelo ao linchamento" e o retorno à "lei de talião"; para finalmente terminar identificando a luta contra a réplica armada com as "resistências à globalização de mercado", sem suspirar sequer uma palavra sobre a globalização terrorista que era ali a única questão.

Um dos exemplos mais reveladores desta embrulhada da realidade com a ficção foi dada por Michel del Castillo na sua violenta diatribe contra a obra de André Glucksmann, *Dostoïevski à Manhattan*[11]. Este último tivera a audácia de identificar o terrorismo ao niilismo, reclamando-se do autor dos *Demônios*. A junção dos nomes de "Dostoievski" e de "Manhattan" seria "no melhor dos casos, uma aberração; no pior, uma indignidade". Porque Dostoievski havia feito do Palácio de Cristal de Londres "a metáfora" de uma civilização ocidental que o velho-crente rejeitava, Michel del Castillo projeta sobre as torres gêmeas o mesmo jogo de metáforas negativas que assimila esta moderna "torre de Babel" à "implacável desumanidade do capitalismo" para justificar implicitamente sua destruição. Ele se pergunta aquilo que o escritor russo teria pensado dessas "torres lisas e cintilantes, abrigando bancos, companhias de seguro, lojas de câmbio, todo um exército de negociantes e de especuladores...". A lista é bem incompleta. Havia também a livraria Borders, freqüentada por intelectuais, butiques de arte, floristas, lojas de alimentação, restaurantes e cafés, todo um mundo de trabalhadores de cinqüenta nacionalidades que tinham, assim como os dirigentes capitalistas, o direito de viver. Podem-se reduzir os assalariados do World Trade Center, assim como os turistas presentes naquela manhã sobre o observatório panorâmico, a "um exército de negociantes e de especuladores", ascensoristas e faxineiras compreendidas, sem dizer uma palavra sobre seu fim atroz, uns queimando vivos em escadarias, outros se jogando no vazio de quatrocentos metros? Não se perguntará, em troca, o que a imagem das torres e de seus habitantes inspira àquele que não vê em Bin Laden um terrorista, mas um homem que "imagina estar levando a cabo um combate espiritual"? "Um homem — louco sem, dúvida —, perturbado, criminoso. Mas um homem. Meu igual."

Meu igual, o termo é judicioso; *meu irmão* se impunha ainda mais. Michel del Castillo esquece, entretanto, que uma semelhança joga nos dois sentidos. Se o escritor se reconhece espontaneamente no terrorista, e não no negociante, é que ele reivindica um terrorismo mental que justifique, não mais ficticiamente, desta vez, mas realmente, o terrorismo da ação. São apenas propósitos de intelectuais, alguém argumentará, e a escritura não é um crime: ninguém culpará aqueles que, embrenhados em suas diatribes, não têm nada mais além de tinta nas mãos. Mas, se não há passagem ao ato, há certamente passagem à barbárie no instante em que se atenta contra a inteligência, pedindo-lhe justificar, pelo viés da ficção, o que pertence ao injustificável: a realidade do terror. No início de seu artigo, Michel del Castillo recusava-se claramente a identificar-se com as vítimas do 11 de setembro — "Somos todos americanos? Eu não." —, mas ele não hesitava em proclamar, exibindo sua solidariedade com os algozes que haviam matado em nome do Islã: "Eu sou um muçulmano." A justiça revelaria a pertença simbólica do homem a um grupo social ou religioso sem que se tenha em conta a realidade de seus atos? Um criminoso deveria ser exonerado de seu crime porque ele faz parte de uma comunidade estrangeira cujo intelectual seria imediatamente solidário, e uma vítima não seria mais inocente porque pertence a uma comunidade próxima daquele que a julga? A coisa, é verdade, não é nova. Nas primeiras páginas do *Émile,* Rousseau ironizava já as belas almas de seu tempo, "cosmopolitas que vão procurar em seus livros", dizemos hoje em dia nas mídias, "os deveres que se negam a preencher em torno deles". E ele terminava por esta flecha sem réplica: "Tal filósofo ama os tártaros por estar dispensado de amar seus vizinhos."[12]

Barbárie

Esta indiferença claramente exposta em relação à realidade pode culminar na sua involução bárbara. Viu-se também aquele caso escolar, o da *Terrível impostura* de Thierry Meyssan, invadir, em abril de 2002, todas as mídias francesas para denunciar a incrível maquinação. O subtítulo da obra informava ao público, mui explicitamente, acerca da tese do autor: "Nenhum avião chocou-se contra o Pentágono". As imagens do atentado de Washington não mostrariam, com efeito, resíduos suficientemente importantes para provar a realidade de uma catástrofe aérea, e mais ainda, a existência de terroristas, a despeito dos testemunhos, das expertises e das vítimas. Concluía-se que o atentado fora perpetrado pela CIA, que pusera bombas no enclave do Pentágono, e que os serviços secretos americanos, por outro lado, haviam dissimulado a existência de uma de suas bases no World Trade Center. Inocentada de todo crime, a Al-Qaeda não seria senão o pára-vento, ou o álibi, de um terrorista mais dissimulado: os próprios dirigentes americanos! Já se tinha visto os críticos mais radicais à política israelense adiantar que os ataques contra as torres gêmeas eram obra de judeus porque os eventos ulteriores fortaleceram a autoridade de Sharon e a impunidade de Israel. Acusam-se agora as autoridades políticas americanas de ter querido destruir o centro de sua própria defesa para melhor estigmatizar um inimigo exterior. A ideologia ficcional elimina aqui todo princípio de realidade para se abandonar a uma visão delirante que fecha o sujeito em suas próprias fantasias. Mas o quê? São loucos, teria dito Descartes, e ninguém deveria se regrar conforme os exemplos deles. Entretanto, esses loucos se tomam por intelectuais, evocam orgulhosamente Voltaire e servilizam a inteligência ao repudiar a realidade em favor de quimeras. E como não há outra instância de legitimação que a inteligência, pois somente ela pode se elevar à altura da verdade, é com a própria inteligência que esses intelectuais aceitam romper para se abismar, à imagem dos terroristas que eles defendem, nos seus próprios escombros.

Ao terror dos criminosos responde a barbárie dos intelectuais quando eles escolhem abolir, com sua inteligência crítica, toda relação com a realidade e todo recurso à ética. A barbárie intelectual, essa perpétua tentação dos clérigos, é o *ground zero* do pensamento a partir do momento em que ela desmorona sobre o seu próprio solo recusando-se a se elevar ao princípio de inteligibilidade universal que Platão nomeava o bem. Sócrates já alertara seus interlocutores contra o enfraquecimento da alma no seu "lamaçal bárbaro"[13], sua regressão ao caos primitivo, do instante em que se priva daquela luz que, iluminando o mundo, abre o horizonte do sentido. A queda das colunas gêmeas em pleno dia, cobertas logo depois por uma nuvem noturna, permanecerá como o símbolo dessa *catástrofe ética* para quem quer compreender a realidade moral do terrorismo. Cada um ressentiu a irreversibilidade dessa catástrofe intelectual, no sentido grego do termo, a *katastrophé* dizendo a precipitação brutal do alto para baixo, *kata,* o despencar, a ruína e a morte. Inversamente, a *epístrofe ética* consiste para o espírito em retornar para a boa direção, subindo até aquela altura do bem, *épi,* em que a inteligência descobre sua morada hospitaleira. Designando em Plotino o movimento de conversão da alma, a *epístrofe* deixa entender a elevação do homem a partir de seu ato criador, hoje como ontem, em Roma como em Nova York, em um Thelonious Monk, por exemplo, usado, quebrado, esgotado, na composição sobre três notas que porta esse nome[14]. A epístrofe desvenda a edificação da obra, incansavelmente retomada, que não se satisfaz com o gozo maligno da destruição. A catástrofe, ao contrário, testemunha a queda brutal do espírito quando ele se amputa da realidade e, ocultando a luz da ética, ofusca ao mesmo tempo a da inteligência.

De que serve, para o compositor, cantar o espírito cósmico de rebelião; de que serve para o intelectual saudar a espiral do terrorismo; de que serve justificar a violência, para o homem, de uma mundialização que perdeu seu mundo? O terror e a barbárie, fechadas para sempre sobre seu mutismo, não trazem nenhuma resposta. E se o julgamento estético permanece ele próprio mudo em matéria de moral, a criação artística pode, entretanto, indicar o caminho, "o bom caminho que sobe *para o alto*", confiava Nietzsche[15]. Tal é a lei da edificação humana. A despeito de Lúcifer e de sua luz negra, o trabalho de destruição não tira a obra de seu desprezo: a coluna deve ser tirada do lodo para fazer renascerem a inteligência e a vida.

Tradução: Lawrence Flores Pereira

Notas

1. F. Nietzsche, *Assim falou Zaratustra*, II, 18, "Dos grandes acontecimentos".
2. T.W. Adorno, *Teoria estética*, Paris, Klincksieck, 1974, p.31.
3. A transcrição completa das declarações de Stockhausen no hotel Atlantic de Hamburgo, publicado em língua alemã em *MusikTexte* 91 (novembro 2001), pode ser consultada no site oficial do compositor: http://www.stockhausen.org.
4. J. Baudrillard, "L'Esprit du terrorisme", *Le Monde*, 3.11. 2001.
5. M. Horkheimer e T.W. Adorno, *A dialética da razão. Fragmentos filosóficos*, Paris, Gallimard, 1974, introdução, p.14-5, p.228.
6. Ibid., p.24-5.
7. Ibid., p.25.
8. Ibid., p.24, 30.
9. Ibid., p.33.
10. J.-F. Mattéi, *La barbarie intérieure. Essai sur l'immonde moderne*, Paris, PUF, 1999; 3ª ed. ampliada, 2001.
11. M. del Castillo, "Je suis un musulman", *Le Monde*, 18.01.2001.
12. J.-J. Rousseau, *Émile*, livro I, *Œuvres complètes*, Paris, Gallimard, Bibliothèque de La Pléiade, 1969, vol.IV, p.249.
13. Platon, *República*, VII, 533d. Cf. "A barbárie interior", p.76.
14. T. Monk, "Epistrophy" (02.07.1948), in *Genius of Modern Music*, vol.2 (Blue Note/Toshiba, CJ28-5115; Thelonious Monk, Milt Jackson, John Simmons, Shadow Wilson).
15. F. Nietzsche, *Ecce homo*, "Pourquoi j'écris de si bons livres", *Crepúsculo dos ídolos*, 2. O grifo é de Nietzsche.

TERROR E BARBÁRIE

Denis L. Rosenfield
Universidade Federal do Rio Grande do Sul

Como pensar os ataques suicidas que redundaram na destruição das torres gêmeas do World Trade Center, reduzindo a pó dois imensos edifícios e as pessoas que ali se encontravam, além dos passageiros e tripulações, feitos mísseis na ocasião? Como pensar algo que se volta tão explicitamente contra o próprio pensamento, algo que, em sua violência, tem como alvo destruir precisamente aquilo que a civilização ocidental denomina razão?

De certa maneira, estamos diante de um problema já enfrentado pela razão em seu longo percurso histórico de constituição. Refiro-me às relações entre a razão e o que não é racional. Daí não se segue, porém, que a relação da razão com algo estranho a si seja da ordem de uma contraposição entre essa razão e um fenômeno que visa explicitamente a sua destruição. Muitas vezes, a relação da razão com algo estranho a si pode significar, segundo as acepções, a relação com algo não-racional, arracional ou algo que se posicione como explicitamente irracional.

Como exemplo da primeira alternativa, poderíamos colocar a relação, em vários momentos tumultuosa, porém, em outros, harmoniosa, entre a razão e a fé. Tomemos o caso da fé cristã. A razão, durante os séculos de predomínio da fé, colocava-se como serva desta, pois se inclinava diante do que reconhecia como incognoscível, a saber, Deus ou o Absoluto. Destaquemos, para os efeitos de nossa análise, os seguintes pontos: 1) a relação entre razão e fé, para a grande maioria dos filósofos cristãos, era considerada como harmoniosa, uma reconhecendo a esfera de atuação da outra, embora com clara primazia da segunda[1]; 2) dada essa primazia, a posição da razão era subordinada, sua tarefa consistindo em ser o instrumento de esclarecimento das verdades teológicas segundo os limites postos por essas; 3) introduz-se aqui gradativamente a idéia de que essa submissão seria voluntária, implicando o reconhecimento de que há limites para o uso da razão, e que esses limites são dados pela natureza do absoluto enquanto incognoscível e incompreensível, segundo uma posição que encontramos em autores como Antoine Arnauld[2]; 4) à medida que se desenvolve essa relação, a razão começa a apoderar-se gradativamente de terrenos que, até então, eram os da teologia, fazendo periclitar os limites impostos e partindo para a exploração de novas fronteiras. Assim, por exemplo, em Descartes, a imortalidade da alma e a existência de Deus tornam-se objeto de prova, sendo submetidos ao crivo de uma razão que atua autonomamente, tendo a si como seu próprio critério, independentemente de que seus resultados se ajustem, posteriormente, às verdades teológicas; 5) a exploração tem como desfecho a primazia conquistada pela razão, fazendo, por sua vez, com que a fé retrocedesse ao nível do sentimento e da crença, não podendo mais ter a pretensão de impor-se por si mesma, o que inaugura o processo de laicização do mundo ocidental a partir do século XVII; 6) observe-se ainda que a convivência harmoniosa entre a razão e a fé se estende, no final do século XVII e início do XVIII, com Leibniz[3], sob a égide de um diálogo entre o que poderíamos denominar dois tipos de linguagem. Collingwood sublinha que a religião é um assunto do intelecto, uma atividade filosófica[4]. Com efeito, tanto a fé como a razão, enquanto linguagens, recorrem a sentenças e palavras, perscrutando o significado dessas, e fazendo com que a luta por proposições, sentenças e palavras se inscreva em um terreno comum, o do homem enquanto ser dotado de linguagem[5] — seria tentado dizer racional, se esse termo também não denotasse um uso específico. Em todo caso, ressalte-se que razão e fé evoluem sobre um terreno comum que, assim, se delineia, se esboça e se afirma como sendo o da racionalidade no sentido amplo do termo.

Como exemplo da segunda alternativa, pode-se considerar a relação entre a razão e o inconsciente segundo a teoria de Freud. Tampouco se pode falar aqui de uma oposição entre a razão e o inconsciente à maneira de uma oposição em que este visaria dominar aquela. A relação assim estabelecida consiste em uma relação entre a razão e o que é não-racional, de onde não se constata que o racional seja o alvo visado por uma "ação" do inconsciente que procuraria, salvo em casos patológicos, a sua destruição. Destaquem-se, então, os seguintes pontos: 1) segundo uma determinada vertente da teoria freudiana, a razão estaria a serviço do inconsciente à maneira de uma subordinação, que poderíamos considerar análoga à da razão pela fé. A razão seria, nesta perspectiva, um instrumento de realização/retenção e repressão/velamento do inconsciente, sendo este a verdadeira força que estaria na base das formulações "racionais", as que se fazem pelo discurso, pelas proposições, sentenças e palavras[6]; 2) conforme essa posição, não haveria uma oposição irredutível entre ambas, mas tão-só relações conflitivas de um ser, o homem, que é movido por móbiles que se opõem e unificam desta maneira, seja segundo os princípios do prazer e da realidade, seja segundo Eros e Tânatos, a razão comparecendo como uma espécie de árbitro dessa oposição; 3) ora, a teoria freudiana visa a uma prática clínica e resulta no que seja, talvez, o maior elogio que se possa fazer ao trabalho da razão. A análise freudiana está precisamente baseada no manejo da palavra, do discurso, através de rememorações, transferências e interpretações, que se encaixam perfeitamente com o que toda a tradição ocidental considerou e considera como razão. O trabalho analítico, embora centrado no inconsciente e nos seus modos de funcionamento pelo sonho, por atos falhos e pelo chiste, se caracteriza por uma aposta na razão como meio encontrado pelo paciente para sair de uma situação de dor e angústia; 4) quando se utiliza a expressão "linguagem do inconsciente", frisa-se que o inconsciente é considerado sob a forma de uma "linguagem", algo dotado de uma "lógica", que se torna objeto de um deciframento "racional". Ou seja, a "linguagem" do inconsciente é trabalhada por uma "linguagem" discursiva, estabelecendo um terreno comum entre essas linguagens, a partir do qual se desenvolve o trabalho psicanalítico segundo as regras do contrato que regem a relação analista/analisando; 5) a noção mesma de contrato mostra os limites e condições em que essa prática opera. Essa noção é, também ela, uma noção eminentemente racional, que caracteriza boa parte da filosofia política moderna[7], a que é denominada precisamente contratualista. O contratualismo postula que há um conjunto de regras, escolhido, conforme as diferentes posições filosóficas, pelos indivíduos, a partir do qual se estabelecem as condições da sociabilidade humana e do funcionamento do Estado. Esse conjunto de regras é, portanto, um conjunto autodado, pois produto da ação humana que institui, a partir de si mesma, segundo suas condições de sobrevivência ou suas noções admitidas de justiça ou injustiça, as modalidades, tidas por livres, das relações sociais e/ou políticas.

A terceira alternativa é a que podemos situar na relação da razão com o que se opõe deliberada, intencional e planejadamente a ela, como é o caso de um tipo de ação cujo cerne é a violência. Penso aqui no caso da violência totalitária. Destaquemos algumas de suas características: 1) a razão se relaciona com um tipo de ação que a tem como alvo que deve, neste sentido, ser destruído. Não se trata de algo ocasional ou acidental a este tipo de ação, mas algo que a "estrutura" enquanto tal e a determina negativamente. Ou seja, esse tipo de ação se caracteriza precisamente pelo que nega, a saber: as formas de vida baseadas no uso de proposições, de discussões e, politicamente, na cena pública ou na estruturação estatal; 2) o alvo político de tal ação é o que denominamos cena pública democrática, estruturada no uso de discursos, em determinadas concepções do homem de cunho ou validade universal. A democracia é um regime político que se caracteriza pela adesão aos discursos, às palavras, às formas de sua verificação, validação e decisão, tais como se traduzem numa imprensa livre, na tolerância religiosa, no confronto partidário da luta pelo poder, de tal modo que as diferenças e querelas se resolvam pelo voto e não pela luta armada; 3) não há então confronto entre diferentes formas de discurso ou de proposições que tenham um lugar comum segundo o qual conflitos poderiam ser resolvidos e/ou equacionados. Não há luta entre diferentes jogos de linguagem, como se pudéssemos optar por um jogo ou outro — o da razão ou o da fé, por exemplo —, mas o que está em questão é um jogo *sui generis* — o da morte. Trata-se de uma oposição excludente entre uma forma de vida e uma forma organizada de não-vida, a que visa explicitamente a morte violenta como forma mesma de sua ação. A razão enfrenta, assim, algo radicalmente outro, contra o qual o uso da palavra ou da negociação, para utilizar um termo político ou democrático, não tem nenhuma utilidade, pois é inadequado a seu próprio propósito. Numa luta pela vida e pela morte, luta-se e não se dialoga; 4) ocorre, portanto, um processo que chamaria de reconhecimento pela razão de seus próprios limites, sabendo a que tipo de vida ela se aplica e, mesmo, caracteriza essencialmente, e sabendo igualmente de sua inadequação para lidar com a violência pura, que exige armas específicas, como a violência orientada pela razão. Há uma espécie de reconhecimento pela razão de seus próprios limites, tanto mais argumentado que parte do pensamento da violência pura. Neste seu confronto com esse algo tão radicalmente outro em relação às formas do discurso, da palavra e da argumentação, a razão se defronta com o problema de pensar algo que lhe é tão estranho e, no entanto, próximo. O pensamento da irrazão torna-se ainda mais necessário por remeter ao próprio juízo, o que pressupõe que a razão esclareça os critérios do juízo moral e suas relações com o juízo político. Qualquer recusa da razão em julgar essa forma de ação violenta — ação "ilógica", que se volta contra toda "lógica", toda "linguagem" — implica dar livre curso a essa ação "ilógica", que se apoderaria progressivamente da "lógica". Ou seja, cabe à razão julgar e condenar esse tipo de ação, recuperando as formas do juízo moral e assumindo as suas implicações políticas.

O problema político

Analisemos, então, o atentado ao World Trade Center[8], ressaltando algumas determinações que venham a corroborar essa nossa relação proposta entre a razão e algo que se opõe deliberadamente a ela, exibindo o confronto entre uma linguagem, concretizada em instituições, ações e discursos, e um tipo de ação que se coloca como alinguagem.

Comecemos com a forma utilizada por certos meios intelectuais e midiáticos em lidar com o problema ao porem em relevo uma pretensa mensagem dos terroristas — a mensagem antiamericana ou antiimperialista segundo o vocabulário utilizado. Neste sentido, não deixam de surpreender os comentários políticos que persistiram — e persistem —numa crítica obstinada dos Estados Unidos, como se esse país viesse a encarnar um "Grande Satã", como foi propagandeado por Bin Laden e pelos talibãs. Que estes o façam, movidos que são pelo fanatismo religioso, em um mundo separado entre fiéis de seu culto e todos os outros cultos, não causa espanto, considerando os atos de que são capazes. O que surpreende, no entanto, é o eco encontrado na *intelligentsia* ocidental.

O fator ideológico está claramente presente nas posições antiamericanas de respaldo ou de regozijo aos ataques ao World Trade Center ou nas críticas indiscriminadas às ações de guerra americanas no Afeganistão. Primeiro, os ataques mortíferos ao WTC, com mais de 3.000 pessoas inocentes mortas, com um saldo de 1.500 crianças órfãs, foram, logo, relegados a um segundo plano, em nome de uma pretensa luta contra os símbolos do "neoliberalismo" e da dominação americana. Litros de tinta foram inclusive gastos, no início, comentando um fato inexistente: o bombardeio americano indiscriminado de populações civis. A versão, sem nenhum respaldo real, valia, pois era ideologicamente adequada. Pior para os fatos se estes não correspondiam à ideologia. Segundo, quando começaram os bombardeios americanos, dirigidos a alvos militares, dentro da lógica de destruição dos centros de sustentação e comando do terrorismo, surgiu uma outra versão da mesma posição ideológica antiamericana, a de que os EUA estariam suprimindo as liberdades civis. Ora, um Estado em alerta máximo, numa situação de guerra não clássica, deve tomar medidas excepcionais de defesa de seus cidadãos contra um inimigo esquivo, que não mostra sua face.

A lógica do velamento está precisamente inscrita na orfandade em que ficou a esquerda depois da queda do muro de Berlim; o antiamericanismo, então, substituindo as posições, consideradas "exemplares", da União Soviética, da China, da Albânia e de Cuba. Durante décadas, a esquerda ocidental teve nesses países "ícones", modelos da "boa" sociedade. Quando esta representação se esfacelou em termos mundiais, houve uma desorientação em termos ideológicos, que procura, agora, reorientar-se, retomando a bandeira da luta antiimperialista. Face ao estiolamento ideológico, surge um modelo negativo, unindo setores da esquerda à representação fanática do "Grande Satã".

O antiamericanismo é uma espécie de porto seguro do ponto de vista ideológico, pois corresponde a posições conhecidas — que se ancoram numa ideologia de esquerda, antiimperialista. Neste caso, uma tal postura permite um duplo movimento de reconhecimento e de velamento. Reconhecimento, pois os ataques terroristas se tornam, assim, localizáveis, caindo dentro de um determinado parâmetro de leitura, como se tudo fosse compreensível e sabido de antemão. Velamento, pois, a partir desta compreensibilidade admitida *a priori*, não há nada novo para ser pensado; tudo, de certa maneira, inscrevendo-se na ótica do "neoliberalismo" e de seus efeitos. Esse duplo jogo do reconhecimento/velamento faz com que uma ação violenta, dirigida precisamente contra tudo o que a civilização mais prezou e preza do ponto de vista de sua humanidade, apareça como se fosse um fenômeno de linguagem. Ou seja, uma ação "ilógica" aparece como se fosse portadora de uma "logicidade", a que lhe seria conferida por determinados tipos de discurso, no caso, de cunho antiamericano. A "irrazão" ganharia a forma da "razão".

Políticos coniventes com Cuba, com as execuções na China, com a situação das mulheres nos países muçulmanos, com o que se poderia talvez chamar de fascismo talibã, exigem dos EUA, na situação de um novo tipo de guerra, a guerra contra o terrorismo, o comportamento de donzelas do século XIX. Não há o que negociar com a lógica irracional do terrorismo, pois este prescinde precisamente do uso da razão, ou melhor, a despreza. A argumentação só pode funcionar entre pessoas e Estados dispostos verdadeiramente ao diálogo. Dar ao terrorismo a outra face significa incentivá-lo.

Assumir uma posição de condenação irrestrita deste tipo de terrorismo pressupõe o pensamento de que há ações que se baseiam na "irrazão", na "ilogicidade". O mesmo movimento que permite ao pensamento reconhecer algo que se lhe opõe tão frontalmente torna possível o juízo moral. Há atos injustificáveis, para os quais nenhuma explicação é convincente, nem mesmo plausível. As "explicações" que têm sido fornecidas, como as de que esses atos se voltaram contra o "neoliberalismo" ou a "hegemonia americana", nada mais são do que pretensos argumentos que procuram abrir espaço para justificar o injustificável. Quando, por exemplo, o presidente Bush defendeu uma "cruzada" do "bem contra o mal", os intelectuais e militantes de plantão logo afirmaram, escandalizados, que um tal maniqueísmo não era verdadeiro. O curioso é que, imediatamente após, utilizaram o mesmo argumento com signo contrário: todo o mal do mundo é de responsabilidade dos americanos, do imperialismo e dos neoliberais. Na verdade, tal posição visou relativizar o mal perpetuado, que atenta contra a democracia e seus valores, banalizando a morte violenta de milhares de inocentes que viajavam de avião, comiam uma pizza no World Trade Center, desciam numa estação de trens ou, simplesmente, iam para o seu trabalho.

Parece não ser uma mera coincidência o fato de o centro nevrálgico do terrorismo ter se situado no Afeganistão. Este país, sob o opressivo jugo talibã, vinha se caracterizando pela destruição dos valores do que é tido por civilização. E aqui não me refiro apenas à civilização ocidental. O seu ódio esteve voltado para a diferença enquanto tal, para o que consideramos genericamente como o outro. Lembremo-nos da destruição das grandes estátuas de Buda. A sua fúria voltou-se contra o budismo, uma religião que, aliás, prega a renúncia do eu e do egoísmo, inclusive daquele que acredita que uma outra vida será a recompensa de atos bárbaros. Trata-se aqui de uma outra forma de egoísmo: a religiosa, a dos mártires.

O regime talibã obrigou as pessoas de outras religiões (budistas, hindus, cristãos) a portarem um signo distintivo em suas roupas a fim de diferenciá-las dos muçulmanos, ou melhor, dos que este regime, despoticamente, considerava como muçulmano. Isto faz lembrar a estrela-de-davi que os judeus eram obrigados a costurar em suas roupas durante o regime nazista. A discriminação contra as mulheres — tratadas como seres de segunda e terceira categorias, obrigadas à reclusão e a uma sociabilidade fechada, sem nenhum direito sobre seus próprios corpos, não podendo freqüentar escolas nem escolher uma vida profissional — mostra bem a barbárie instalada.

Quando os aviões foram arremessados contra as torres gêmeas, a realidade superou a ficção. A impressão, num certo sentido "surrealista", "sobre-real", é significativa deste algo novo que se oferece ao pensar. É como se pensássemos a ficção e tivéssemos dificuldades de situar a realidade. O fanatismo, na verdade, não precisa de nomes. Basta a sua causa, de tipo religioso, e qualquer motivo ocasional, como o conflito do Oriente Médio. Apresentar a disputa palestino-israelense como razão de tal ação é nada mais do que um subterfúgio para justificar o injustificável: a eliminação de milhares de civis, de pessoas comuns em seus lugares de trabalho, a exterminação pura e simples de inocentes. Não há causas que justifiquem tais atos. Trata-se da barbárie que irrompe sob as formas do fundamentalismo religioso.

De um ponto de vista moral, e mesmo jurídico, a ação terrorista, em sua "ilogicidade", enquadra-se naqueles atos cuja punição deve ser exemplar. Ou ainda, esses atos se situam numa posição que exige, por assim dizer, a sua própria justiça. Kant dizia[9] que ações exigem, retributivamente, a sua própria recompensa, no caso, a punição que permite restabelecer o balanço da justiça. Parafraseando Kant, ao matar, os terroristas escolheram a sua própria morte, aplicada por um Estado que tem, na proteção da vida dos seus cidadãos, uma de suas funções essenciais.

Numa vertente político-estatal, cuja melhor expressão seja, talvez, a filosofia de Hobbes, podemos mostrar de que maneira os atos terroristas fogem da lógica estatal. Com efeito, a razão de união dos homens em Estados reside no medo que possuem da morte violenta, o que os impele a um acordo que desemboca num pacto político, que se põe, assim, como a razão de conservação da vida dos cidadãos. Deste modo, podem os homens usufruir dos prazeres do corpo, dos seus bens, do amor aos seus e da sociabilidade pacífica. A lógica estatal reside, propriamente, em que a morte violenta é evitada, estabelecendo as condições da paz pública. Ora, o caráter inaudito da ação terrorista e, inclusive, a dificuldade militar e policial de enfrentá-la residem em que aparece como ilógica, pois foge dos parâmetros do que consideramos como racionalidade e, mesmo, como realidade.

Há, no entanto, em tal situação, algo que é da ordem do inusitado, para não dizer contraditório em relação ao princípio hobbesiano de constituição do Estado. As ações terroristas mostraram algo diante do qual os EUA — e diria o Estado — estariam desarmados, como ações suicidas que têm, para os próprios atores, como conseqüência a morte violenta. O Estado pode encontrar-se desarmado diante de tais ações, pois essas contraditam a razão mesma que faz com que os homens entrem numa relação estatal. Atos terroristas caem fora do senso comum de sociedades estatais, o que acentua o seu caráter de atos aparentemente incompreensíveis, inexplicáveis. Cabe, portanto, ao Estado exercer sua autoridade com o uso da força, única forma de assegurar sua função e de restabelecer o princípio da ordem pública, preservando os cidadãos ao abrigo da morte violenta.

Não se pode, senão tecnicamente, falar de despreparo da defesa americana. Este assunto continuará sendo avaliado nos próximos meses e anos, dando certamente lugar a uma extensa bibliografia. O que nos importa, porém, ressaltar é que tais atos se tornam imprevisíveis por se situarem numa outra ordem — a que procura a morte violenta, a que não tem nenhuma preocupação com a paz pública dos seus e dos outros, a que abandona a vida em proveito de uma crença religiosa que tudo justifica. Uma preparação defensiva contra atos terroristas exige algo mais do que uma melhor preparação técnica, exige colocar-se na posição de uma outra lógica, a de uma lógica do extermínio. E pensar segundo uma tal posição pressupõe ver a natureza humana numa outra ótica, a que torna os homens propensos à maldade gratuita.

A doutrina dos direitos humanos, de um lado, e o viver pacificamente sob a proteção estatal de outro, são conquistas legadas pela civilização ocidental. Certamente isto não significa que essa civilização se caracterize somente por esse legado. Sabemos que ela se caracterizou também pelo genocídio, pelo colonialismo, pela intransigência religiosa e pelo racismo, para listar algumas de suas ações. Mas é também ela que soube elaborá-las criticamente, reinventando a democracia, os direitos civis, a igualdade dos sexos, das religiões e das raças. O mundo não é róseo em vários lugares do mundo, as idéias encontram dificuldades de realização, porém essas idéias são colocadas como ideais, como princípios a serem alcançados, e, sobretudo, preservados a qualquer custo, sob pena de recairmos no reino da violência pura.

O ataque terrorista perpetuado contra os centros financeiro e militar dos Estados Unidos mostra o surgimento de uma nova cena fanático-militar, que recoloca a relação entre a política, o direito e a humanidade. Uma ação deste tipo não é, nem pode ser, uma ação propriamente política, pois esse termo, que remonta à *polis* grega, significa o diálogo, a persuasão, a negociação, em suma, a razão. O qualificativo de *política* não pode, portanto, servir para qualificar uma tal ação, que se volta contra a própria racionalidade, logo, contra a política. O fanatismo, por sua vez, nada quer saber do diálogo, da argumentação; o seu único alvo é a imposição, pela violência, de suas próprias convicções. Ceder ao terrorismo significa comprometer a humanidade.

Uma das lições a ser extraída destes eventos é o limite da negociação. Por exemplo, as políticas exteriores da França ou da Alemanha, distintas da americana, têm se caracterizado por uma maior tolerância no tratamento das organizações terroristas, como se estas — de uma ou outra maneira — lutassem por reivindicações justas. Ora, quando a política anti-Israel se torna francamente anti-semita, quando o antiamericanismo se torna uma crítica violenta da democracia, os termos da questão são outros: a humanidade não pode ser objeto de negociação.

Estilisticamente, um número considerável de artigos pelo mundo afora velava o terrorismo mediante o uso de adversativas. Assim, os atentados ao World Trade Center, depois de uma breve condenação, vinham acompanhados de um "mas", de um "porém", de um "entretanto", plenos de significado: "entretanto os Estados Unidos fazem a mesma coisa"; "tudo é, porém, culpa do neoliberalismo"; "mas a globalização é a verdadeira responsável". Ao banalizar-se o conhecimento, na verdade, banaliza-se o mal. O que preocupa em uma tal postura é, na verdade, a renúncia de julgar os autores do atentado e o que eles representam. O fanatismo religioso, nesta sua forma mais violenta, necessita ser condenado sem nenhuma ambigüidade, sem nenhuma relativização, pois ele põe em questão princípios básicos da convivência humana, como os direitos humanos, o cosmopolitismo e a tolerância religiosa, simbolizados naquelas pessoas que foram dizimadas como poeira, naquelas torres que desabavam e desapareciam no ar. Não deixa de causar indignação moral observar intelectuais e políticos se regozijarem ou explicarem tais fatos à luz da pretensa destruição de um símbolo do "capitalismo".

Questões de princípio não podem ser negociadas, não podem ser relativizadas, por serem precisamente o que são: critérios, parâmetros de nossos juízos. Se, hoje, as relativizarmos, amanhã, estaremos aleijados de nossa capacidade de julgar. Sem critérios, ficaremos igualando todos os fatos, errando pelo mundo, escancarando as portas para embates partidários, cujo desfecho pode ser o uso da violência "política" em suas formas mais aterradoras. Ou seja, se parte da intelectualidade resignar-se diante de tais fatos, condenando o atentado em uma linha e dedicando quarenta outras a uma crítica dos Estados Unidos, o futuro se verá atrelado partidariamente. De posse de tais princípios, porém, estaremos em condições de julgar qualquer ação americana que venha a atentar contra esses mesmos princípios. Isto não implica um apoio antecipado e irrestrito à política externa americana, mas um posicionamento que nos permita, então, julgá-la em ações de justa eliminação dos focos terroristas, procurando preservar as populações civis e não punindo os inocentes.

O terror não tem causas por romper precisamente com toda explicação racional. Não faltarão intelectuais partidariamente engajados que, sob o manto da apresentação de causas, tentarão passar o injustificável como justificável; isto é, como compreensível. A gratuidade do terror significa, precisamente, que ele nasce de atos da vontade que somente se aproveitam de problemas existentes para imporem suas próprias condições. Líderes terroristas utilizam massas sofridas e despreparadas em proveito próprio, relegando-as à posição de fantoches. A pretensa apresentação política desses atos terroristas como sendo justificáveis, como uma reação normal à "globalização" ou ao "americanismo", é uma partidarização da questão que procura mascarar o fundamental; ou seja, a defesa ou não da humanidade. Irrompeu em nós o sentimento de insegurança de uma humanidade suspensa. O que lá aconteceu pode ressurgir em qualquer parte do mundo. A banalização do conhecimento, ao procurar fornecer uma causa para torres que desmoronam e indivíduos que subitamente desaparecem, é nada mais do que uma outra faceta do que Hannah Arendt[10] chamava de banalidade do mal. Civilização ou barbárie, eis os termos da questão.

Razão e Irrazão

Há atos que se caracterizam por uma completa ausência de racionalidade, em que pese a pretensas alegações discursivas. Podemos dizer que os atos humanos são constituídos de tal maneira que a parte que se expressa em discursos, sentenças e palavras é tão-só um segmento da ação. Esta "fala" por aquilo que faz, ela "diz", em sua prática, aquilo que é precisamente visado. E a violência pode comparecer como uma forma de sua "fala", de sua "dicção". Se atentarmos, portanto, para a violência terrorista, que se caracteriza por uma forma determinada de conquista do poder, observaremos que sua parte "locucional" procura precisamente velar o que é feito. Assim, os que "escutam" apenas os "discursos", as "sentenças" e as "expressões" utilizadas são capturados — se é que não procuram intencionalmente ser capturados — por esse processo de velamento. E devemos dizer intencionalmente capturados, pois temos observado intelectuais e políticos que não querem ver a "ilogicidade", a "irrazão", do que está em questão. O seu objetivo consiste em fortalecer o processo de velamento em proveito de suas próprias posições de poder, apresentando o "irracional" como se fosse "racional", "justificável" ou "compreensível".

O fundamentalismo religioso talibã e da Al-Qaeda exibe-se, nesta perspectiva, como uma maneira de apresentar como "sensata" a insensatez da violência pura. Muitos caíram na armadilha da diferença cultural para justificar o injustificável, como se "razões" pudessem ser apresentadas. Há uma espécie de armadilha na dita diferença cultural, como se ela fosse de natureza a amortecer, senão a anular nossos juízos moral e político. As invocações religiosas comparecem no que chamei de parte locucional da ação, como se essa forma de religiosidade muçulmana fosse dotada de sentido, tornando compreensível o que foi feito. Na verdade, o que é velado é o alvo perseguido, a saber, a dominação pura dos que não compartilham esse credo religioso.

O grande problema enfrentado pelo pensamento quando se debruça sobre atos humanos de matriz totalitária, dentre os quais podemos incluir os atentados terroristas do World Trade Center, reside em que ele faz face a algo que foge de qualquer linguagem por ser uma forma da irrazão, que não se deixa perpassar, atravessar, pela razão. Há algo, então, que resiste a todo trabalho prático de elaboração, o que não significa que não possa ser objeto de um trabalho teórico. Há formas históricas da violência política cuja elaboração prática e cujo trabalho de mediação real conduziram a novas formas de sociabilidade humana na perspectiva de uma ampliação dos direitos ou do que poderíamos também chamar de uma universalização da idéia de homem, progressivamente aplicável na constituição de novas relações políticas. Assim, a Revolução Francesa se constituiu como um fato em que a violência utilizada era de cunho eminentemente político, resultando na constituição do Estado moderno sob a égide de direitos tidos por humanos, a partir de uma idéia universal de homem, independentemente de credo, sexo ou raça. Há nela todo um trabalho prático e teórico de elaboração do que se esboça no nível mesmo da realidade, de tal maneira que se pode dizer que a razão trabalha de braços dados com a realidade, ou ainda que o pensamento perpassa os fatos ocorridos, porque neles se reconhece.

A situação é, no entanto, de outro tipo quando o pensamento se debruça sobre algo em que não se reconhece, em que se estabelece o divórcio entre a razão e a realidade, em que a razão pensa a irrazão, o que é desprovido de linguagem. Não há uma mediação real que torne possível o trabalho racional do reconhecimento. Isto nos permite destacar que o trabalho do pensamento é de outro tipo quando defrontado com a irrazão, pois está baseado no "irreconhecimento" entre a razão e a realidade. Admitindo a impossibilidade do reconhecimento, o significado de tais atos é diferente. Recebemos esses atos diferentemente quando sobre eles refletimos, pois não pode haver aí nenhum acolhimento do acontecido no sentido da familiaridade ou do perdão na acepção religiosa do termo.

Psicologicamente, esses fatos se manifestam sob a forma do medo, da angústia e da ansiedade. Tais sentimentos são reveladores da instabilidade produzida, em que o senso comum sofre um tal abalo que as pessoas se sentem perplexas diante do acontecido. Basta lembrar as reações psicológicas subseqüentes aos atentados às torres gêmeas do World Trade Center, quando esse fato se tornou um assunto cotidiano — todas as pessoas sentindo medo como se o que lá aconteceu dissesse respeito a cada um de nós. As imagens de aviões entrando dentro das torres repercutiram no cancelamento de viagens e no temor de tomar aviões. O curioso neste tipo de situação é que as pessoas sentiam a necessidade de falar do ocorrido como se ele lhes dissesse respeito diretamente, independentemente de sua nacionalidade e religião e dos seus lugares de residência. Havia uma espécie de angústia que só podia ser canalizada num falar que era muito mais um jorrar de palavras e frases e não a expressão de um entender, de um compreender, de uma inteligibilidade dos fatos.

Politicamente, os atos terroristas se manifestam sob a forma de um outro "para nós". A violência terrorista, ao se apresentar como uma forma de não-linguagem, atenta diretamente contra toda forma de sociabilidade fundada na linguagem, no sentido do uso da palavra e de discursos, submetidos às formas da confrontação, da verificação e da validade. Embora haja diferentes formas de sociabilidade política, baseadas em concepções de mundo, somente a democracia é uma forma de organização política assentada no discurso e na adesão que este suscita em torno de determinados princípios ou regras básicas. Queremos dizer com isto que não há costumes ou tradições religiosas ou imemoriais que validem o discurso livre na medida em que a democracia nasceu de uma ruptura com toda forma de organização política que não aceitasse a sua idéia de homem.

Digamos de outra maneira: a partir de sua idéia de homem, a democracia contemporânea terminou por criar determinados hábitos e costumes que correspondem à sua concepção de como devem ser regidas as relações humanas. Eis por que a educação e, particularmente, a educação pública tiveram um papel tão proeminente na formação da sociedade contemporânea, pois elas permitiram que a idéia de determinados direitos de cunho universal fosse progressivamente fazendo parte de como as pessoas vivem, sentem e lutam por aquilo que passa a ser os "seus" direitos. A formação dos cidadãos é um pilar das sociedades democráticas, o que lhes permite não apenas viver e transmitir concepções e idéias de homem, da sociedade e do Estado, como também o manuseio da linguagem, o seu uso nas relações políticas e a sua importância no debate político. Desta maneira, a imprensa e a mídia em geral se constituem numa espécie de quarto poder dessa forma de sociedade. A luta por idéias torna-se central no embate político, que passa, então, por todo um trabalho de formação e/ou de conquista da opinião pública.

Baseada na adesão ao discurso, à linguagem, a democracia vive da pluralidade de opiniões, do seu confronto, de sua verificação e dos diferentes tipos de teste a que essas opiniões são submetidas quando dos embates que se travam a propósito da noção de bem público e coletivo. Não há sociedade democrática que não esteja assentada na valorização da liberdade, pois somente esta é de natureza a propiciar uma luta pelo poder ao mesmo tempo regrada e fundamentada numa noção universal de homem ou dos direitos humanos. Poderíamos perfeitamente ter uma vida política regrada, que não possibilitasse uma universalização dos direitos, na medida em que determinadas ações seriam permitidas e outras proibidas, sem que pudesse haver uma disputa teórica sobre a validade dessas proibições e interdições, o que se traduz praticamente pela impossibilidade de criação de novos direitos. Ora, a sociedade democrática vive precisamente de discussões, pois os seus princípios, por serem abstratos e universais, dão lugar a diferentes interpretações que, por sua vez, são a ocasião de novas regras e novos direitos, derivados e subordinados a princípios de validade universal.

No entanto, daí não se segue que a democracia esteja baseada numa tolerância irrestrita, como se nela tudo fosse permitido. Nenhuma sociedade democrática pode estar fundamentada na renúncia à autoridade. A tolerância democrática tem seu limite no que diz respeito àquelas formas de ação, que se assentam na destruição de seus próprios princípios. Ou seja, em relação às formas de ação baseadas na violência pura, não lhe cabe outro recurso senão o uso da força, pois se não o fizer é sua própria existência que estará em questão. Nossas sociedades democráticas têm desenvolvido uma espécie de permissividade, onde tudo se torna objeto de negociação, inclusive os seus próprios princípios. Uma forma de sua manifestação é o enfraquecimento do poder do Estado, como se tudo pudesse ser objeto de compreensão ou de explicação, como se tudo fosse objeto da boa vontade de pessoas que, só por equívocos ou incompreensão, não dialogam. É, porém, necessário reconhecer que há situações ou formas de ação que não se prestam ao diálogo, à discursividade, formas de ação cujo móbil consiste na destruição da razão, da linguagem, ou ainda daquilo que consideramos sensatamente como o senso comum, que é o comum; na verdade, das sociedades democráticas que se fizeram um hábito do uso da palavra.

Pode-se dizer que todos os Estados democráticos — como o próprio Estado, independentemente de ser ou não democrático — estão baseados no princípio hobbesiano, ou seja, a sua função primordial consiste, como vimos, na preservação da segurança pública, evitando a morte violenta de seus cidadãos. Se o Estado é incapaz de preencher essa sua função, é a sua condição mesma de existência que se encontra ameaçada. Se o terror atenta diretamente contra os cidadãos, ele termina por comprometer o Estado propriamente dito, que se vê na obrigação de uma resposta adequada ao perigo suscitado por tais atos. Ou seja, é dever do Estado conservar a vida de seus membros, toda inação podendo ser vista como uma fraqueza capaz de provocar novos atos terroristas. O que se encontra em questão é a autoridade mesma do Estado.

Do ponto de vista moral, encontramo-nos diante de uma outra forma do "para nós". Boa parte das reações de políticos e intelectuais consistiu, como observamos, numa certa "compreensão" dos atentados terroristas, como se fossem uma forma de luta contra o "neoliberalismo". Repete-se uma triste experiência histórica, a dos comunistas na condenação da social-democracia e do nazismo como se fossem farinha do mesmo saco — distintas formas de conservação da sociedade capitalista. Tais atitudes, como se sabe, facilitaram e, mesmo, foram decisivas no fortalecimento do nazismo e em sua conquista do poder. A atitude de "compreender" os terroristas, de explicar suas ações dentro de uma "lógica antiimperialista ou antiliberal", significa, na verdade, uma forma de compactuar com tais atos e, portanto, de justificá-los. Ora, trata-se de atos que não possuem "causas" e, neste sentido, não são explicáveis. Eles mostram na verdade uma outra forma de ação, diante da qual a razão se arma de juízos morais. Ou seja, a razão se guia por juízos que apresentam seus próprios parâmetros, capazes de resistir a um teste de universalização. Diante do inexplicável, a razão se pergunta pela validade universal de tais atos, que se tornam, assim, objetos de condenação incondicional.

Uma forma de velamento do juízo moral consiste na afirmação de uma equivalência normativa entre diferentes culturas como se juízos morais fossem culturalmente relativos. Ora, isto significa uma forma de renúncia ao ato de julgar, cuja tradução política seria o abandono dos homens a lutas pelo poder que não poderiam ser justificadas em termos morais. O fato de reconhecermos a diferença cultural não significa, *eo ipso*, que devamos considerar todos os códigos morais como equivalentes, nem que devamos deixar de lado todo juízo relativo aos comportamentos e ações como se fossem apenas internos a cada uma dessas culturas. Um grande avanço das sociedades democráticas residiu, precisamente, em ter trazido à tona considerações de universalidade, como as que se concretizaram em doutrinas como a dos direitos humanos. Devemos mesmo dizer que essa disposição a provas de universalização de toda regra, instituição e comportamento como que se impõe no mundo contemporâneo. O seu contraponto consiste na acomodação que observamos nas sociedades de primeiro mundo que, de tão acostumadas ao bem-estar, terminaram por confundir a noção de bem com a de utilidade. Não podemos confundir os princípios da moralidade com o nivelamento medíocre de uma sociedade voltada, sobretudo, para a valorização da satisfação material.

A razão, em sua potência, reconhece os seus próprios limites. Limites de se encontrar diante de algo impermeável a si, algo cuja "ilogicidade" o torna resistente a todo trabalho racional, como o da negociação política, que é sua expressão. Não havendo nada a negociar, cabe ao Estado recorrer à força, que é um outro tipo de violência — o da violência legítima, reparadora, única arma contra a violência meramente destruidora. Para a razão não se reconhecer em tais atos da "irrazão" significa também recorrer aos critérios da moralidade, que lhe permitem discernir, na obscuridade da violência pura, os meios de julgá-la e controlá-la, não contemporizando com o que procura destruir as próprias bases da estabilidade psicológica dos cidadãos, da democracia e da existência mesma do Estado.

Notas

1. A lista de filósofos seria imensa, porém podemos destacar as formulações de Santo Agostinho, Santo Tomás ou Santo Anselmo.

2. A. Arnauld, *La logique ou l'art de penser*. Paris, Vrin, 1993; Rosenfield, Denis. *Métaphysique et raison moderne*. Paris, Vrin, 1997 (ed.bras. *Descartes e as peripécias da razão*. São Paulo, Iluminuras, 1996). Hume, por sua vez, retoma essa formulação numa ótica empirista. Cf. *Dialogues Concerning Natural Religion*, Indiana, Hackett Publishing Company, 1986.

3. Leibniz, *Essais de Théodicée*. Paris, Garnier/Flammarion, 1969.

4. R.G. Collingwood. *Religion and Philosophy*. Bristol, Thoemmes Press, 1997, p.XV. Ele assinala que o fundamento da religião é o credo e "todo credo é uma visão do universo, uma teoria do homem e do mundo, uma teoria de Deus" (p.XV).

5. Pense-se aqui nas *Confissões* de Santo Agostinho, onde os conflitos, existencialmente vivenciados, entre a razão e a fé partem de um terreno comum, que propicia o diálogo e, mesmo, a harmonia entre ambas. Assim, a alma agostiniana se vê, enfim, apaziguada no reconforto de Deus.

6. Encontramos uma formulação desse tipo na formulação hobbesiana das relações entre o "conatus" e a "razão". Cf. T. Hobbes, *Leviathan*, organizado por C.B. Macpherson, Londres, Penguin, 1968.

7. Podemos pensar sobretudo em Hobbes, porém também em Locke ou Rousseau.

8. Analisei os atentados terroristas em uma série de artigos no *Estado de S. Paulo*, no *Correio Braziliense* e na *Folha de S. Paulo*, onde apresentei a linha argumentativa que retomo aqui em suas articulações essenciais.

9. Cf. I. Kant. *Metaphysik der Sitten*, Frankfurt am Main, Suhrkamp Verlag, 1977.

10. H. Arendt, *Eichmann em Jerusalém*, São Paulo, Diagrama & Texto, 1983.

Desilusão política e perversão do ideal
Rumo a uma pós-democracia?

Raphaël Drai
Universidade Aix-Marseille III

A barbárie está retornando? Essa primeira interrogação, inquieta, chama imediatamente, antes de qualquer tentativa de resposta, duas outras. Uma seria cínica e quase desesperada: a barbárie, no seu sentido comum, o que a associa à destruição cega, ao desprezo daquilo que se constrói, à própria recusa de falar, jamais desapareceu? A outra seria mais sábia: o que se chama, afinal, de "barbárie"? Uma palavra não basta para constituir um conceito, mesmo se bastasse fazer a imagem-choque. Para nutrir a menor inquietação com seu tema, é preciso ter dele uma idéia clara. Ora, o que se designa por esse termo extremo não é sobretudo um objeto de medo, incontrolado, levando a revigorar categorias binárias que deslocam o pensamento e que, em troca, aplicadas a um bem real mais complexo, movente e reversível, suscitam antagonismos doravante sem mediação possível, os quais nutrem novamente, num círculo vicioso, esse medo? Essas precauções de linguagem e essa necessária calibragem inicial da questão atual têm precisamente por meta enfrentar intelectualmente, hoje, acontecimentos de uma dimensão excepcional, tanto por sua violência como por suas conseqüências devastadoras, mediatas ou imediatas. É o caso do ataque perpetrado pelos comandos suicidas islâmicos contra o território americano em 11 de setembro de 2001. Do ponto de vista de sua modalidade de execução e por sua intencionalidade, esses atos de terror revelaram uma forma sem precedente de violência, que transtorna novamente o conceito de guerra: o que leva à execução, à morte de uma massa de milhares de pessoas, amalgamadas na categoria alucinante de inimigo, sem nenhuma distinção entre civis e militares, nem nenhuma diferenciação, jurídica ou compassiva. Por que razões? Os Estados Unidos eram designados pelos seus atacantes como inimigos absolutos e ao mesmo tempo inimigos do gênero humano e inimigos das vontades de Deus, segundo a concepção que se faziam disso os membros da organização denominada Al-Qaeda, autoconsignada para essa missão vingativa. Imediatamente, sob denominações variadas, esse empreendimento de assassínio coletivo, de propensão genocida, foi imputado à *barbárie* de seus autores e de seus mandatários. Designação rabiosa, raivosa, agressiva? Enquanto a entrada no século XXI acabava de ser celebrada, com a promessa de não renovar os horrores do precedente, o apavorante ressurgia subitamente.

Entretanto, já no dia seguinte ao atentado massivo contra o World Trade Center, certos espíritos acreditaram indispensável distinguirem-se. Proclamaram bem alto "que eles não eram americanos", que poderiam resistir à sideração causada pelas imagens transmitidas direto da queda das torres gêmeas, que mantinham a cabeça fria e que aqueles mesmos Estados Unidos não eram inocentes da desgraça que os atingia. Em suma, que a barbárie não era só de um dos lados e que sua expressão de evento, por terrível que pudesse parecer, não poderia fazer esquecer a outra barbárie, estrutural, e que era anterior na ordem das causas: a do liberalismo sem entraves deflagrado por estes mesmos Estados Unidos, em prol do seu ganho específico. Isso não impediu o Conselho de Segurança de dar praticamente uma carta branca ao presidente George W. Bush para purgar o planeta da gangrena terrorista que está em vias de acometê-lo com o apoio de Estados qualificados doravante de Estados maus, para não dizer de Estados bárbaros. Estes não deviam doravante nutrir nenhuma ilusão sobre a sorte que os aguardava. O tempo-limite seria fixado para eles, seguindo tão-somente a agenda estratégica da superpotência golpeada em pleno coração, fato que, naquele dia, foi assimilado a um Pearl Harbor terrorista.

Um tal questionamento pode naturalmente suscitar dois tipos de reações. Uma, militante, num sentido ou no outro, para atribuir a atual erupção de barbárie ao campo oposto. A outra, mais analítica, tenderia a identificar, tão precisamente quanto possível, a confusão profunda na própria concepção do *político* que essa violência revela — violência bárbara porque não respeita nenhuma das regras do *jus in bellum*. Dito de outro modo, logo depois de ter revelado muitas turbulências e outras perturbações naquilo que está convencionado chamar de "pós-modernidade", não seria necessário se perguntar — assim como associar o prefixo *pós* a um conceito — se não convém associá-lo agora a nada menos do que àquele da democracia? Assim teríamos entrado, inconscientes contudo, na era *pós-democrática*? A questão é suficientemente grave para que se insista sobre o que diferenciaria a era pós-democrática da era pós-moderna. Algumas evocações podem ser nesse particular indispensáveis.

Sem querer retomar o conjunto dos debates concernentes à pós-modernidade, de Charles Taylor a S. Baumann, passando naturalmente por Lyotard e Vattimo, nós nos contentaremos em pôr em evidência alguns de seus traços mais característicos, sobretudo naquilo que toca às "novas" anomias: o individualismo separador que faz de cada um o juiz de si mesmo; o turismo existencial que erige o confronto — colisão ou colusão — como fim em si, que nada vem a prolongar; a sexualidade gregária, buscando a demultiplicação da genitalidade; o primado da economia financeira, ela própria ligada à pesquisa do MLI (Maior Lucro Imediato); a perda do sentido do sentido, por sua parte ligado à dilatação do instante pelo qual se paga o apagamento correlativo do passado e do porvir; o narcisismo ético no qual a identificação enfática com o outro esconde, na realidade, a inconfessável hipóstase de si; o sentimento de que a História se tornou acéfala e o pensamento objetal[1]. Entretanto, essas "perturbações na modernidade" poderiam ser simples estados de alma e bobagens ideológicas se não engendrassem igualmente — ao fim e ao cabo — um inquietante questionamento do próprio *princípio* democrático. Por que esse declive cada vez mais acentuado? Antes de tudo, porque uma dúvida corrosiva e de caráter retroativo é suscitada sobre a legitimidade dos combates do fim dos totalitarismos. Valeu a pena tanto esforço para derrubar o hitlerismo e o stalinismo, para depois se retornar à situação ou ao clima precedente na Áustria-Hungria de antes da Primeira Guerra Mundial, quando Hofmannstahl denunciava o que denominava *das Gleitende* — o esgarçamento da realidade, a sociedade espedaçada à qual ele opunha, reativamente, e de modo não menos perigoso, as "cerimônias do Todo"[2]? O risco crescia com as nostalgias da ordem antiga, época em que tudo parecia em seu próprio lugar, presumidamente de modo justo e imutável, mas se esquecia que então, para além das aparências, naquele lugar autoritariamente designado, não havia verdadeiramente nada que merecesse realmente o qualificativo de "pessoa". Um presente dissolutório, um passado fóbico e um futuro inconcebível, esses três antielementos, essas três não-dimensões da existência não constituíam a matriz de um pior que continua difícil de conceber e de prefigurar, mas cuja preocupação não aparece menos presente e cada vez mais pregnante? É preciso entender a exata medida dessa irrepreensível apreensão em relação a uma possível pós-democracia. Insistindo: esta não seria uma simples variante da pós-modernidade, mas uma verdadeira disparada rumo ao abismo, retomando as visões de um Jules Romains, quando, no final da Segunda Guerra Mundial, ele chamava a atenção de seus contemporâneos para os "fascínios (deles) pelos abismos"[3].

Condensemos ainda um pouco mais a expressão de uma tal apreensão. No tempo da luta contra os totalitarismos, a democracia aparecia como uma alternativa essencial, pois prometia e permitia o reino das liberdades públicas, do Estado de direito, e de uma economia de liberdade sintetizando Keynes e Hayek. Os totalitarismos "ateus" foram abatidos e a democracia foi instaurada ou restaurada, pelo menos formalmente, sobre os escombros. Mas em que se tornaram as promessas ante e antitotalitárias? Relacionadas às magras realizações que as seguiram, não parecem engendrar muito mais que desencanto. Nessas condições, se a democracia tão rápido se desencanta — e teremos boa ocasião para retornar sobre essa expressão — qual seria sua *alternativa própria*? Nesse ponto, o pensamento não poderia ir muito além. A própria noção de pós-democracia é literalmente impensável, no sentido do "unthinkable" de Herman Kahn, quando ele a aplicava à guerra nuclear. Impensável no sentido de que o espírito, de um lado, recusa-se a encarar a possibilidade, de outro lado, a supor que venha a ocorrer: ele não dispõe dos recursos cognitivos e espirituais que lhe permitiriam afrontar as conseqüências de um tal afrontamento com a eventualidade do nada que disso resultaria. Pelo menos aceitemos uma outra posição preliminar: de retroagir um pouquinho no uso do conceito "prematuro", de não considerar como se relacionando a uma *democracia acabada,* mas a uma *democracia nem ainda abordada,* para se dar assim a latitude de julgar, em caso de necessidade, os regimes políticos que se colocam por conta própria e sem nenhum benefício de inventário, sob tal apelação. Sem o que haveria perigo de desenvolver uma *ilusão democrática* cujas conseqüências seriam, desta vez, incalculáveis. Cumpre, portanto, aprofundar o conhecimento dessa questão, pois juntamente com a desilusão de encontro com a democracia poderia se produzir a sagração de um Deus de substituição paramentado com os atributos éticos do monoteísmo, mas que apenas reativaria as formas mais sacrificiais, mais massacrantes com respeito ao humano, idolatrias da era dita pagã.

1. Da ilusão totalitária à ilusão democrática

a) A logística psicanalítica da subjetividade

Os desenvolvimentos que se seguirão devem fazer apelo à psicanálise. Ainda assim é preciso explicar as razões disso. Para dar conta das turbulências recentes da passagem para a democracia, os desencantamentos da liberdade puderam ser evocados. O fim dos regimes totalitários não teria acarretado imediatamente e *ipso facto* a instauração da democracia perfeita e do mercado liberal, no sentido etimológico, ao mesmo tempo criador e igualitário. Para dizer de modo mais prosaico: desde a queda dos regimes comunistas stalinistas, as condições de vida e o bem-estar das populações envolvidas não melhoraram em nada. Entretanto, o tema do desencantamento pode ter duas significações. No seu primeiro sentido pode denunciar uma espécie de *taedium vitae* de que estão excluídos o lirismo, a paixão, o entusiasmo. As esperanças depositadas em uma causa não foram satisfeitas e cada um se diz "cheio de tudo", inapto a se deixar novamente levar por alguma "causa". O desencanto apresenta-se então como um modo abafado da decepção. A cotidianidade entrópica só é agitada por sobressaltos da luta pela sobrevivência, pelas agitações predadoras da "caotidianidade", para parafrasear Deleuze. Num outro sentido, mais sociológico, o desencanto do mundo se relacionaria às análises de Max Weber, caracterizando desta vez a passagem à modernidade, ou seja, a saída para fora do mundo das crenças que se bastam a si mesmas, de um imaginário mágico apresentando-se como mundo real. Presentemente, as causalidades unívocas, a experimentação, o cálculo contábil, tomam o lugar das fadas e das lendas. A conta substitui o conto. Entretanto, o conceito freudiano de desilusão, correlativo àquele de ilusão, não recorta exatamente o de desencanto, sobretudo na sua acepção weberiana. Ele se relaciona mais diretamente ao agenciamento e ao funcionamento de nossas instâncias *psíquicas*. Apresentemos a esse respeito um exemplo ainda mais preciso.

Quando Carl Schmitt construiu sua teoria do político sobre a diferenciação amigo-inimigo — um essencialmente bom e o outro fundamentalmente desvalorizado — não se tratava, psicanaliticamente falando, de uma simples oposição de categorias, mesmo que essa oposição fosse, ela própria, categórica. Para a psicanálise, uma tal oposição se relaciona a uma clivagem, a uma *Spaltung* intrapsíquica, que fratura a imagem que alguém se faz do mundo e do outro, e isto sob o risco de loucura — possivelmente assassina, segundo todas as escalas que o assassinato pode receber[4]. A *Spaltung* do objeto mais especificamente qualificado de política — denominação mais e mais incerta e flutuante — induz as estratégias qualificadas alhures de esquizoparanóicas[5], cujos promotores não recuam diante de nenhum procedimento para destruir o objeto que declaram maléfico. É preciso ficar alerta com esse processo de clivagem, não somente a propósito dos conflitos religiosos e confessionais, mas também dos enfrentamentos relativos à mundialização e à globalização. A oposição recente e extrema entre "globalistas e antiglobalistas" não permite nenhum recuo psicológico, nenhuma mediação intelectual. Assim concebida e formulada, ela é total e também global. Se ela entrasse em coalescência direta com o conceito de inimigo, ela não suportaria mais nenhuma relativização e, portanto, não seria acessível a nenhuma mediação[6].

Chamar à baila a logística psicanalítica de tais conflitos é, portanto, indispensável não somente para compreender-lhes o teor, mas também para conceber uma saída. Assim procede, notadamente, Julia Kristeva acerca do cisma — outra modalidade da clivagem — entre a cristandade do Ocidente e a cristandade do Oriente[7]. A querela sobre o Filioque parece "bizantina" somente quando nos acantonamos em uma teologia apsíquica, quando nos obstinamos a ignorar quando denegamos seus investimentos propriamente edipianos, com as possibilidades ou não de encontrar-lhes uma "saída" que não se faça de modo regressivo ou destrutivo. Eis por que é necessário compreender a importância da relação entre Weber e Freud. Quando o desencantamento, no sentido weberiano, corresponde na realidade a uma desilusão, no sentido freudiano, é realmente o conjunto inteiro de uma economia e de uma tópica psíquicas que se encontra profundamente abalado, e não um simples estado de espírito. Para dizer ainda de outro modo, a melancolia, no sentido psicanalítico, é diversamente mais grave que o *spleen* dos românticos. No que lhe concerne, François Furet mostrou-o claramente em sua obra maior: *O passado de uma ilusão,* que tenta compreender as causas da queda da URSS e analisar em que a ideologia comunista falhou no real, por que não transformou o mundo que ela pretendia ter definitivamente "pensado", segundo a famosa tese de Marx sobre Feuerbach[8]. Não obstante, basta ter percorrido a lista das obras de Freud para compreender que o título de Furet está alinhado com um dos ensaios mais perturbadores do inventor da psicanálise: *O porvir de uma ilusão*[9]. Por si só, a aproximação desses dois títulos já dá matéria à reflexão. No seu ensaio de 1927, Freud não pretendia absolutamente se abandonar a uma análise em forma de descrédito científico e moral da religião, a supor que um tal conceito fosse, aos seus olhos, simples e unívoco. Se, segundo suas constatações clínicas, tais comportamentos religiosos dependem da psicanálise das neuroses ou mesmo das psicoses, a atitude religiosa relaciona-se a outros móveis, menos imediatamente patológicos, e depende de outros pontos de inserção no nosso psiquismo. Ela corresponderia, entre outros, à necessidade de suportar precisamente as decepções e as defecções de uma realidade que se afasta de nossos desejos, que os ofusca, que os desmente e que assim se desajuíza e se deprecia. Ao mesmo tempo prótese e analgésico, a crença religiosa corre o risco a todo o momento de desviar-se em credulidade e, pior ainda, em droga alucinógena. No entanto, ela deve ser considerada não como uma patologia autônoma, na medida em que ela existe, mas como um sintoma, o das carências do real impotente em sustentar as pulsões do desejo e em honrar os pactos assinados pelos seus fiadores — os ditos pactos, amiúde assumindo a forma de pactos eleitorais. A ilusão religiosa é, portanto, no início ilusão, no sentido do funcionamento do aparelho psíquico, antes de ser religioso, na acepção polêmica e às vezes beligerante do termo. Sempre no sentido psicanalítico, a forma de crença que induz e entretém pode servir de objeto *transicional, no sentido que lhe dá Winnicott* a fim de encontrar ou reencontrar as vias de um real que a validará e constituirá em objeto de fé, mas de uma fé que não se subtrai à razão crítica à qual ela não teme mais se confrontar. Pois a própria descoberta psicanalítica passou por essas fases, quando em seus inícios claro-escuros e tateantes, somente Freud "acreditava", ao passo que grande número de seus colegas o tinha por um charlatão, um iluminado ou um perverso.

Depois de Freud, a formalização lacaniana sobre o sistema dito IRS (Imaginário—Real—Simbólico)[10] permite progredir ainda nessa investigação. Com uma tripla condição: de um lado de não reificar essas instâncias, de não considerá-las como coisas em si; por outro lado, de colocá-las em comunicação sistêmica; ainda de outro lado, de se interrogar sobre sua transformação, uma vez que são desconectadas umas das outras, cada uma se sub-rogando à outra, tomando seu lugar, mas de modo falacioso. Assim que o real se autonomiza ou, melhor, quando ele se heteronomiza, quando se torna ele próprio seu próprio fim, ele suscita, se não se ficar atento, o conjunto dos comportamentos qualificados de obsessivos. Quando o imaginário, desta vez, cede à mesma propensão, ele se reduz à ilusão visada em seu sentido falacioso, enganador e perigosamente ilusivo. O risco de *desilusão* é então terrível, quando o real não logra sustentar as ofertas do imaginário e quando se declara em falência diante de seus tratos protestados. A desilusão, considerada como verdadeiro "arrebentamento da ilusão", é então amiúde geradora de *ódio,* esse efeito extremo que visa à condenação à morte dos representantes do real quando eles contrariam, por sua única presença, o que a ilusão agonizante entretém ainda com seus fantasmas ântumos, sobremaneira o da onipotência do pensamento. Enfim, quando o simbólico se desconecta das instâncias outras, ele se engaja nas vias não menos destruidoras da alucinação. Teuco ou ateuco, quando o significante hipostasiado não remete mais a nenhum outro que ele mesmo, ele torna-se igualmente para si mesmo sua própria resistência. E como nos circuitos elétricos sobrecarregados, ele começa a "aquecer" antes de fundir, desencadeando o acesso psicótico.

É possível relacionar de maneira ainda mais direta essa análise com a logística psíquica da subjetividade? É preciso ainda aqui voltar aos tópicos freudianos lembrando que eles não cessaram de ser submetidos por Freud a um remanejamento e a um refinamento constante. Não voltaremos a tratar da tópica clássica ego—id—superego. Insistiremos antes sobre a instância do ego, do *Ich* — do qual Freud sublinhava que, sozinho, constituía uma "verdadeira organização". O *Ich* não é tampouco uma entidade simples e fechada. Ele é colocado em tensão com o que Freud denomina muito bem de ideal (*Ideal)* que, por assim dizer, o abre para o exterior, o descobre e o expande. Assim, além das duas instâncias do id e do superego, o *Ich* não pode ser observado senão em relação com um outro tensor, no sentido de Russel: o ideal que não se reduz ao superego, sem ser cortado dele. Entretanto, o ideal não é tampouco uma instância autônoma da perspectiva do *Ich.* O um e o outro se encontram em co-ação. Por conseguinte, o ideal ele próprio não terá mais nem a mesma significação nem os mesmos efeitos, conforme ele atrair o *Ich* para o exterior, para a alteridade ou ainda conforme o *Ich* o jogar para ele próprio para tautologizá-lo. Freud será assim levado a estabelecer uma distinção determinante entre o ideal do eu e o eu ideal, que são os dois uma só coisa. Eu dilatado, nutrindo-se de si, no fundo na impossibilidade de se desprender do estado narcísico. Ele valida, durante o trajeto, a distinção que já operariam por sua parte Rousseau e Smith, quando um falava do amor-próprio, que ele opunha ao amor de si e o outro do *self interest* compatível com a busca do bem comum. Em todos os casos, o ponto é saber se o *Ich,* caro a si mesmo, é suscetível ou não de se engajar numa relação com o outro, uma relação qualificada pela comodidade de linguagem de "relação social". Uma última observação sobre esse plano — a que conjuga psicanálise e ética. Lacan sublinhou-a com a famosa frase de Freud: *Wo es war soll Ich werden*, que se pode traduzir, não sem aproximações: "ali onde está (o) id, (o) eu devo advir", tomando cuidado de não reificar esses *topoi.* No seu próprio comentário, Lacan insiste sobre o *soll,* verbo que nessa frase indica não um simples tropismo físico-psíquico, mas um *dever*[11]. Compreende-se assim que a subjetividade não é coisa em si, que ela é subjetivação incessante; que a identidade não é tampouco coisa em si, que ela é identificação constante. Assim que o sistema psíquico se desenvolve alterando-se, mas sem se adulterar, o *ethos* das condutas e das instituições se expõe à *ética,* dito de outro modo ao exercício da escolha e das arbitragens, ao debate de consciência, o qual toma toda a sua significação humanamente constituinte, assim que se compreendeu que tudo não pode ser permitido, que, correlativamente, tudo não pode ser interdito, e ainda que toda confusão como toda clivagem entre as escalas individual e social da existência torna-se artificial, mutiladora e portadora de morte.

b) Rumo a uma substituição à ilusão totalitária da ilusão democrática?

Como se constituiu a ilusão totalitária que conduziu em sete décadas a URSS ao desmoronamento? Muitas análises econômicas, sociológicas e politológicas, diversos relatos e testemunhos foram produzidos a este respeito. A abordagem pela patologia da ilusão continua, entretanto, particularmente esclarecedora. Ela põe em evidência uma falha de pensamento, uma falta epistêmica que levou a esse desmoronamento como sempre acelerado ao seu final. A primeira ilusão, ilusão matricial, se é possível dizê-lo, deriva das aventuras da dialética hegeliana, particularmente complexa na sua versão original, mas perigosamente simplificada na sua transposição propagandista. Maurice Merleau-Ponty, entre outros, examinou-a de modo particularmente penetrante[12]. O pensamento de Hegel é realmente de uma complexidade temível. Associado às teorias de Marx, torna-se às vezes tão impenetrável quanto as célebres vias do Senhor. Isso não impede que o amálgama de uma e das outras tenha sido apresentado como um verdadeiro "comunismo científico", almejando a inteligibilidade última da história; uma inteligência sem enfraquecimento da sociedade e da economia, um predomínio completo sobre o porvir, autorizando na ocasião as transgressões mais graves e o completo desconhecimento dos valores humanos colocados entre parênteses, pois estavam em plena transavaliação. De modo breve como o diz ainda Merleau-Ponty, retomando Taine, "o papel suporta tudo". Entretanto, uma coisa é decretar no papel o acesso enfim bem-sucedido ao saber absoluto, outra coisa é inscrever esse sucesso no real. Logo após a Revolução de 1917 pareceu que esse real se tornava contrariante. Sem minimizar o efeito devastador das influências externas e da guerra civil, ele não impede que o avatar da dialética, que se instala na cabeça do PC da URSS, dependa sobretudo dos subprodutos da "onipotência do pensamento" analisada por Freud em *Totem e tabu*. Não obstante, para a nova chefatura bolchevista, a dialética não pára de funcionar a todo vapor. A mudança de direção da NEP decidida por Lenin não é considerada como uma confissão de fracasso, mas como uma adaptação particularmente transcendente e sutil da dita dialética. Assim se desencadeia em verdade trivial uma verdadeira lógica do pior. As contradições do real, longe de modificar o anúncio inicial, radicalizam-no ainda mais. Na tópica psíquica "revolucionária", o imaginário e o real agora se desemparelham. Quanto mais este se restringe, mais aquele se dilata. Quanto à instância do simbólico, ela será também absorvida por um imaginário deslocado, que anaboliza as técnicas de uma propaganda em que Pavlov faz esquecer Hegel, enquanto a descoberta de Freud é proscrita. E se, apesar de tudo, uma oposição política se manifesta, se a contradição subsiste, se a antítese persiste, o terror e a repressão punirão de modo cada vez mais abrangente e impiedoso. O *ideal* revolucionário tornou-se a *ilusão* revolucionária, alimentada loucamente pelo real totalitário. Mas esse real não quer se mostrar tal como ele é. A ele repugna se confessar. Ele se recalca sob a denegação, a paródia, o "mentir-verdadeiro" e sob o dizer falso sem qualquer limite. Os intelectuais arregimentaram-se nessa produção insensata da ilusão e na sua incessante manutenção. Os que resistem a essa arregimentação, os que fazem "objeção do real", são primeiro intimidados, depois ameaçados e enfim exterminados. A lei perde toda significação. Ela não é mais transcendente ao sistema. Ela se torna uma de suas dejeções. A lei torna-se aquilo que o chefe do partido diz que ela é. As faculdades de direito são qualificadas de "faculdades do Inútil"[13]. Somente a palavra do chefe decide sobre a vida e a morte, individual e coletiva. Ao longo do trajeto, sua fatura dialética não é mais que pura vestimenta verbal, pois na verdade ela não comporta mais nenhuma tese, nenhuma antítese e nenhuma síntese. Palavra em si, que não se endereça na verdade a ninguém e que não espera nenhuma resposta. Auto-elocutora e auto-executora, ela corresponde exatamente à onipotência do pensamento já em pleno funcionamento sob a coberta da dialética suprema. Por isso mesmo, como já se indicou, ela reconstitui as formas de pensamento totêmico, que se acreditava definitivamente uma idolatria ultrapassada e suprimida. Que o ídolo renasça nas cinzas do ícone. O totem stalinista substituiu o retrato infame do imperador. O reino das abstrações permite todos os tráficos com o mundo concreto. A planificação se reduz a um jogo de escrituras. Quando o real contradiz os seus procedimentos e os seus resultados descontados previamente, é que os traidores e os sabotadores conspiraram. Processos organizam sua auto-acusação em forma de exorcismo.[14]

Entretanto, o real denegado não desaparece. O que se chama desaparecimento deve ser qualificado mais exatamente como recalque. Este não pode ser mantido senão por meio do uso de censuras e da repressão que, de processo em processo, de execução repressiva em execução preventiva, de assassinato individual em exterminação em massa, como a dekulakização, paranoízam o sistema, cada vez menos capaz de diferenciar entre o inimigo exterior e o inimigo interior. A paranóia é preparada pelo que se poderia chamar de paramóia: a egocentralização de toda vida no eu do chefe total. Para ser qualificado de inimigo interior basta ter passado uma temporada no exterior do paraíso carcerário. Neste sentido, os grandes expurgos são também grandes acessos psicóticos de temática política. Seja como for, o real recalcado e denegado não desaparece e prepara seu retorno. Pois qualquer que seja ele, o sistema "tautologizado", que tem a pretensão de ser o em-si e o para-si, não tem êxito em reduzir completamente para si mesmo sua exterioridade. Em primeiro lugar, sua exterioridade interna, se assim se pode dizer: dissidentes, refusniks, recusam-se precisamente a ratificar o que ele diz que é. Qualquer que seja para eles o custo, esses opositores, declarados alienados mentais por uma psiquiatria de Estado às ordens da polícia política, proclamam que ele não é o que ele diz, e que ele não diz o que ele é. Palavra contra palavra. O exílio e o banimento sancionam esses "contradi(ta)dores *(contre-dic(ta)teurs)*. Uma contradição que escapa arrasta uma segunda. Não demora, os fracassos são oficializados. A planificação é reconhecida como um desvairamento, "o Estado do povo inteiro" como uma tirania. Um tal sistema não pode mais se reformar. Gorbatchev tentará, é verdade, a *perestroika*. Tentará até mesmo a *glasnost*. As tentativas de reformas apenas adiam o fracasso final. Finalmente a explosão da central nuclear de Chernobyl não será apenas um desastre tecnológico. Simbolizará também o fim de um regime tornado autodestrutivo e que sangrará até a derradeira vênula para suportar o desafio da guerra nas estrelas que nesse meio tempo os Estados Unidos da América lhe lançou após a eleição de Ronald Reagan. Finalmente, a derrocada terá seguido de muito perto a desilusão. Lech Walesa condensará a essência dessa experiência numa fórmula que não é simples humor negro: "O comunismo é o caminho mais seguro para conduzir do capitalismo ao capitalismo." O pretenso triunfo da dialética não terá sido, em suma, senão um parêntese retórico. Teria sido derrisório, se não tivesse sido, ao mesmo tempo, genocida. Entretanto é preciso não se deixar levar pelo triunfalismo. Uma desilusão pode rapidamente engendrar uma outra. Uma vez rasgada a ilusão totalitária, a ilusão democrática não está, por sua parte, em processo de se constituir reconstituindo por vias inesperadas a ilusão dialética? Será certo que, aquilo que chamam de democracia, o seja *de fato*? A questão é tão grave que se convém munir de uma cláusula de salvaguarda: levantar uma tal interrogação não tem por meta reabilitar o totalitarismo, mas evitar que a fórmula de Walesa não se volte um dia contra si para concluir: "A democracia é o caminho mais seguro que conduz do totalitarismo ao totalitarismo." Por que dar curso e corpo a tais inquietações? Porque, depois do colapso do totalitarismo, a democracia parece sem alternativa. Por que se inquietar com isso?

Em primeiro lugar, uma confusão preocupante já não existe e não está se instaurando entre o *ideal* democrático e o *modelo* democrático? Lembremos que o ideal é um tensor que deveria impedir toda instância de se absolutizar, todo sistema de se fechar. O ideal é uma modalidade do infinito. Um modelo é sempre finito. O importante, portanto, é não substituir mais uma vez, quer seja de modo involuntário ou de modo fraudulento, o ideal pelo modelo. Como uma tal substituição e uma tal sutilização poderiam se operar? Precisamente declarando o ideal realizado pelo modelo realista, confundindo a ausência de alternativa política e a recusa de todo questionamento. Esse ponto é decisivo. Certamente, após o colapso da URSS e após os ataques de 11 de setembro, o totalitarismo seja "ateu", seja teocrático, *parece* para sempre e quase universalmente condenado. Mas na constituição da verdade, a sem-razão e a razão encontram-se alguma vez em uma relação unívoca? Se o outro não tem razão, isso não quer dizer mecanicamente que eu tenha razão. Seria necessário, nessa matéria, reconsiderar a imagem simplista dos vasos comunicantes.

Com efeito, para que um modelo seja absolutizado, ele deve ser subtraído a todo questionamento. Nessas condições, o modelo democrático irá se expor a esse perigo se for apresentado como não possuindo, de agora em diante, alternativa[15]. Um círculo vicioso particularmente destruidor corre o risco de ser desencadeado: um tal modelo não será julgado fora de discussão porque presumido sem alternativa: ele aparecerá como desprovido de alternativa porque será subtraído à discussão. Compreendemos bem que não se trata aqui da discussão no sentido da simples deliberação de procedimento, por maior que seja a importância desta última. Esse tipo de discussão envolve apenas as modalidades da operacionalização do modelo e não seus próprios princípios. Logo, qualificar um tal modelo de democrático seria uma vez mais ceder ao nominalismo e engajar-se mais uma vez nas vias da ilusão. A definição da democracia irá se expor à armadilha da tautologia: "a democracia é a democracia", enquanto o real, contradizendo tais assertivas, irá se encontrar de modo interativo mais uma vez denegado, dito de outro modo, recalcado. Quais são os elementos da realidade, objetivamente percebida e contraditoriamente discutida, que fundam essa precaução contra a confusão entre modelo democrático e ideal democrático?

O ideal está enunciado, para dizê-lo rapidamente, no *corpus* dos direitos do homem o qual institui um sujeito *político* — dito de outro modo, um *zoon politikon* mas também *logikon* — qualificado por estes três caracteres correlativos: liberdade, igualdade, responsabilidade, os quais excluem que eles sejam definitivamente egocentrados ou egoizados, a paranóia estando preparada, como já foi dito, pela paramóia. O que se observa na realidade? Que a dimensão qualificada de política aparece cada vez mais subsidiária do ponto de vista da dimensão econômica. O espaço do político é cada vez mais subsumido no espaço do mercado. Esses dois "campos" não são homólogos nem coextensivos. O campo político, sobretudo quando é qualificado de democrático, é autenticado pela supremacia da lei, que honra sua denominação quando promove o interesse geral previamente elaborado, depois decidido por deliberação coletiva. O campo econômico não é democrático senão à condição de se integrar naquele primeiro campo[16]. Dito de outro modo, ele se auto-heteronomiza, fazendo lei de si, impondo-se, se necessário, pela força. Não obstante, a decisão de alguns impor-se-á aos outros não porque terá sido contraditoriamente discutida, mas porque ela resultará, de novo, de uma relação dessas relações de força já denunciadas por Rousseau como ineptas a criar a menor relação social durável. As relações de dominação e de poder impor-se-ão à ética presumida e ao pretenso diálogo.

Os vinte últimos anos não confirmam a substituição progressiva do campo político pelo campo econômico? Resulta disso uma grave *divisão* do sujeito político, no sentido da *Spaltung* freudiana. De um lado, seus direitos e prerrogativas cívicas não cessam de aumentar, é verdade, mas de modo nominal, porque concomitantemente seus direitos econômicos — que deveriam se inscrever no real — não param de restringir-se e de se tornar precários[17]. O que acontece é que os primeiros não somente se revelam realmente como imaginários, mas se tornam também mais gravemente ilusórios. O pretenso sujeito politicamente soberano é, na verdade, um objeto economicamente castrado que não tem outra escolha senão a de se fundir no modelo proposto, prestar-se à inflação narcísica do sucesso, ou se suicidar, as duas atitudes implicando uma desistência de sua qualidade de sujeito cívico. Resta compreender onde são relegadas as feridas narcísicas e os danos morais cotidianamente (o caotidiano) infligidos a supostos homens livres, iguais e responsáveis e que se descobrem dependentes, supranumerários e descartáveis.

2. A PÓS-DEMOCRACIA E A SAGRAÇÃO DE DEUS

a) O retorno da violência discricionária

Diante das manifestações dessa violência espontaneamente qualificada de bárbara, a reação é o assombro. É como se a democracia pós-totalitária redescobrisse a violência que se pensava abolida ou largamente atenuada desde a queda do muro de Berlim e do colapso da URSS. A conferência de Durban, os atentados de 11 de setembro, mas também as manifestações em massa em Gênova ou Porto Alegre contra a globalização revelam, ao contrário, que essa violência não desapareceu, que ela parece buscar seus novos canais, que ela transbordará assim que encontrar seu ponto de engajamento. Isso não impede que esse espanto não deixe de espantar. A ilusão pós-totalitária fez esquecer que a violência está no próprio fundamento do psiquismo individual, mas também da Instituição[18]? Nesse sentido, a ilusão é inseparável da amnésia que afeta o mundo contemporâneo. Não é de dizer que um perigoso círculo vicioso começou a funcionar? Quanto mais a violência é violenta, mais a amnésia é profunda? Para retomar o título de uma obra relativa às fotografias encontradas nos campos de concentração hitleristas: *Remember to forget*[19]. É preciso lembrar o que se tem a esquecer. Como se a memória se tornasse um impedimento a viver. Nesse caso, e uma vez compreendido o caráter paradoxal dessa fórmula-choque, é preciso compreender que esse "esquecimento de memória" constitui essa memória como *memória recalcada,* desnaturada. Uma tal memória não faz agir inconscientemente fatos que a consciência recusa-se a trazer à luz, mas as lembranças desses fatos. Ela instaura uma *amnésia da amnésia* que faz daquilo que se ousa chamar de consciência uma ilusão redobrada. Convém, portanto, proceder a uma verdadeira anamnese dessa violência originária antes de se interrogar sobre as vias e meios que permitiriam dominá-la.

A redução da ilusão irenista passa, portanto, por uma verdadeira anamnese não somente dos regimes totalitários, mas também do parlamentarismo. Crer que o regime parlamentar é o antídoto absoluto à violência é realmente ignorar ou ter esquecido sua origem. Será preciso lembrar que o parlamentarismo inglês se instaurou apenas depois de décadas de lutas sangrentas e de guerra civil? Convém esquecer que ele só se consumou após o processo — às vezes iníquo — que se seguiu à decapitação do rei Carlos I, cujos erros fatais cometidos são eles próprios imputáveis à imagem que ele se fazia de seu poder soberano, não escutando nenhum conselho, não deferindo nenhuma advertência, encarnando essa forma de violência sobre a qual retornaremos? Essa era a violência que Walter Benjamin qualificava de violência discricionária? O regime parlamentar não pode ser assimilado a um regime de razão pura senão à condição de mascarar essa violência cujos recalques preparam as inevitáveis iterações. A instauração do regime parlamentar na França demonstra-o *ad nauseam*. Na França também, o soberano reinante foi decapitado, mas essa violência terminal não pode ofuscar a violência verbal, o extremismo do pensamento, que se exerceu quando de seu processo pela boca de seus acusadores. Naturalmente, é possível afirmar que "a revolução é um bloco", que não se poderiam aceitar seus ganhos sem aceitar seus erros e horrores. Contudo, é preciso ficar atento, nas manifestações da violência, àquilo que se reduz no próprio acontecimento que a revela, e aquilo que ali sobrevive e que se nutriu dela. A propósito disto, os dois discursos de Saint-Just na acusação de Luís XVI podem ser lidos como verdadeiros manifestos pela cisão do gênero humano[20]. Pela primeira vez nos anais da humanidade moderna, um ser é colocado fora do gênero humano, a tal ponto que a lei mais universal é declarada como não podendo ser aplicada a ele; que ele não pode ter direito a nenhum processo. Nessas condições como qualificar, factualmente e juridicamente, o ato culminando em sua *eliminação*? Os dois requisitórios de Saint-Just constituem dois exemplos particularmente impressionantes daquela violência que não seja uma violência selvagem e pulsional, mas uma violência judicialmente racionalizada, que se nutre da argumentação jurídica para conduzir o conceito de lei sobre os terrenos vagos do pensamento em plena desistência, presa do paroxismo. Por que uma tal violência não foi prevista? Por subestimação daquilo que poderia sair do espírito humano? Provavelmente, mas também por causa da ilusão que seviciou no início da Revolução Francesa. Tocqueville caracterizou claramente a propósito da Festa da Federação, esse momento de pseudo-unanimidade e esse movimento de hipocrisia coletiva, ao dizer que naquela ocasião tinha celebrado bastante o que unia os protagonistas do drama, mas que estes haviam se matado por aquilo que os dividia. Esse mutismo em forma de denegação iria produzir muito rapidamente os resultados que se sabem.

Uma vez mais sem querer dar conta do conjunto das manifestações da história humana na época moderna, será observado que a democracia americana celebrada por Tocqueville é ela própria fundada sobre o etnocídio das populações que viviam na América do Norte antes da chegada dos "Pilgrims Fathers", depois sobre a exploração de populações negras reduzidas à escravidão, uma escravidão que não se abolirá imediatamente nem mesmo com a Guerra da Secessão, pois será preciso chegar aos anos 1960 e 1970 para que a igualdade de princípio das populações discriminadas nos EUA seja enfim reconhecida. Que dizer então da violência autogenocida que se exerceu na ex-URSS ou no Camboja? E podem-se chamar com o mesmo termo: violências, exterminações tão massivas, tão friamente determinadas, planificadas e executadas? Os genocídios particularmente implicam — da parte das autoridades que os decidem e que os colocam em funcionamento — um sentimento que ultrapassa o da soberania no sentido clássico, para que se convertam em hiperioridade, lugar quase demiúrgico a partir do qual se decidirá quem deve viver e quem deve morrer sem outra motivação nem julgamento afora a palavra, auto-referencial, da dita autoridade. Eis por que importa definir tão exatamente quanto possível o que se entende por violência e por soberania, a partir do que se definiria aquilo que se entendem por Estado, por poder, por direito e por Estado de direito.

b) Soberania e violência absoluta

O século XX — o século dos campos de concentração — terá visto o exercício da violência gratuita, tal como foi qualificado por Primo Levi[21], de uma violência que não visa apenas à destruição do inimigo designado, o qual não aquiesce a essa vontade destrutiva, mas que é seu próprio fim, uma violência errática, que busca apenas sua própria satisfação, a qual exige o aviltamento do inimigo, como se a ab-rogação de todo valor que lhe esteja anexado devesse acarretar, por um jogo de vasos comunicantes, ou de "clearing" patológico, a sobrevaloração ou a transvaloração daquele ou daquela que exerce uma tal violência, tão desmesurada. Eis por que é importante realmente retornar à tipologia da violência esboçada por Walter Benjamin, que tentava distinguir entre violência mitológica, violência discricionária e violência soberana. A primeira é propriamente irregular por negar toda autoridade que ultrapassasse aquele que a exerce e aquele que a sofre. A segunda faz igualmente daquilo que a exerce uma quase divindade que se autoriza de si mesma. A terceira somente seria regulável, sem para tanto mudar de natureza. O mesmo é dizer que a violência discricionária, tal como a concebeu Benjamin, concorda bem com aquilo que Primo Levi qualificou de violência gratuita, como se ainda ali a experiência histórica e política da Shoah devesse validar uma terrível intuição, uma temível premonição exprimida vinte anos antes, e que não se soube ouvir como uma advertência.

Não é então salutar desilusionar o conceito pseudodivino de soberania para fazer aparecer a violência discricionária que afeta e infecta seu fundamento? Essa desilusão exige que se abra um diálogo sobre a teoria pura do direito de Kelsen pelo que se faça descobrir a antropologia política e a antropologia psicanalítica. A *Urnorm* kelseniana seria apenas perigosa ficção se não fosse confrontada com a tipologia de Benjamin e, a partir disso, com algumas interrogações ainda mais recentes sobre o poder e suas relações com a pulsão de morte e com a pulsão de vida. Quando Raymond Aron evoca a dimensão demoníaca do poder, em face da "prosa" democrática[22], ele acrescenta, sem nenhuma dúvida, uma constatação da mesma natureza, que Freud aplicava de modo mais direto, porém *à pulsão de morte*. A *Urnorm* no sentido de Kelsen não pode aceder ao princípio de realidade senão à condição de não ser colada sobre esta violência originária, quer seja mitológica, discricionária ou ambas, porquanto estas formas-tipos são, por sua vez, suscetíveis de degradação e desnaturação. As análises de Giorgio Agamben[23] revelam-se, nesse sentido, muito provocadoras, porquanto partem de uma diferença também original entre nada menos do que duas concepções da vida, aquela que a percebe sobre o modo da *bia* e a que a promove ao lugar de *zoe*. *Bia* ou *bio* reteria novamente ao caráter primal e primário da vida, e *zoe* a seu caráter elaborado, construído, trabalhado, e, ainda mais: trabalhado no sentido do *durcharbeiten* freudiano. Três questões essenciais são postas então.

Antes de tudo, como impedir a regressão da segunda forma para a primeira — a primária? Depois, é auto-evidente que o poder qualificado de político se encarregue de estabelecer esta diferença? E se for ele que deve encarregar-se disso? Na falta de resposta clara a tal questão, ocorre realmente que a instância detentora do poder se autorize, por si só, de dar a vida como bem convém, mas ainda de dar a morte, e o fazer em tal escala que lhe bem convenha. O soberano, no sentido moderno, designaria nessas condições a instância de terror a um tempo mística e discricionária, que se autorizaria a dar a morte, mas "sem respeitar as regras do sacrifício", sem consagrar a nada suas vítimas. Daí em diante aquilo que devia ser sacrificado torna-se massacrado. O poder desligado de toda lei substitui a sagração coletiva pelo massacre em massa. A destrutividade de um tal poder isenta-se de todo limite. Todo limite ou barreira é para ele provocação, injúria, ofensa de lesa-majestade e leva ainda a outros extremos inconcebíveis. A extremização torna-se propriamente demencial quando consegue finalmente recrutar a *referência divina.* Essa captura reduz a idéia de Deus a um puro e simples "absolutizador" da idéia do Estado, ou da ação política em funcionamento. Ela requer necessariamente que a idéia de Deus seja destacada de toda idéia de lei, quando esta enuncia interditos dirimentes, a começar por aquele de matar. Nessas condições, também sob o efeito da transgressão dessa lei de expressão divina, a idéia de Deus se cliva, como a de Estado. Em lugar de ser lugar convergente, torna-se ou volta a ser fetiche alucinatório, pretexto para anatematizar, excluir, matar, mas abolindo todo sentimento de transgressão, de falta e de culpabilidade. Essa clivagem psicotiza a própria referência divina monoteísta e a transforma em ídolo sanguinário, a violência mitológica regressando ela própria até a fase tenebrosa daquele *Urzeit,* bem anterior a da *Urnorm,* quando apareceu a pura pulsão de morte, destruindo por destruir, enquanto sobrasse um resto de vida, tal gafanhotos que devoram sem sentir a menor saciedade, deixando o lugar só quando já não sobra nada, fazendo então do recomeço da vida um ato de coragem nativo, que espia a névoa pré-natal do absurdo.

Notas

1. J.-F. Mattéi, *La barbarie intérieure. Essai sur l'*immond*e moderne*, Paris, PUF, 1999; 3ª ed. ampliada, 2001.
2. Citado em Peter Watson, *The Modern Mind*, HarperCollins, 2000, p.29.
3. J. Romains, *Le problème numéro un*, Paris, Plon, 1947.
4. G. Hermet, *Les désenchantements de la liberté*, Paris, Fayard, 1994.
5. S. Freud, "Le clivage du moi dans le processus de défense", in *Résultats, Idées, Problèmes*, vol.2, Paris, PUF, 1985.
6. R. Draï, *La politique de l'inconscient*, Paris, Payot, 1979.
7. A. Baldassare, *Globalizzazione contro democrazia*, Laterza, 2002.
8. In Eux et Nous, *L'Europe face à ses nouvelles déchirures*, L'Age d'Homme, 1998, p.117.
9. F. Furet, *Le passé d'une illusion*, Paris, Livre de poche,1996.
10. S. Freud, *L'avenir d'une illusion*, *Œuvres complètes*, vol.XVIII, Paris, PUF, 1994, p.133.
11. J. Lacan, *Écrits*, Paris, Seuil, 1965. [Ed. bras. *Escritos*, Rio de Janeiro, Jorge Zahar Editor, 1998.]
12. Ibid., p.99.
13. M. Merleau-Ponty, *Les aventures de la dialectique*, Paris, Folio, 2000.
14. Y. Dombrowski, *Les facultés de l'inutile*, Paris, Livre de Poche.
15. A. Vaksberg, *Vychinski le procureur de Staline*, Paris, Albin Michel, 1991.
16. M. Sadoun (org.), *La démocratie en France*, Paris, Gallimard, 2000.
17. A. Sen, *Ethique et économie*, Paris, PUF, 1999.
18. R. Draï, *Science administrative, éthique et gouvernance*, PUAM, 2002.
19. *Critique de la violence*, in *Œuvres I*, Folio, 2000, p.210.

20. *Œuvres choisies*, Paris, Idées, NRF, 1968, p.81.
21. P. Levi, *Les naufragés et les rescapés*, Paris, Gallimard,1989.
22. R. Aron, *Études politiques*, Paris, Gallimard, 1972.
23. G. Agamben, *Homo Sacers*, Paris, Seuil, 1999.

Barbárie e civilização na era do pluralismo

Francis Jacques
Universidade de Paris III

O que entra facilmente nos ouvidos sai deles facilmente.
O que entra dificilmente nos ouvidos sai com dificuldade.
Karl Kraus

Em primeira análise, o termo *civilização* designa ao mesmo tempo a forma mais abrangente da cultura e sua pretensão em promover um ideal humano. Conceito descritivo e axiológico: há tantas civilizações quanto áreas culturais, cada qual garantida pelo costume. Mas o melhor de cada uma se volta para a civilização e se considera o criador da humanidade. Ocorre-lhe permanecer fixada em tal uso cego: admite-se quebrar a resistência de um país bombardeando suas cidades; acha-se natural espancar seus adversários políticos (Alain). Ao mesmo tempo, o costume se deixa corrigir a ponto de tornar inconcebíveis práticas admitidas alhures sem exame. De um lado, se servem sempre do sofrimento como meio de persuasão, de outro, a mudança dos costumes constrange as formas antigas da tortura a esconder-se.

O caráter híbrido e limitado do conceito clássico de civilização repercute sobre o conceito negativo e degenerativo de *barbárie.* Somos antigos bárbaros. Fazer um ato de barbárie é cometer um ato inumano, de crueldade, de ferocidade quando se junta a isso algo de selvagem. Mas com a repercussão do pluralismo, mais vale distribuir a vertigem de barbárie em função do *inaceitável* denunciado por *tal* civilização, em seu seio ou em outro. Em todo caso, segundo uma certa idéia do homem.

Estranhos contrários, nem sobre o mesmo plano, nem em um mesmo gênero. A barbárie pode florescer no regaço da civilização como sua íntima tentação. Não se livra dela pela diabolização. Um tal abandono de diagnóstico nos faria cair fora do humano, deslizar para o terrível ou monstruoso, e recusar, assim, toda responsabilidade.

No entanto apenas esta interrogação: é dizer pouco que a unidade e a universalidade humanas estão em perigo, eis que se tornaram idéias incertas. Pertence ao nosso tempo pôr a descoberto aquilo que outras possibilidades do humano encobrem da humanidade. Desde então, os conceitos de barbárie e de civilização tornaram-se *problemáticos*:

> ... uma vez se pluralizando. O exterior de uma civilização única estaria habitado por *não*-homens devotados às trevas exteriores. Segundo a diversidade das culturas da barbárie é menos fácil de apreender. O terrorismo define-se quer como o uso cínico da violência com fins de natureza ideológica, quer como todo ato cometido contra nós ou nossos aliados.
>
> ... outra vez, porque vemos despontar a humanidade possível do homem. Meditamos "a sinistra nova" daquilo que o homem pôde fazer ao homem no século passado, quanto ele vai *até o extremo* da violência assassina. As ciências da cognição e a engenharia genética estão a um passo de renovar a paisagem antropológica.

O contexto e o método

1º) Tudo era simples enquanto o universalismo ocidental prevalecia. Mas o mundo se tornou "civilizatório". O homem constrói-se por perífrase em cada civilização. Cada qual se define em termos de valores, de religião, de língua, de saber e de *savoir-faire*. Cada qual — seja ocidental, japonês, muçulmano, hindu — possui uma opção sobre o sentido da existência. Ora, o acontecimento é recente: a nossa, que se acreditara por direito universal, presente que seja, no melhor dos casos, está em via de *globalização*. Uma civilização — a nossa — não se encontra mais. Como sempre quando alguém se interroga sobre uma perda: para uma civilização, uma coisa é declinar após um período de plenitude ou entrar em uma crise generalizada; outra é filosofar sobre a própria perda de sua cultura. Ela equivale à perda das bases do mundo, de que os seres humanos possuem grande necessidade, "precisamente porque são *os mortais* — os seres mais frágeis e fúteis que se conhece" (Hannah Arendt).

2º) Os contemporâneos parecem fugir à representação da figura humana, cuja hipocrisia foi denunciada à porfia. As últimas gerações filosóficas dizem: como interrogar como poeta, filósofo, teólogo, depois de Auschwitz? Para além da angústia, o trágico faz seu retorno. O saber moderno não tem mais grande coisa a ver com o estado de maturação humana. A arte moderna abandonou a figuração do homem. Deve-se dizer que a dispersão cultural a dissolveu na diversidade, ou que o homem não conhece os "bons" aspectos para o figurar? Os critérios de delimitação com relação à máquina, ao animal e à coisa estão abalados. A nova questão do homem surge de seu desaparecimento possível. Não se dispõe mais de uma idéia *a priori* do homem. Justamente uma idéia de devir, uma última chance de reencontrar a comunidade de destino e a solidariedade de espécie.

Uma palavra sobre a escolha do contexto. Que se trate dos atentados que se abateram sobre a América, dos massacres étnicos, das atrocidades cometidas contra a liberdade religiosa no Vietnã, dos ataques suicidas ou dos bombardeios pelo governo sudanês de um centro de distribuição alimentar das Nações Unidas (12 de fevereiro de 2002): o terror por si mesmo é cego; o traumatismo e a atrocidade fascinam pelo elemento do *monstruoso.* Suas tomadas sobre o *tremendum,* a reflexão não as encontrará senão mais tarde. Os estóicos recomendavam o julgamento como lazer. Para surpreender a fragilidade de uma cultura, o filósofo pretende reaver o espírito de seu tempo no elemento do pensamento interrogativo.

Uma outra palavra sobre o método. Como encontrar a passagem em uma situação sem saída quando se esgotou a formulação do problema? Fala-se a bel-prazer da razão cega. Mas lá onde a razão fracassa, o pensamento do sentido pode ter êxito. Restam-lhe o enigma, a elucidação do mistério e o questionamento radical. A lógica não está fora do jogo. Ela é muito capaz sob sua forma erotética (do gregro *erôtèma,* "interrogação") de analisar a constituição interrogativa e a dinâmica do pensamento, muito antes de propor a alternativa do válido e do não-válido no discurso. Aquém das questões colocadas pelos atos de hiperterrorismo, retornaremos à barbárie interna, ao estado nascente: a que possui cumplicidade *em nós,* alimenta lentamente e com segurança o desequilíbrio na cultura e a queda da civilização. Para não ajuntar à desmoralização geral, em tudo o que se segue, não nos autorizaremos a coqueteria de desconstruir alegando desorientação por *perda* das referências, senão para reconstruir, remediando uma *falta* de referenciais. Um novo capítulo da história da desumanização.

Que conceito moderno da barbárie construir quando os de civilização e de humanidade vacilam? Proponho partir novamente do plural *das* culturas — e um pouco mais adiante, do plural *na* cultura — para tirar conseqüências disso. Uma sobre a barbárie, por sobressalto diante do *inaceitável*: uma nova clivagem *interna/externa* aparece, além da velha distinção *absoluto/relativo* (1ª parte). Uma outra conseqüência sobre a civilização: será preciso *aceder* à humanidade, ao horizonte de uma civilização vindoura (2ª parte). Conceito-limite: a busca de um ideal humano faria comunicar as culturas. Segundo que dispositivo categorial pensar um *universalizável emergente,* em vista do qual uma cultura parece ter ou não ter mais porvir (3ª parte).

1. A BARBÁRIE AO PLURAL

Há barbarização *interna*, para uma civilização dada, a um tempo sua tentação e sua perda, quando os possuidores de uma mesma cultura não se reconhecem mais entre si. Todas as civilizações são capazes dessa barbárie lenta, doce, cotidiana e paroxística. Há barbarização *externa* se os que possuem culturas diferentes se ignoram ou se dão nomes de pássaros. Toda civilização é capaz disso ao abordar suas margens, assim o México para os espanhóis do capitão Hernán Cortez. Impor-lhes seus costumes supunha anular os deles. Cada um reserva o nome de homem à sua comunidade, crispa-se sobre sua diferença adquirida e sua identidade estática.

Uma clivagem inédita: interna/externa

A civilização ocidental não foi a última a derivar nestas duas direções. Mas, de modo demasiado, a imagem que lhe é devolvida lhe aparece sob as cores pálidas do vazio. Tanto mais que ela deve afrontar uma contestação intercivilizacional, que ganhou forma de reação selvagem. Estas duas direções lhe parecem solidárias: é a barbárie "interior" (Jean-François Mattéi) que fomenta as condutas de opressão. Uma prepara o leito da outra: um povo que escraviza o outro não pode ser livre. Vamos mais longe: uma tal clivagem muda o próprio sentido da palavra "barbárie". *Interna:* os bárbaros são às vezes os mesmos, quando eles se alteram. *Externa*: os pretensos bárbaros são os outros. Nós recusamos hoje a noção de barbárie como outra cultura. É bárbaro então aquele que crê na barbárie (Lévi-Strauss), aquele que nega a cultura dos outros, incapaz de poder assimilá-la.

Eu gostaria de mostrar que, cruzando a velha clivagem absoluto/relativo, renova-se a capacidade da diferença e da identidade. O que não é "o mesmo" é a outra *identificação*. As outras culturas têm o direito de defender essa possibilidade diferente do humano que elas promovem. Novas questões emergem, inscritas numa problemática nova: que é bárbara, que é civilizada. Um convite a se pensar mais.

Diferenciemos, por enquanto, a questão da civilização *mais civilizada*. É em relação àquilo que conta *mais para mim,* que certas exações me parecem inexpiáveis. Assim o delito que os persas, no dizer de Heródoto, perpetraram sobre os gregos: as estátuas dos deuses foram reduzidas a detritos. "Isso merece vingança. Não é possível se entender com quem perpetrou tais crimes." Quem é bárbaro? Não se trata dos critérios de reconhecimento clássico da barbárie que cada um ressente diante de certas exações aterradoras, cometidas de modo externo ou interno. Trata-se em seguida de tomar posição diante das exações tão intoleráveis cometidas no seio de outras culturas. Toda selvageria me parece bárbara (cortar a mão do ladrão, praticar a excisão, empregar crianças de oito anos em minas — na Inglaterra do século XIX ou nas olarias no Afeganistão de hoje). Mas devo me voltar para meus informantes "indígenas" para saber se essas são ações de conjuntura, de crise ou exações a serem avaliadas segundo outros critérios. Para meu risco e perigo, pois em situação de "tradução radical" (Quine), exerço a violência da interpretação.

Mas sobretudo, ao tornar-se comparativa entre *todas* as maneiras de ser bárbaro, a determinação dos critérios de *comparação* não é mais do mesmo nível lógico que a dos critérios de *reconhecimento* clássico: ela coloca a questão do *universalizável*. É difícil pronunciar-se sobre os signos de fragilidade de uma cultura. Bem menos sobre o limiar do *inaceitável* em que se encontra algo da idéia de barbárie *absoluta*.

Desorientação: as realidades perturbadoras

Também podemos cair na barbárie. A civilização ocidental entregou-se à barbárie *externa*. Esta não data de ontem (anexações, desarraigamentos, colonização). Mas é também capaz de um processo de barbarização *interna*.

"A pequenos passos" (Guy Coq), quando as práticas *sociais* apodrecem a sociedade: aviltamento dos lazeres, destruição insensata do meio natural, curiosidade desenfreada, impertinência profissional, cinismo consumista (*ter* mais não para *ser* mais, mas para consumir a vida), modelos valorizados nas mídias — falou-se na "Mcdonaldização" do mundo. O modo de vida que se inventa é menos estruturado que o modo familiar ou escolar. De uma só vez, substituem-se os parentes pelos educadores de rua ou por conselhos de bairro. Mas quem escolherá os educadores? Entre aqueles que, de fato, tiveram pais? Na geração seguinte será preciso educar os educadores e os parentes. Mas por quem?

Esses pequenos passos alongam-se quando os *associais* tomam a comunidade por alvo como: a alergia à instituição e ao uniforme; o tráfico das máfias; os que fracassaram na integração, a degradação da instituição escolar acelera a fratura entre gerações. A menos que a barbárie não avance a grandes passos: exasperação do capitalismo, erosão da cidadania e incivismo, disfunção dos três poderes; subordinação das questões de valor a relações de força, instrumentação e experimentação do homem pelas biotecnologias; deslocamentos migratórios que provocam o desenraizamento; a "sobredelinqüência dos jovens saídos da imigração", sem qualificação, que ficam na França desde a metade dos anos setenta tempo demais sem emprego. Uma "realidade perturbadora" que Malek Boutih, presidente do SOS-Racismo assim como Christian Delorme, cura de Minguettes, nos levam a enfrentar (*Le Monde,* 31 de março de 2002), mandando de volta sem maiores explicações o realismo da direita e o angelismo da esquerda. A reificação das sociedades de negócio com a financeirização da economia, sua moeda louca e seu dinheiro sujo, não tem nada a invejar do realismo socialista de antanho.

Mesmo se esses fatores de desculturação mais comumente citados engajam uma idéia internalista do humano, será bom categorizá-los para compreender o encadeamento das dobras identitárias, comunitária e etnicista; a espiral da perda das relações entre as pessoas, do machismo e do sexismo. As mulheres começam a querer crianças sem homem (que necessidade se tem de um pai, se se tem um genitor?). Os pais se apagam, os gurus seduzem. As mães e as filhas reencontram-se numa ligação fusional confinando-se na não-relação. É preciso tratar esses caminhos de barbarização como verdadeiras estradas do mal? No entanto a entropia não tem sempre a última palavra — pensemos nas medidas de proximidade que começaram a ser implementadas nas prefeituras para permitir a permanência dos velhos em casa — deve-se evitar o estereótipo[1]. Mais operatórios são os conceitos de falsificação, de confusão, de desvio, de deriva.

Confusão. No plano epistemológico, entre o domínio e o território: as ciências da cognição instalam-se sobre o domínio da filosofia do espírito. Entre as modalidades culturais: não é sério falar de física em termos literários, de deixar o científico fazer o papel de filósofo, a teologia renunciar a si em proveito das ciências religiosas etc. Confusão entre os meios e os fins, os costumes e a moral, a instrução e a educação. Assimilação da sanção e da repressão. A obliteração das diferenças prepara a hegemonia abusiva. O mesmo é válido, ficará claro, sobre o deslize do saber à ideologia, da confusão da globalização de fato com a globalização de direito. Reforçam a ideologização, que faz pesar a vida cultural.

Falsificação. O século XX nos fez assistir a várias falsificações da idéia de humanidade. A tal ponto, que é impossível manejá-la inocentemente. Ela serviu de álibi a aventureiros assassinos. Quis-se realizar a unidade política recorrendo à raça ou à classe oprimida. Em seu nome destruíram os homens. Uma sociedade que perdeu o sentido da lei — ao ponto de seus motoristas fazerem sinal com o farol para advertir a presença de controle por radar, perdeu também o sentido *objetivo* da autoridade. É invocado cegamente contra a insegurança, mesmo quando não se sabe do que se trata. Que é pior: uma idéia falsificada ou ausência de toda idéia de humanidade — quando se profanam os corpos esmagando-os sob os entulhos ou quando, para ver "informações interessantes" (*sic*), os arqueólogos desenterram múmias nos subúrbios de Lima, sob os olhares dos filhos das favelas, debruçados sobre a fossa?

Desvio, cuja dinâmica pode ser estudada. Certas práticas por sua acumulação provocam transformações estruturais nas mentalidades. Sua conflitualidade é implícita: tensões permanentes que provocam o esvaziamento e, ao final e ao cabo, o abandono do espaço público; com a baixa geral do limite de violência, certos comportamentos perdem seu caráter delituoso. Os julgamentos evoluem; a linguagem se modifica por intrusão idioletal. A legislação segue; as instituições parecem fugir à sua finalidade. Toda a civilização está exposta a se dotar de estruturas de poder que divulgam seus excessos. Afundando na corrupção de seus príncipes, possui os homens políticos que merece. Ocorre aos nossos cair no "estrelismo anedótico". Quando passam sob o crivo de uma mediatização aflitiva, eles começam a se parecer com seus marionetes. Se não, sonham com isso.

Deriva. Os desvios bárbaros da civilização ocidental que atravessam nosso tempo não são os do período nazista e stalinista. Assim o ciclone da violência na terra sagrada das grandes religiões monoteístas e o turbilhão desestruturante dos subúrbios aterrorizados. Sim, há "jovens desfavorizados" nos "bairros problemáticos": os que não têm pais para civilizá-los não podem mais aprender com toda serenidade na escola nem utilizar os transportes comuns e os equipamentos coletivos por causa da opressão cotidiana. O moralista estigmatiza o velho combate entre a hipocrisia e o cinismo, as covardias por abstenção, a série das faltas que vai da derrisão generalizada a um hedonismo mole. O meio em que o indivíduo age condiciona sua liberdade. A hipertrofia do individualismo marca um início de cumplicidade com o pior. Um coletivo de mulheres alemãs reclama a possibilidade de juntar-se ao pior integrando as unidades combatentes. Recrutam-se jovens cobaias em meios desestruturados para filmá-los em lugares de ociosidade permissiva. Reivindicam o direito de se drogar.

O psicólogo prefere sublinhar o endurecimento dos hábitos, os mecanismos de importunação da vida do outro; o psicanalista, a substituição conforme a imagem do pai por esquemas *mais* arcaicos e *mais* regressivos; o psicossociólogo se prende ao contágio da violência entre os menores; o lingüista, à aparição dos socioletos que manipulam a linguagem. O economista segue a degradação além do limiar da pobreza. Com o político, a delinqüência torna-se incivilizada. Estuda-se o papel da violência e da sedução demagógica na construção de poder, por meio de inúmeras correntes perversas: xenofobia, racismo, depreciação das normas. O sociólogo sublinha o fracasso das políticas de prevenção e retorna à dessocialização. Ele descreve a exasperação securitária, o gregarismo dos comportamentos, a aparição de regras marginais: o fingimento e o machismo comum refletem sobre a socialização das jovens.

O historiador do presente põe em relevo assinaturas não duvidosas, cada vez mais cínicas de barbárie. É dizer pouco que se observa uma desafeição com a *autoridade*, tudo se torna objeto de conflito ou de negociação no campo de forças e de interesses. A ciberdemocracia não muda nada disso. Até mesmo fora da economia, observa-se o enfraquecimento da *adesão*. A comercialização supõe apenas a compra — um pagamento liberto de todo engajamento. Quando o cultural torna-se negócio, o que é comercializado é um traço comparável a todo outro. Buda é igual a Jesus, Van Gogh, à música do Bali.

Perda das referências: uma barbarização de crise

> *A porta dos tempos modernos foi o estabelecimento de um elo entre um comportamento rotineiro do ser humano e o monstruoso.*
>
> Peter Sloterdijk

Há tantas feridas no flanco da sociedade que a caridade e o assistencialismo não bastam para tratar. O único fato é que nada é nunca tudo — tanto o todo político como o todo cultural. O todo sociológico é sociocentrista, o todo econômico é econômico-centrista etc. O filósofo é devolvido à sua interrogação e à sua categorização próprias, que lhe devem permitir aprofundar a gênese e o sentido dos desvios e das derivas.

Uma crise radical difere pouco de uma perda de referenciais, a qual permite aprofundar a gênese das derivas e desvios. Para falar apenas do ocidental, sua ressonância é tão grande que muitos de seus membros perdem, um a um, os referenciais sobre os quais estavam apoiados, assim como muitas respostas "já prontas". Todo o seu imaginário está comprometido pelo apagamento daquilo que foi, durante 1.500 anos, o crisol nascido do encontro das fontes grego-latinas e judeu-cristãs. A insegurança sempre existiu, mas a violência mudou. Como a sociedade ocidental é mais frágil e não se dá mais um sentido, a solidão é mais forte e a reação à insegurança mais ressentida. O século que começa nos persuade que a sociedade lance um vazio indiferenciado sobre os modelos sociais. Uma globalização desumanizada e desregrada degrada o espaço público. A cultura torna-se um objeto de consumo e de manipulação assim como a natureza. Ela nutre uma infracultura que prolifera extraindo o que há de pior para levá-lo ao televisual. O voyeurismo erigido em espetáculo nas horas de grande escuta: o grande escancaramento do íntimo. Que porvir para os *lofters*? O cinturão de explosivos?

Declinei em outro lugar as dimensões conexas dessa crise radical. Em suma. Crise da *linguagem*: Kraus e Wittgenstein põem em causa seu alcance; as parábolas de Kafka dizem uma espécie de desespero diante da regressão de seus poderes. Desde muito cessamos de viver num mundo comum em que as palavras partilhadas possuem um senso comum. Nietzsche denuncia a "prisão da linguagem"; George Steiner, a inflação hermenêutica, "a igualdade de pesos que a desconstrução concede aos textos primários e secundários". São "as formas que pensam", que importam à luta contra a involução bárbara.

A própria inteligibilidade entra em crise após o declínio dos absolutos psicomatemáticos no final do século XIX. O sucesso extraordinário da prospecção sistemática do universo, graças aos procedimentos das ciências positivas caminha lado a lado com o ceticismo e com uma indiferença ao sentido. Ela foi substituída pela crise dos fundamentos lógicos. O alcance dos teoremas de limitação estendeu-se à razão operatória sem sua globalidade, ao discurso sobre "tudo o que é o caso". A trindade das *Luzes* — razão, ciência, progresso — é atingida, numa época que Heidegger pensa sob a noção de perigo (*Gefahr*). Uma figura simplificada da *interrogatividade* se instala: reduzida à possibilidade de encontrar a melhor solução para um problema, e esta última por meios operacionais? Uma figura única estabelece-se, reduzida à operacionalização científica da natureza e da cognição. A barbarização da civilização ocidental atinge o pensamento que se autodestrói com as armas do pensamento. Uma certa degeneração introduz-se na relação com o *saber*.

O saber toma a forma da relação que os consumidores têm com a mercadoria: adquirida para ser trocada, produzida para ser vendida como mercadoria informacional. São os progressos em informática que impõem o conjunto das prescrições sobre os enunciados aceitáveis como enunciados "de saber". À medida de sua exteriorização com relação àqueles que procuram, a aquisição do saber não está mais ligada à educação do espírito. A velha união da instrução e da educação na *paidéia* se desfaz.

É banal dizer que a cultura ocidental está em crise com respeito ao espaço, ao tempo, ao mundo, aos outros, a Deus ou ao espiritual. É bem menos banal dizer que ela contraiu a gravidade de uma crise do *sentido* deixando proliferar as necessidades inessenciais e recusando encarregar-se dos enigmas e dos mistérios da existência, e a simples retidão de uma forma de vida. Devemos falar do "crescimento da insignificância" ou dizer que o essencial tende a tornar-se invisível com o "aviltamento dos corações"?

2. Aceder ao humano

Toca-se o fundo. Na luz rasante da tarde que preludia a invasão das trevas resta encontrar o coração capaz de franquear o lento crescimento da desesperança. Esse percurso da anabase que quer remediar a *falta* de referenciais visará à *atestação* daquilo que poderia contar para a civilização da humanidade vindoura. Uma rápida olhada sobre o nosso caminho. Encontrará seu traçado entre obstáculos simétricos — monismo e pluralismo culturais, diferencialismo e globalismo, universal concreto e idealismo universalizante — balizas polarizadas: globalização de fato e universalização de direito. Determinar-se-ão a origem dos obstáculos e a quais condições a emergência de uma civilização vindoura é possível. Agora, é tomar a estrada.

Evitar o relativismo

A aceitação da pluralidade cultural não equivale forçosamente ao relativismo. É o primeiro obstáculo. A negação do plural das culturas seria ideológica, mas, em vez de um rompimento que relativiza e compromete a idéia de humanidade, ela pode ser lida como um convite sem precedente a reabilitar *além* da diversidade cultural. Encaminhemo-nos rumo a algumas proposições à maneira de reflexão axiomática.

Anunciemos já: o *plural* será distinguido do *múltiplo,* pois não se opõe ao um, pelo menos de modo definitivo. Igualmente do *particular,* pois não é oposto ao universal. O pluralismo não é o particularismo. Veremos que um princípio *universal* é suscetível de inculturação nas culturas particulares sem ideologização *universalista.* Quanto à *diferença,* que não se opõe ao idêntico, mas à semelhança, não deve comprometer as chances do destino humano e da solidariedade de espécie. Há precedentes? É um modo de criar um novo elo com Atenas e Jerusalém. O projeto de Paulo de Tarso na Epístola aos Gálatas "não há nem judeu nem grego, não há nem escravo, nem homem livre; não há nem homem nem mulher; pois todos vocês fazem apenas um em Jesus Cristo" (Ga. 3, 28) não consiste em partir da humanidade, mas de *aceder* a ela. Tu não pertences mais às velhas vinculações. A idéia de uma humanidade vindoura não escolhe entre a ruptura da diversidade cultural, que leva ao absoluto as diferenças, e a pura abstração para além das diferenças. Ela excede uma antropologia puramente humanista, aquela que submete ao poder humano unicamente a realização da humanidade.

Em nome de que operar essa ultrapassagem? De uma realidade testamentária. O anúncio bíblico não quer privar tal cultura daquilo que lhe pertence, mas estimulá-la para tirar de sua novidade própria uma incidência a ser desenvolvida ulteriormente. Para a Bíblia, é o Deus único que revela aos homens a unidade do gênero humano. Axioma da antropologia religiosa, regra ética última: "vós e o estrangeiro sereis iguais ante o Eterno". Para Paulo é a fraternidade cristã, ocasião de queda para cada um. Infeliz aquele por quem o filho do homem é abandonado. Em nome desse Deus que eu sempre traí. Mas objeto de uma afirmação secreta, mais segura que toda denegação.

Assinalo que um tal princípio *universal* nasceu em uma cultura em que a humanidade estava fundada numa esfera espiritual próxima do Deus infinito. Pode-se sonhar também com a *reciprocidade* na palavra partilhada. Não apenas de uma palavra proposta e recebida, dada e recebida entre uma parte e outra de uma linha de demarcação, como o quer a concepção fraca do *dialogismo*, nem como uma tensão entre a contribuição de um e a contribuição de outro (concepção mediana). Muito mais como uma elaboração conjunta da verdade por maturação forte do diálogo. Trata-se desta vez de uma relação diferenciadora que se exprime por meio das diferenças consentidas. Compatível com o plural civilizacional, ela não exclui nenhum enraizamento. Mas nela mesma, nenhuma cultura pode tornar-se um critério último de avaliação humana ou de revelação divina.

Pequena axiomatização

Uma provocação a ser pensada mais,
ou seja, a ser pensada de outro modo.
Paul Ricoeur

Começamos a ver que a ultrapassagem procurada em nosso trajeto urge — para que os obstáculos sejam evitados — o restabelecimento das categorias. Seu tratamento é amiúde lábil. Tomem o direito à *diferença*. Nossa sociedade ocidental gaba-se dela, mas homogeneíza as figuras daqueles que aí poderiam tomar lugar pela globalização. Ora celebrada, ora desacreditada segundo o contexto. Valoriza-se a diferença quando se pleiteia a causa de uma minoria, ela é fustigada quando é ligada a uma nação. Que seja ainda *o universal*. Querem acolher toda cultura que tem sua vitalidade de acolher a novidade, mas sem ligar o universal a uma globalização que levasse à diferença — *entre* as culturas e *na* cultura. Veremos mais adiante: a única coisa aceitável deveria satisfazer ao critério de universalização?

O filósofo chama de universalização a categorização do universal. Ela é solidária de todo um dispositivo categorial. Reduzido ao mínimo é a tríade: diferença, relação, identidade. A interrogação assim conduzida remaneja pouco a pouco sua configuração dinâmica. Porque somos todos diferentes, temos interesse em nos encontrar. Mas logo depois essas diferenças iniciais serão refundidas nas relações que são amarradas, para tornarem-se *diferenciações* positivas. Uma confrontação intercultural eqüitativa é co-construída pela participação; ela permite realizar identificações *correlativas*. Acentua-se mais a dinâmica de identificação do que a identidade.

1º) *Identidade sem correlação identificatória é simples ruína da identidade.* Onde encontrar o mesmo aqui? A lógica das identidades fechadas exerce um poder de fascinação. Pode-se definir a identidade em vários níveis: nacional, pessoal, cultural, tribal, social, religioso. Todo recuo sobre si mesmo é portador de involução, de desestruturação. Existe encadeamento, dizíamos, de recuos identitários, comunitários e etnicistas. O fechamento sobre a identidade nacional desacredita-se pelo nacionalismo xenófobo.

Como as culturas sobrepõem-se ou interagem, para se tornarem as identidades estabelecidas? A diferença habita também o mesmo. Uma definição *reativa* da identidade não basta. Face a uma mudança social ou geocultural rápida, podem se dotar de uma nova identidade histórica, assim a identidade indiana diante da alienação engendrada pela modernização. Qualquer que seja a força identificadora de um mito conflituoso, Huntington argumenta a partir de noções duvidosas: "a identidade ligada à civilização" e a interação *não* comunicativa entre algumas civilizações maiores. Marca o conflito entre duas dentre elas. Estaticamente: o Ocidente é o Ocidente e o Islã é o Islã. Apesar de tudo, Freud e Nietzsche lembraram os estreitos elos entre civilizações "em guerra", a fácil circulação através das fronteiras controladas. E *quid* se o Islã não está mais nas fronteiras, mas no centro por seus emigrados e pela presença de muçulmanos nos Estados Unidos e na Europa.

2º) *Universalização sem diferença é simplesmente a ruína da identidade.* A dificuldade é que cada civilização fornece critérios de identificação, a ponto de definir-se em oposição à barbárie; cada uma crê saber *contra* o que ela é e, por vezes, o que ela não quer ser em termos de alteridade. Em geral sua identidade é definida em relação ao outro. O *nós* civilizacional e o *eles* extracivilizacional são uma constante histórica, a revelação monoteísta e a função profética. A rivalidade mimética cujo espaço eminente é Jerusalém torna-se militar. Ora, a identificação de *nós* em relação a *eles* não deveria se fazer por oposição, mas por diferenciação na própria relação, que é atada.

3º) *Diferença sem relação é apenas divergência.* Há pouco voltávamos nosso olhar para esses afegãos de todas as etnias — homens de lugares longínquos, nas montanhas ásperas onde circulam a pé, com traços recortados pela natureza, calças bufantes e turbantes: patchuns, usbeques, tadjiques, e seus vizinhos do Paquistão. Mulheres ao fundo, dolorosas e recobertas. Uma memória que não é a nossa, uma sociedade que nos escapa. Quando eles evocam suas casas é uma parte do solo que os viu nascer, uma anfractuosidade da terra onde seus avós os colocaram. Que podem nos dizer esses rostos do outro, salvo nossa incompreensão? Não lhes damos uma esmola, mas a homenagem de um olhar. Há lições a se dar dessa persistência da ancoragem humana na terra. A despeito da etimologia que relaciona a urbanidade aos costumes das cidades, e que liga a civilidade, virtude das calçadas, ao olhar de pessoas "com que circulamos em multidões" (Alain), a civilização é também a capacidade durável que tem a humanidade camponesa de oferecer o colorido dos rostos à sua própria contemplação sonhadora.

Como pensar o contato, o trabalho de contato dessas identidades gigantes que são a Índia, o Islã e o Ocidente? Não obrigatoriamente em termos de *diferença enigmática* de formas de vida (que horror, mas que maravilha!), ou ainda de *conquista* e de *afrontamento* — o que retornaria a uma *não-relação.* Cada civilização parece fascinada pela religião do outro. Mas há também o *empréstimo.* O cristianismo foi levado ao Oriente por missionários e canhões. Aproximadamente nove mil jesuítas estão presentes na Índia, mais do que em toda a Europa. Na Coréia há um número igual de cristãos e de budistas[2]. Ocorre também aos ocidentais adotarem valores asiáticos. Para preencher suas lacunas? Enfim, há a *troca* que começa por um comércio sincrético das crenças. Resta saber se o fascínio recíproco ou sincrético equivale a uma reciprocidade vivida.

4º) *Universalização sem relação é apenas pretensão universalista.* As religiões com fins universalistas propuseram crentes e não-crentes. Na ausência de relação efetiva entre as civilizações ocidentais e não-ocidentais, umas não se reconhecem na *imagem* das outras. Os argumentos "universalistas" dos ocidentais são duvidosos:

- Que a queda da União Soviética significa a vitória universal da democracia liberal. Agora, os muçulmanos, os chineses e os indianos não se apressam em aderir ao liberalismo ocidental como se fosse a única alternativa.
- Que a civilização resultaria de um processo de modernização incluindo a industrialização, a urbanização, a divisão do trabalho e o desenvolvimento. Primeiramente, ao se modernizar, o Ocidente desempenharia um papel motor. Na verdade, as interações no mundo podem muito bem engendrar a transferência das técnicas, não uma cultura homogênea.
- Que os árabes, por definição fundamentalista, seriam os inimigos do Ocidente. Além do fato de que os islâmicos radicais foram mimados pelos

Estados Unidos, nos anos oitenta, naquele mesmo momento o adversário dos EUA era a Igreja católica, que cometera na América Latina a falta de tomar o "partido dos pobres".[3]

5º) *Globalização sem universalização é apenas a ruína da diferença.* Não é certo que um maior crescimento de interações engendre uma cultura mundial comum. Não se provou que a globalização dos investimentos e das mídias seja fator de paz. Dá-se uma atenção crescente à sua identidade cultural, étnica e religiosa. Cada civilização tem uma mensagem singular a dar ao mundo e pode assim enriquecer a humanidade, contanto que encontre sua universalidade. Uma tendência à globalização não é forçosamente universalizável. Com efeito, mundializam-se os corpos distribuindo-lhes antibióticos; mundializam-se as almas manipulando a mentalidade depressiva das pessoas para vender-lhes antidepressivos. As leis "mundiais" do mercado lucram com a prosperidade ocidental. Com uma perversidade aterradora, certas indústrias farmacêuticas fazem indígenas engolirem medicamentos não terminados ou estragados. O governo brasileiro decidiu distribuir apenas medicamentos genéricos a fim de não pagar mais aos grandes laboratórios. O benefício da riqueza petrolífera é retirado das populações e o dinheiro do petróleo serve para financiar a guerra do norte contra o sul. A exploração do ouro negro leva ao genocídio das populações[4].

Universalização e globalização

Apesar de tudo, é possível civilizar/universalizar a "globalização"? A confrontação da civilização emergente e da barbárie estreita-se. Mas aqui dois referenciais são possíveis. Não é porque uma civilização torna-se *mundial* que ela é *universal*. As problemáticas diferem. Foi visto há pouco que a réplica à globalização compressora passa pelo respeito da diversidade *intra* e *extracultura*. O termo "globalização" é creditado como cobrindo uma coerência específica de caracteres culturais, religiosos e ideológicos, mas também como um processo irreversível de homogeneização, que criaria a primeira civilização planetária.

A hipótese é considerável, a significação duvidosa[5], a síntese prematura: ela nos faria cruzar uma fronteira do espírito, penetrar em uma região onde a nossa consciência seria estrangeira. O que impede a globalização de ser logo de imediato *universal* é que ela não concerne *em direito* à espécie humana. Seria necessário justificar pelo menos sua realidade *de época* e seu estatuto *irreversível*, pressupondo que há características *necessárias* (como a gravitação, os direitos humanos) comuns a todos os seus elementos. Falemos antes de uma cultura "em via de globalização". Ela não apresenta as mesmas garantias para a diferença e a identidade que uma civilização em processo de universalização.

Ilustremos a descontinuidade do *mundial* ao *universal*. As Nações Unidas terão demorado mais de meio século para dar à luz uma corte penal internacional (13 de abril de 2002). Ainda assim a corte penal internacional só pode levar adiante um caso se os países responsáveis pelos presumidos crimes tiverem aderido ao tratado que criou a corte. Ela é o frágil embrião do que poderia tornar-se uma jurisdição *universal*. O tratado não se aplica senão aos aderentes voluntários após o massacre nos Bálcãs e em Ruanda. Qual será o grau de independência da corte em relação ao conselho de segurança? Resta aos militantes dos direitos humanos transformar a tentativa que, por enquanto, é apenas uma miragem diplomática.

A solução a um problema mundial (ecológico, bioético...) pode muito bem ter um aspecto planetário, a divisa "o mundo não é uma mercadoria" depende de sua crítica. Exemplo: a lógica ocidental da rentabilidade em mercados globalizados transformou a moeda de instituição em mercadoria. Ela foi como que "privatizada". A criação monetária foi confiada a grandes especuladores internacionais. Seu valor depende de um mercado dominado pelo dólar — moeda dos Estados Unidos *e* moeda mundial — a um tempo moeda de conta, de troca e de reserva. Essa lógica, que é junto com a revolução informática o nó apertado da globalização, fazendo-a voltar-se para a ideologia totalitária de Babel, só leva em conta a dimensão produtor-consumidor e, entre os homens, somente os solváveis. A exemplo de Babel, *padroniza*, nivela a diversidade, com o álibi de que ela sozinha assegura a produção da riqueza em grande quantidade.

Alguns consideram até mesmo que "a ordem mundial dominante" tende a instalar "uma forma de inumanidade histórica". Assim fala o antigo presidente da república islâmica do Irã[6]. A tirania dos mercados põe em perigo a paz no mundo. Segundo André Tosel, ele se desenvolve em detrimento crescente das forças motrizes do mundo dominado, seja capturando-os para o centro dominante, seja destruindo-os[7]. Prefiro dizer que um esforço de universalização não equivale a uma tendência à globalização. A demonstração de um teorema, os direitos do homem ou a predicação bíblica exemplificam princípios universais conectados ao espaço teórico, jurídico ou moral. Pode-se dizer que eles não têm uma difusão mundial. Depois de vinte séculos de cristianismo, continentes inteiros como a Ásia se preocuparam pouco com a conversão do coração. Nossa categorização evita um segundo obstáculo, franqueando um caminho entre:

1. Um certo *diferencialismo* anglo-saxão, que tende à alteridade absoluta. O progresso da etnologia, abolindo toda hierarquia entre as culturas, enfraquece a pretensão ao universal. Entretanto, mesmo se um certo número de

ritos continua idiossincrático, parece que se pode já liquidar a aporia do solipsismo cultural, que nos proibiria por princípio pronunciar o menor juízo sobre expressões culturais estrangeiras. A surpresa diante da alteridade não é a incomunicabilidade. Há, para os indivíduos pertencentes a civilizações diferentes, possibilidades limitadas — mas reais — de comunicação.

2. Pode-se igualmente recolocar em discussão a idéia dos *universais transculturais*. A comunicação simbólica pode ser paralingüística, mimogestual. Os ritos são compostos de gestos. Um gesto é um produto do corpo, ou da atividade que é mostrada ou escondida. Mas esses aspectos deverão ser assinalados. Do mesmo modo para os ritos de banho, acasalamento ou luto. Somos conduzidos a procurar a universalidade dos dados transculturais, não naqueles dados em si mesmos, mas no processo de *universalização* que os constituem em fatos culturais mais do que nos dados culturais propriamente. Com efeito:

- Todas as culturas não são igualmente universalizáveis. Algumas patinam e se repetem. Elas parecem interdizer à vida humana realizar-se. A barbárie interna pode crescer por meio de certas formas culturais: a ideologia tecnocrática, o realismo socialista, a reificação da sociedade comercial.
- Nem tudo é universalizável. A universalização não se observa igualmente sobre todos os fatos culturais: formas lógicas simples e tipos de interrogação, universais semânticos, princípios morais — reciprocidade, ritos, instituições, artefatos tecnológicos, costumes e valores. Certos grupos restam aquém da civilização.
- Não no mesmo sentido. A universalização da racionalidade científica não tem o mesmo sentido que a elevação — rumo à espiritualidade — ou que a fé, quando ela rende razão de suas convicções. Do mesmo modo, cada grande modalidade cultural tem sua forma de involução. A perda do caráter artístico da arte (Adorno) tem seu análogo na perda do caráter filosófico da filosofia e religioso da religião. Quem sabe qual é portadora da barbárie mais extrema. Falemos de *universais em involução.*
- A universalização de um núcleo cultural não é sempre imediata. Ela pode passar por um momento crítico. Max Weber observa que o ritual judeu se transformou em uma lei de dimensão universal graças ao ensinamento dos profetas. Da mesma forma, a mitologia politeísta sofreu sob o efeito dos sofistas e dos filósofos uma mutação na pesquisa das causas. Existem *universais em evolução* mais do que objetos eternos.

A ilusão ideológica de um universal concreto

Temos, portanto, que abrir caminho entre duas ideologizações: o mundialismo e o diferencialismo. Nossa navegação chega em uma nova baliza: o universal *concreto.* O partidário de um único *titular* do universal diante de uma situação de conflito violento seria incapaz de alçar-se a um ponto de vista arbitral emergente. É o caso de muitos dos jovens israelenses de hoje. A universalização procurada não terá vocação à dominação integrativa. Ela não será tampouco o plural selvagem das clivagens comunitárias, nutrido de todos os temores. Os termos Ocidente e Islã são ideologicamente carregados. Objeta-se a incapacidade do Islã raivoso fazer parte da modernidade, ela própria concebida erroneamente de maneira universalista. As linhas de fratura civilizacionais, segundo Huntington, serão as linhas de frente das batalhas do futuro. Mas a questão não está bem posta. É na perspectiva de uma guerra civilizacional que cada campo desqualifica e demoniza seus oponentes. Os símbolos de sua cultura tornam-se alvos. Os servos destruíram as mesquitas e os monastérios franciscanos, enquanto os croatas faziam saltar os monastérios ortodoxos. Enquanto concebidas na oposição como binárias, as etiquetas de Islã e Ocidente são pouco esclarecedoras. O universal concreto ou realizado está sempre ameaçado pela ilusão ideológica: o ocidentalismo e o islamismo radical.

A seiva generosa que sobe das raízes da civilização ocidental está esgotada? O nascimento da razão crítica na Grécia, o direito romano, o cristianismo. A idéia de que o direito desempenha um papel central é uma herança romana. A tradição do estado de direito lançou as bases para a proteção dos direitos do homem. A consciência individualista desenvolveu-se a partir do século XIV no Ocidente. O cristianismo é distintivo da civilização ocidental a tal ponto que esta foi chamada de cristandade durante seu primeiro milênio. Isto continua verdadeiro para o porvir. Mas a finalidade da missão universal da Igreja guardou sua especificidade ao modo católico do apelo à salvação[8]. O desenvolvimento da liberdade política pareceu favorecido pela separação dos poderes entre espiritual e temporal, entre religião e política. No Ocidente, a Igreja existiu independentemente do Estado, tentou diversas fórmulas de relação e de concordata entre as realidades política e eclesiástica, ao passo que Deus está a serviço de César no mundo ortodoxo e que, no Islã, Deus é César, na China e no Japão César é Deus.

Entretanto, a apelação de civilização *universal* pelo Ocidente está suposta. No século XIX, a idéia de "responsabilidade do homem branco" serve para justificar a conquista econômica. Com efeito, é a globalização um modelo ocidental. Como seu ideal humano mistura tanto traços negativos como positivos, não se pode extrapolar do estado atual das sociedades ocidentais até a finalidade da história humana. Há mal-estar na sua civilização. O conceito de civilização "universal" serve para *justificar* o domínio cultural do Ocidente. Mas pressupõe a necessidade de que as outras sociedades teriam de imitar um

Ocidente ultraliberal. O *universalismo* é a ideologia utilizada. É preciso ligar-se com um movimento de *contracultura* ele próprio ideológico desde os anos 1960.

O que o Ocidente vê como "universal" passa alhures como sendo "ocidental". Assim, a proliferação das mídias mundiais, que ele vê como um sinal de integração sem perigo, é vista pelos não-ocidentais como um efeito imperialista nefasto. Não basta traçar linhas na areia para delinear uma linha divisória. Sobretudo por meio de uma decisão unilateral. O cinismo terrorista junta-se à simplificação para motivar ataques suicidas, como o dos fanáticos que ardem em fogo. Seus meios inadmissíveis tornam seus fins inadmissíveis. Conrad mostrou que muito rápido situações *extremas* podem ceder lugar a práticas repugnantes, sem avisos prévios nem transição.

O combate das civilizações é um mito falacioso. As linhas de fratura não são fatalmente as linhas de frente da batalha do futuro. Talvez seja também necessário superar a aposta de um sociólogo das culturas como Samuel Huntington. Seu ataque disciplinar o opõe a politicólogos como Francis Fukuyama. Sua escolha fortemente tingida de ideologia se volta para identidades civilizacionais herméticas purgadas de sua complexidade íntima. É preciso o impasse sobre "as lealdades ocultas", diz Edward Said, as múltiplas contracorrentes que permitiram à história humana conter as guerras religiosas, sofrer uma mestiçagem fecunda e às vezes chegar a uma partilha deliberada.

Duas concepções de uma civilização dita "universal"

O antídoto do universal concreto é o idealismo universalizante? Novo obstáculo. Retomemos o registro semântico do conceito de civilização. Como o quantificador "todos" é ambíguo, duas concepções pelo menos destacam-se de uma civilização para todos os humanos. A ideologia mundialista do *desenvolvimento* opõe-se à filosofia universalizante da *emergência*. Cada um funde o direito, e o faz, segundo uma liga própria.

Uma primeira concepção tem por mestres as palavras homogeneização/globalização/negociação. Essa totalidade é ainda reivindicada como "de fato". Mas o que é *de facto* são os esforços de assimilação ativa, negociações vitoriosas, processos em curso "de globalização", cujo limite é extrapolado. Essa concepção apóia-se em uma "mundialização" descrita-reivindicada pelo economista, pelo jurista e pelo sociólogo, a ponto de "designar" tudo o que "possui uma dimensão planetária". Ela se confunde com uma civilização (de pretensão) mundial, saída da civilização ocidental. Ainda que servida por Hermes faltam-lhe regulamentos indispensáveis. Instituições como o Banco

Mundial, o FMI, a OMS, a OMC, a ONU, são fracas demais ou por demais contestadas, na ausência de uma sociedade civil e de uma governança mundial, para assegurar uma ordem planetária fora de alcance. E a instituição da defesa mundial do meio ambiente (DMM)? Não procurem: ela não existe. Seus partidários não hesitam, invertendo o processo, em sustentar a crônica planetária de uma vitória anunciada e nem mesmo em projetar seus "efeitos"[9]. A *World culture* que nasce sob nossos olhos faz vacilar os Estados, salvo os Estados Unidos. Seu ideal de modernização levado até o imperialismo faria uma civilização de gênero novo, que lhe daria o direito de influenciar e de dominar as trocas. Recebe o desmentido de um terrorismo autoproclamado, também em vias de globalização. Pela lógica polar da globalização, o choque das culturas desenvolve-se em guerra das civilizações. O Ocidente solidifica suas alianças para o domínio do planeta, o Islã tenta fazer face às suas divisões. As misturas, as correntes transculturais, são marginalizadas; o "diálogo" das culturas torna-se ocioso ou cai no ponto cego.

Uma segunda concepção aumenta os dados axiológicos. Ela faz da globalização "um objeto filosófico" (Tosel) que ela desconstrói. Mais ética, considera que a interrogação, o discernimento, as questões morais pertencem a todos. Tende também a construir uma universalização de direito ou de princípio. A despeito de conceber um universal concreto, busca definir a implantação de princípios universais. Tem outros artifícios: *Amnesty international, Christian solidarity international...* Suas palavras mestras são: emergência/conciliação/negociação leal. Vamos reter essa concepção pela qual a civilização dita universal "emerge".

3. Implantação do universal e inculturação

Assim a última reviravolta foi feita em direção à emergência de uma instância civilizadora universal. No horizonte perfila-se a questão "qual humanidade"? Ela exige uma conjunção e uma convergência daquilo que é universalizável no avanço das *diversas* civilizações rumo a seu ideal próprio. Nós já excluímos a diferença absoluta e o universal concreto. A emergência de uma tal instância é *integrativa*: nenhuma modalidade cultural poderia sem partilha se oferecer como o elemento unificador. Ela é *sinérgica* do jogo interativo da ciência, da técnica, como lugar de atividade sancionada, e do mercado como lugar de confrontação insuperável dos apetites humanos. Na idade do pluralismo, seria necessário regrar conjuntamente o plural *na* cultura e o plural *das* culturas.

Poder-se-ia universalizar a globalização liberal? A relação entre ela e a universalidade dos direitos humanos determinará sua aceitabilidade. Sua relação *assimétrica* levanta o problema ético: se a globalização econômica vencê-la sem ser regrada, os direitos da pessoa serão limitados pela pobreza. Se os direitos humanos vencerem-na, então o funcionamento da ideologia liberal é possível, mas limitado. Uma globalização civilizada é possível? Para que a relação seja eticamente satisfatória, é preciso assegurar a vitória sobre as culturas da universalidade dos direitos da pessoa. Ela comporta uma dinâmica interna, feita de frutificação, de abertura e de implantação.

A falta de referenciais e o problema da inculturação

O processo de universalização cultural, que consideramos acima, pode ele próprio ser compreendido de diversas formas. Há um acordo de que existem princípios universais, menos sobre sua natureza, sua conciliação, menos ainda sobre suas conseqüências lógicas e, mais ainda, sobre sua aplicação contextualizada. Mas qual é a relação adequada entre os princípios da humanidade e toda a situação cultural? Segundo o caso, ocorre que um universal germina e *frutifica* na concorrência e na troca das civilizações, por que não numa cultura em via de globalização. Ou que a partir de seu enraizamento próprio uma civilização se eleve ao universal (*duc in altum*), abra-se para ele.

Ou ainda — é a questão espinhosa da "*inculturação*" — acontece de princípios universais *se implantarem.* Esta não é trivial. Situemo-nos no centro do problema para expô-lo: para exprimir uma mensagem universal e necessária com os conceitos e as línguas particulares. O plural representa uma riqueza de possibilidades. Que se passa quando se implanta um *princípio* de humanidade em uma cultura receptora? Não obrigatoriamente a destruição, a desnaturação. Há como um índice de refração do princípio. Não se censurará nele as misérias de seu entorno mental. O espírito não se desenvolve sem se cercar de "mentalidade" sobre diversos registros. Isso que nos parece uma forma de vida passada era outrora um *organum vivendi* do universal.

Suponhamos o problema resolvido. O resultado é positivo se o princípio se compreende em relação às interrogações do meio. Uma autêntica realização do universal levantaria um muro contra a barbarização externa. Apenas um exemplo. Tomemos o princípio da *reciprocidade* sem fronteiras. Há uma facúndia e uma universalidade de direito que vão bem além da fadiga do desacordo. O notável não é que os princípios se revestem de mentalidades, mas que os transbordam e se evadem deles. Um princípio desse gênero não está ligado a nenhuma cultura, utiliza antes certas culturas para conservar algo de sua aspiração. Em suma, ele pode se deixar "inculturar" sem ideologização *universalista.*

Note-se que a relação de inculturação é tanto um fator de enriquecimento universal quanto a cultura receptora um lugar de aprofundamento criador. É verdade, os princípios universais podem se implantar numa cultura, espalhar-se segundo seus recursos e seu gênio, mas uma cultura é um patrimônio próprio de uma sociedade, fonte de valores misturados, mais ou menos universais. A universalização é o trabalho do universal. Pode ser imanente ou transcendente a uma cultura: encontra-se o traço de um duplo movimento de *frutificação* ou de *implantação* na relação de inculturação. Segundo meu ponto de vista, o aceder ao *universal* de cada cultura antes enfraquece a idéia de um choque fatal das civilizações. Nenhuma civilização particular possui um *direito* de natureza de impor suas soluções ao conjunto da humanidade a título de "civilização universal".

Ainda mais, cada uma tem também o *dever* de defendê-las no sentido de que promove uma outra idéia do homem. Ainda que a morte tenha sempre seu aguilhão na concorrência das civilizações, pode-se dizer que através dos delineamentos de uma civilização universal encontra-se a *unidade* vindoura. Como os princípios de humanidade realizam-se em culturas, pode-se definir uma civilização como o estado de uma cultura em que se manifesta melhor seu *ideal.* Lembremos, enfim, que essa realização não é total. Cada uma pode muito bem ser criadora de humanidade, ela não é na realidade senão uma *possibilidade.* É a abertura simultânea delas ao universal que as impede de fecharem-se em sua autonomia particular.

Além disso, para se render àquilo que conta *mais,* cada civilização se concentra sobre uma forma cultural dominante. Sob risco de ser estropiada, sua busca de universalidade associa certas modalidades culturais. No Oriente, uma integração de religião, de política e de moral. No Ocidente, uma aliança entre ciência, tecnologia e economia de mercado. Entre as culturas, os meios retidos para *coexistir* se reagrupam sob diversos pontos: assimilação, tolerância, compromisso. Menciona-se mais raramente o reagrupamento das afinidades e sobretudo o alargamento relacional. A universalização por troca permite substituir uma concepção essencialista da natureza por um sistema de interação. Seria necessário descrever as aporias, mas também os procedimentos do diálogo das culturas.

Cada cultura tende a portar as oportunidades da civilização à condição de não desjungir o plural *na* cultura e o plural *das* culturas. Cabe a cada um fazer emergir um antídoto contra a barbarização interna. Multiplicam-se constatações, arriscam-se avaliações, raramente encontra-se um remédio. Tomemos a barbárie epistemológica que tende a um neocientificismo, reduzindo a diversidade das modalidades pensantes. Ousemos dizer que uma cultura deve ser *diferenciada* antes de se relacionar à expressão mais elevada da vida, à questão fundamental para os humanos — “que somos nós?”. O reforço sozinho das modalidades positivas leva ao apagamento simultâneo das modalidades culturais *não*-positivas: poesia, filosofia, teologia. Mas talvez seja necessário abalar a tranqüilidade de ser do homem de diversas maneiras, inquietá-lo para humanizá-lo.

Nós, as civilizações, aprendemos que somos mortais, comprometidas pela barbárie externa, minadas pela barbárie interna, mas também muito *vivas*, capazes de aprender de coração um mundo que possa sobreviver a nós. Ao mesmo tempo singulares e em via de universalização, cada uma através do equilíbrio preservado das grandes modalidades interrogativas. São *os* homens, e não o homem, que habitam a terra. Quem sabe haverá reconciliação com o plural das civilizações que, tomando consciência do fato de que cada uma visa a um *ideal* humano, e que elas são diferenciação através de suas relações de troca.

O ideal de civilização não pertencendo a nenhuma, todo projeto de dominação *mundial* compromete o ideal de *universalização*. A inculturação deve realizar a fidelidade aos princípios, convidando ao mesmo tempo cada cultura a repensar seu ponto cego, seu ângulo morto. O esforço para remediar a separação entre as culturas é *análogo* ao esforço de encontrar um estatuto para a separação das ciências e da filosofia: formar-se-á a idéia de uma competição civilizacional. Ela começou com os conflitos entre a revelação judeu-cristã e a filosofia grega. Jacques Maritain destacava os tipos fundamentais das civilizações hindu, grega e judia. Mas qual estatuto conceder a um tópico cultural nem muito hierárquico, nem muito conflituoso? O questionamento está lançado:

- Tal princípio universal universaliza-se corretamente? O impulso das ciências positivas honra o desenvolvimento da razão ou conduz a modernidade rumo a uma racionalidade unidimensional; os direitos humanos desenvolvem-se sem deriva individualista?
- Por qual forma de equilíbrio de sabedoria entre modalidades culturais o ideal de civilização é investigado? Inversamente, que equilíbrio (e não somente que mudança de escala dos problemas) o ameaça de barbárie interna? Que resta, perguntava Nietzsche — a arte, apenas a arte! Para não morrer da verdade. Mas *quid* se mesmo ela está em perda de inspiração e sobretudo de especificidade?
- Como reforçar o que há de melhor em uma civilização sem introduzir um desequilíbrio no ideal de civilização que submeteria *de facto* a ordem mundial à concorrência dos avanços técnico-científicos?
- Há universais em matéria de referenciais? Se sim, que princípios são candidatos para inferir na universalização cultural.

Se é verdade que a globalização é propelida pela ciência, pela técnica, pela indústria, pelo capitalismo, o problema se concentra: quer estabelecer controle sobre estes "quatro motores" associados (Edgar Morin), a fim de que a homogeneização não lese a *diferença* das culturas e a diferença *na* cultura. O problema é transcivilizacional, ainda que não dependa de uma cidadania planetária. Não é, antes de tudo, *político,* mas *filosófico.* Nenhuma das grandes modalidades culturais emergentes tem o monopólio daquilo que conta como pensamento e mesmo como factualidade e como expertise. Nem a religião, nem a ciência, nem a política, parecem diretamente fundar uma civilização. *Antes* mesmo de levantar seu conteúdo ou de sonhar sua convergência, importa restabelecer a articulação. Seus representantes devem *se* falar sem arrogância. Sem esperar, para abrir a discussão, possuir um sistema comum de pressupostos[10], nem arrancar de si o desmentido daquilo que constitui a profundidade de seu pensamento respectivo.

Reequilíbrio, articulação, educação

Estas três palavras mestras completam a caracterização da concepção do ideal emergente de civilização. Não se pode supor o apagamento de diferenças que a civilização conquistou e assumiu, ao ponto de que tudo aquilo que se pensa e se escreve torne-se água para um único moinho. Não se pode tampouco continuar na exaltação pós-moderna da dissensão. Ou no pluralismo conciliante que não seja conciliador.

O homem "civilizado", que a ciência, a técnica e o mercado liberam das preocupações da sobrevida, detém um privilégio: ser assaz lúcido para se sentir ameaçado por uma barbárie interna infinitamente perniciosa. Ele não pára de interrogar sua vinculação no fundo comum da cultura ocidental, de perguntar-se por que a partilha do mundo e da experiência pôde desabar, como essa modernidade catastrófica pôde embarcar rumo ao pior. Trata-se de seu verdadeiro rosto ou somente de uma de suas derivas possíveis, de alguma perversão das Luzes, contrafação do racionalismo? Trata-se dos primeiros passos cambaleantes de uma humanidade que procura seu caminho depois da morte de Deus ou de um monstruoso contra-senso sobre a representação do divino? O diagnóstico do médico da civilização é perturbador. É inútil repetir que Deus está morto, vive-se ainda da luz de Deus. Sob ela todos se movem, para amar, para duvidar, mesmo para negar. Temos necessidade dela para respirar, para morrer. Nós O substituímos por um sósia para herdar Seus bens, e primeiramente da categoria do *sentido.* Um encolhimento contínuo do sentido da razão anda lado a lado com sua setorização. Faz passar a racionalidade prática do lado do *irracional*. Vem um momento em que a racionalidade operatória torna-se irracional e não apenas não-razoável.

A negação do plural na cultura é tão ideológica quanto a negação do plural *das* culturas. É permitido pensar que a preeminência, por exemplo, do mercado, do mito ou da ciência é ilusória ou perigosa. Vem um momento em que serão condenados à indiferença os dados que eles não sabem categorizar. As manobras reducionistas emanam dos avanços de *uma só* modalidade cultural em detrimento de outras, provocando um desequilíbrio crítico na origem de uma evolução bárbara. A ideologia é amiúde uma idéia justa, tornada louca por simplificação categorial. Ela acarreta a extrapolação e a absolutização induzidas, logo depois a confusão das ordens. Se ela dá força a uma cultura é falsificando suas condições de existência.

Agravam o duplo desequilíbrio declarando aceitáveis somente os valores fundados nas ciências ou que o sentido da vida deriva dela. Quem diz mais a verdade sobre o homem: o arqueólogo, o teólogo, o filósofo ou o poeta? Como não retornar às partilhas entre antropologias positivas e não-positivas. As primeiras mais próximas do ser humano tal como ele se *descreve*, independentemente de nossa vontade: *ecce homo*, eis o homem! As segundas mais próximas do homem *prescrito* pelo dever ser: *fiat homo*, que o homem seja! O que é objetivado do homem não é o *todo* do homem. As proposições de uma não são invalidadas pelas proposições oriundas das outras. Incomensuráveis: elas saem de tipos diferentes de interrogação.

Nossas sociedades ditas avançadas tornaram-se *complexas* por suas *subculturas*. Estas são distintas, estrangeiras, fragilmente comunicantes: a cultura humanista a um tempo antropocêntrica e antropomórfica; a cultura artística e religiosa por muito tempo aliadas à cultura humanista. Depois, a cultura científica hegemônica, objetivante, inapta a colocar sozinha a questão do destino do homem, a religar sua liberdade à questão do sentido. Ela vai de um eugenismo doce ao empreendimento de remodelar o genoma humano. Será preciso acrescentar a cultura de massa consumista e lúdica? Ela dispõe também de uma enorme quantidade de informações, não as mesmas, e quase todas dissipadas a cada dia.

Hoje em dia um homem civilizado está consciente ao mesmo tempo da aceleração dos conhecimentos científicos e do fato de que o desequilíbrio entre os componentes de uma cultura tem por conseqüência o abandono de certas questões: o sentido e o valor, de Deus e do mal. Outrora, as instituições educativas gabavam-se de visar à "formação fundamental". Sem confundir com o pedestal de saberes ditos fundamentais, *a fortiori* a "formação geral" exigida no recrutamento de certas empresas, ou com "a cultura geral" dos jogos midiáticos de divertimento ou de performance. O geral não é o "fundamental". Um engloba o que ele tem de comum, o outro acentua sem capitulação o que vem em primeiro lugar — as bases *competenciais* em nosso pensamento interrogativo.

Conjurar o duplo desequilíbrio

Nunca estivemos tão conscientes do fato de que outras possibilidades do humano (em outras culturas e no interior da nossa) encerram humanidade, e ao mesmo tempo do fato massivo de que a humanidade parece se ausentar dela mesma. Nada de impressionante que nas nossas gerações extraviadas as idéias de civilização e de barbárie estejam em plena mutação. Examinadas pela *interrogação* específica do filósofo, elas colocam uma questão *categorial* de identificação e de diferenciação relacional das culturas, ao mesmo tempo em que continuam a suscitar esperança de universalização emergente.

Nossa abordagem dinâmica proscreveu os avatares ideológicos do universalismo e os fenômenos identitários de conformação estática sobre um universal concreto. Ao olhar das sociedades complexas "avançadas", fizemos a avaliação da "reivindicação" globalista. Enquanto não for forjada novamente em profundidade segundo as exigências categoriais da universalização, humanizada e regulada, nela convergirão *dois desequilíbrios,* que se potencializam: a hegemonia do homogêneo e do desequilíbrio intracultural.

A época do controle para travar esse duplo desequilíbrio chegou. O perigo é o de sempre: a deculturação avança sobre as próprias linhas de uma subcultura dominante — "E poeticamente o homem habita sobre essa terra", diz um filósofo. — É operacionalmente, replica a euforia em cabo. Mas desprovida de regulação, a sociedade de informação e de mercado seria mais violenta e desigual do que a sociedade industrial. — É poética, científica, filosófica e religiosamente que o homem interroga, nós responderemos. Toda cultura abriga um plural constitutivo. Mas suas dimensões não se firmam entre si sem harmonia. Aprenderão a distinguir sem separar.

Varrendo diante de sua porta, que pode a União Européia? Renunciamos à magia da conjunção fácil, aos acentos heróicos da perigosa passagem do Nordeste. A conciliação repousa sobre a afinidade transcendental das modalidades interrogativas. A resposta de princípio tem primeiramente um aspecto *teórico:* levando em conta a diferenciação do pensável, dir-se-á sob qual forma ideal realizar a articulação da racionalidade tecnocientífica, da democracia a reconquistar, de certos princípios universais, sem esquecer o incidente do espiritual. Uma forma de diálogo aceitando o *testemunho* dos outros se destaca em nossos dias da dialética. Não mais o diálogo como modo de exposição de uma verdade adquirida, mas o diálogo como modo de acesso à verdade. A conciliação que alarga a verdadeira unidade do gênero humano requer uma mutação no conceito de diálogo e de atestação, suscetível de renová-los a ambos.

Logo depois, um aspecto *prático*: a humanidade se decide. Seria necessário chegar, por meio de diálogo, à *escolha* que vai operar os elementos a articular. Cumpriria ainda nutrir a *vontade* de se engajar nesse empreendimento de humanização e de educação. Para falar como Lichtenberg; a quem serviria um nascer do sol, se nós não nos levantássemos? Os engajamentos sociais, políticos e culturais não bastarão enquanto os corações não forem mudados pela graça *espiritual*[11]. A inteligência é temível e bárbara quando o coração não a ilumina. O homem não pode chamar a si mesmo. É preciso pensar nisso quando se é tentado pela vulgata convencionada de "saída do religioso". Renan sugeria impelir as Igrejas para a religião do porvir, um puro humanismo. Mas a humanidade apenas mostrou sua imaturidade de se realizar, e o humanismo apenas deixou escapar incríveis falhas. É como se nossa sociedade tivesse renunciado, mesmo em suas instâncias educativas, a fazer proposições quanto ao que diz respeito à ordem do sentido.

Primeira tarefa de uma *política cultural* em uma sociedade "moderna": será restabelecida a indispensável comunicação, um equilíbrio sem amálgama e uma convergência sem redução, mas no universalizável entre as diferentes subculturas. Não se deixará de desenvolver a *gratidão* pela vida, pela existência do homem e do mundo, única alternativa ao niilismo do ressentimento[12]. A primeira tarefa de uma *política educativa* é igualmente o urgente trabalho de reequilíbrio no seio da diferenciação: o que se dissociou deverá ser reassociado. Platão nos precede:

> Tu lhes farás assim uma lei de se fixar acima de tudo a esta educação, da qual deve resultar entre eles a capacidade mais rigorosa constituída de interrogar e de responder. Disso lhes farei uma lei, ele disse, e, de acordo contigo.[13]

Uma tal formação fundamental, perfeitamente reequilibrada, não é nem ocidental nem global, nem apenas européia. Ela não se endereça ao mais ignorante, mas àquele que está mais longe de sua autonomia cultural. Ela quer fazer dele um ser livre de honrar cada um dos grandes modos de interrogação, e assim de educar a si mesmo, começando por adquirir conceitos corretos de suas necessidades essenciais. É a idéia de uma radicalidade propedêutica para uma civilização emergente, antídoto de barbárie.

Apoiemos essas duas políticas a um "princípio de precaução". Ganhamos em aplicar aqui esse metaprincípio outrora lançado por Hans Jonas como a única transcendência aceitável num mundo secularizado. É invocado em muitos outros domínios.

Tradução: Lawrence Flores Pereira

Notas

1. J. Bichot, D Lensel, *Les autoroutes du mal.* Presses de la Renaissance, nov. 2001.

2. Objetar-se-á a auto-suficiência do bloco indiano. Encontro uma contraprova. Com seus 5.000 anos de existência contínua e suas 42 línguas diferentes, ele assimilou todos os seus invasores, inclusive a modernidade, aos quais ensinou o zero matemático. Um milhão de habitantes, a maior democracia do mundo. Mas que há de comum entre um Bengali e um Tamoul? É um universo de níveis e ordens múltiplas, cuja ordem secreta não podemos penetrar do exterior. Em vez de fazer jogar as correspondências, é preciso deixar o tempo agir sobre si, tentar trabalhar no vazio. *Dama* não é o cosmo; *Kama* a um tempo cósmico e sexual não é *Eros*. O *Mahabharata* é um imenso poema épico (dez vezes a Bíblia) que conta um combate fratricida entre primos. Eles romperam o fio que os ligava à sua origem celeste para tornarem-se seres humanos. Esse texto esforça-se em vão em fundar uma outra relação com o mundo, o tempo, a lógica; o *Mahabharata* fornece à margem uma linguagem comum entre hinduístas, budistas, cristãos, muçulmanos: passaporte e chave para tudo. Magro viático.

3. N. Chomsky, *Autopsie des terrorismes.* Le Serpent à plumes, 2001. “Os critérios do Ocidente são a submissão e os serviços rendidos ao poder, não à religião” (p.25).

4. *Amnesty*, Report AFR, 54//01/00, Sudan.

5. Essa designação provém semanticamente daquilo que L.A. Stevenson chama “persuasive meaning” e exemplifica por expressões como “o verdadeiro processo”, “a virtude verdadeira”. Ele analisa e especifica seu caráter de petição de princípio.

6. A.B. Sadr, “Duplicité de l’Occident”, *Le Monde*, 30.10.2001.

7. A.Tosel, “La mondialisation comme objet philosophique”, *Bull.Soc.Fr.Philos.* jan-mar 2000.

8. Constitution *Lumen gentium 1,1.*

9. Isso pode ser verificado na contribuição de H. L’Huillier, *L’Emergence d’une société inconnue. Les effets de la mondialisation,* in Académie d’Éducation et d’Etudes sociales, boletim n.320, jan. 2002. Encontram-se ali nossas objeções.

10. K. Popper, “The Myth of the Framework”, in *The Abdication of Philosophy*, Open court, La Salle, Illinois, 1976.

11. Dissemos melhor em outro lugar. Cf. “Science et philosophie: inscrire la science au coeur de la sagesse” in *Au risque de la science*, Paris, Fayard, 2000. E ainda “Sagesse, science et salut”, Conférence à l’Unesco, in P. Capelle e J. Greisch (orgs.), *Raison philosophique et christianisme à l’aube du IIIe millénaire*, posfácio de J. Ladrière, Paris, Ed. du Cerf, 2003.

12. Como o pensa H. Arendt. Cf. *The Burden of our Time*, Londres, Secker and Warburg, 1951, p.439. Citado por A. Finkielkraut, *L’Humanité perdue*, Paris, Seuil, Points, 160.

13. Platão, *República*, VII 534d.

Linguagem e barbárie

ÉDIPO, BIN LADEN E OS ENGODOS DO RECONHECIMENTO

Kathrin H. Rosenfield
Universidade Federal do Rio Grande do Sul

Se o reconhecimento do outro como igual está na base dos sonhos da civilização, a barbárie diz respeito à recusa reativa deste reconhecimento. O termo "barbárie" remete, etimologicamente, à desarticulação daquilo que é essencialmente humano — a linguagem e seu poder de ordenar e regrar a sociedade. Bárbaros são aqueles cuja fala e cujos gestos desconhecem as boas maneiras dos povos civilizados. Estes praticam trocas pacíficas entre pessoas que se reconhecem mutuamente, compartilhando valores, normas e parâmetros. A injúria de ser bárbaro sempre diz respeito a uma ameaça ao laço social civilizado e comporta a acusação de ignorar ou ultrapassar deliberadamente os limites fundamentais da humanidade. Da fala desarticulada — "bárbaro" significa, etimologicamente, "gaguejar" — o raio semântico estende-se, portanto, a todas as práticas simbólicas, como o sistema alimentar, o vestuário, as práticas sexuais ou de guerra. Mas é particularmente neste último domínio, isto é, nas formas de praticar a violência, na tolerância ou na repressão dos gestos violentos (conquista, vingança, punição etc.), que incide a concepção moderna de barbárie. É um consenso moderno a convicção de que a violência revela em si mesma uma incapacidade de reconhecimento que é, por sua vez, uma ameaça à civilização. No entanto, o século XX evidenciou também que o monopólio estatal da violência, que visa a limitação dos reflexos selvagens individuais e o regramento não-violento da sociabilidade, não está isento de aberrações. O próprio Estado — princípio civilizatório destinado a suplantar a selvageria originária, a barbárie do estado de natureza — é suscetível de perverter-se, transformando-se no próprio princípio da barbárie. Nestes casos, a violência individual, reações como o terrorismo ou a guerrilha, pode contribuir para um restabelecimento dos princípios fundamentais da civilização postos em xeque pela repressão estatal (perseguição policial, tortura etc.). Desde o anarquismo heróico do início do século XX, o terrorismo e, em particular, o atentado suicida, vieram a ser glorificados como um esforço nobre em prol da civilização, dos direitos humanos e da liberdade.

No entanto, o dia 11 de setembro pôs em questão uma distinção entre terrorismo e tortura, que parecia pertencer ao senso comum. Trata-se da diferença, estabelecida por Malraux, entre o terrorismo como um possível motor da civilização e a tortura como prática da barbárie. Não é preciso assinalar que Malraux viveu de modo paradoxal os problemas da cultura, da civilização e do Estado. Como poucos, ele os via ora do lado da contestação e da resistência armada, ora do lado do poder instituído e ministerial. A partir desta dupla visão, ele defendia a idéia de que o terrorismo representa uma esperança, um elã histórico que evoca o poder inelutável do futuro, ao passo que a tortura perverte e anula o próprio sistema em nome do qual ela pretende operar, de forma que ela significa, no fundo, uma autofagia da civilização. Trata-se de saber em que tipo de relato se apóia essa distinção teórica. A questão hermenêutica adquire particular importância uma vez que o terrorismo de Bin Laden tira proveito do senso comum estabelecido, ao mesmo tempo em que modifica sorrateiramente a lógica da ação terrorista. Tirando proveito do ideal do diálogo e da liberdade democrática, essa nova lógica terrorista parasita as estruturas que sustentam tais ideais (na ação e no discurso) através de esquemas do fascínio escópico, visual.

A psicanálise conhece bem o poder paralisante de imagens enigmáticas, cujas representações de "coisais" (*Sachvorstellungen*[1]) não foram submetidas a mediações simbólicas. Sem entrar nos problemas técnicos colocados por Freud (o problema das relações entre representação de coisa e representação de palavra, assim como a relação de ambas com a percepção e o pensamento), retemos apenas que o caráter inquietante e estranho da representação de coisa atenua-se somente sob a condição de sua integração num tecido simbólico coerente que fornece o elo entre, de um lado, o vivido imediato, individual e, de outro, a tessitura de valores compartilhados pela sociedade.[2] Este elo simbólico entre a vida e seu sentido, entre a vivência natural (pulsional) e suas possíveis significações, não é algo naturalmente dado, mas depende de mediações culturais que situem o indivíduo no contexto (familiar e coletivo) dos valores e limitações que fundam a sociedade. Os conceitos freudianos (narcisismo, masoquismo[3], Édipo) e sua reelaboração lacaniana (estágio de espelho[4] distinto do Édipo, registros imaginário, simbólico, real) permitem captar as posições e os deslocamentos destas mediações, facilitando assim a identificação precisa de eventuais torções e perversões das estruturas básicas da civilização e da "humanidade".

Proponho, portanto, pensar os últimos eventos a partir da distinção lacaniana entre o registro simbólico (o "Édipo") e a identificação imaginária (estágio do espelho). Minha hipótese é de que o novo terrorismo opera um bloqueio simbólico e hermenêutico, manipulando a opinião pública e acuando-a a esquemas de identificação primária. Isto se mostra no convite (bem-intencionado, porém teoricamente ambíguo) de certos psicanalistas em *contemplar* as imagens do WTC em chamas como *escuta* da "mensagem" de Bin Laden. A proposta é ambígua porque "contemplar imagens", em particular quando se trata de imagens horrendas e para além de espetaculares, pode, por assim dizer, "congelar" o olhar, prendendo o espectador num reflexo compulsivo. Incapaz de reagir adequadamente, impedido de superar o efeito traumático da imagem, o sujeito tende a aprisionar-se no fascínio escópico provocado pela visão do desastre. Quando o fascínio envolve a aniquilação violenta, ele tende a produzir uma oscilação instável entre a vontade de reagir (superação ou eliminação do trauma) e o prazer reativo de identificação imaginária com o agressor, ligado aos fantasmas inconscientes (mecanismos sadomasoquistas). Nestas condições, a contemplação das imagens anxiogêneas pode reativar mecanismos arcaicos de adesão imediata, de prazer e horror primários, que se situam aquém da identidade propriamente simbólica.

Para situar-se simbolicamente, compreendendo a lógica da ação que subjaz à destruição das torres gêmeas de Nova York, é melhor desviar o olhar do horror que tende a nos precipitar na identificação com o agressor. Neste sentido, "contemplar" e estar à escuta de Bin Laden podem ser uma proposta na esteira da escuta freudiana. Freud, identificando-se com o herói Édipo, fez face ao enigma da esfinge-inconsciente — isto é, ele superou o fascínio que o monstro exerceu sobre o herói do mito, nomeando os princípios da selvageria que a Esfinge impôs ao infeliz Édipo. Na esteira desta "aventura" freudiana, trata-se de ver, se a alteração da estrutura da ação terrorista protagonizada por Bin Laden não criou um engodo que sobrepõe ao ouvir o ver, pervertendo as estruturas simbólicas com esquemas especulares. Analisarei o mito da Esfinge tebana como exemplo mítico deste tipo de perversão. O mito trágico de Sófocles, modelo de Freud, reescreve o episódio da Esfinge, opondo ao engodo da contemplação fascinada e da adesão especular as mediações simbólicas do diálogo e da interpretação.

Tortura e terrorismo segundo Malraux

A distinção entre tortura e terrorismo repousa, para Malraux, sobre a legitimidade da revolta contra tudo aquilo que avilta a dignidade humana, suprimindo a liberdade e a esperança dos indivíduos. Atos terroristas se voltavam contra as figuras emblemáticas deste aviltamento, contra aqueles representantes do Estado que comandam a opressão, rejeitando os indivíduos que compõem o Estado na condição degradada da "vermina da terra". Em *A condição humana,*

Malraux ilustra a insidiosa perversão dos mecanismos fundamentais do Estado que terminam por instrumentalizar o ser humano, livrando assim os homens de um cultivo nefasto de prazeres primários de ordem sádica e masoquista. É neste contexto que o terrorismo é elevado a um último princípio de esperança, a violência terrorista afirmando a liberdade virtual e o poder residual dos humilhados que, no suicídio, superam o desespero. No ataque terrorista, eles afirmavam o único poder que resta à sua impotência — suas idéias e a esperança como forças utópicas que transcendem a impotência individual. O romance *A condição humana* é construído sobre uma configuração narrativa que exemplifica esta idéia, explicitada no episódio do ataque suicida de Tchen contra Chiang Kai-shek:

> Ele iria explodir com o carro [de Chiang Kai-shek], num raio em bola que iluminaria por um segundo esta avenida horrenda e cobriria de sangue um dos muros. A mais velha lenda chinesa impôs-se na sua cabeça: os homens são a vermina da terra. Era preciso que o terrorismo se tornasse uma mística. Que adquirisse, primeiro, a solidão: o terrorista devia decidir sozinho, executar sozinho; toda a força da polícia repousa sobre a delação; o assassino que age sozinho não corre risco de denunciar-se a si mesmo. ... Tchen conhecia as objeções contra o terrorismo: a repressão contra os trabalhadores, o apelo ao fascismo. Mas a repressão não poderia ser mais violenta, nem o fascismo mais evidente. [Eis por que era preciso...] dar um sentido imediato ao indivíduo sem esperança e multiplicar os atentados, não por uma organização, mas por uma idéia: fazer renascerem os mártires. ... Tchen apertou a bomba sobre seu braço com conhecimento de causa. ... O carro do general estava a cinco metros, enorme. Ele correu na sua direção com uma alegria extática, lançou-se por cima dele, com os olhos fechados. (*CH* 195s.)

Eis a situação do terrorismo que poderíamos chamar de "heróico" ou trágico, onde o indivíduo marginalizado opõe-se pela força violenta ao bloqueio das relações entre indivíduo e coletivo, rejeitando a opressão do sujeito pelo Estado[5]. *In extremis* (isto é, na forma extremada da morte-suicídio) o indivíduo aviltado e banalizado, isto é, relegado ao desespero, afirma-se apostando na transcendência de sua idéia. Pagando sua revolta contra o Estado opressor com a própria morte, ele aposta num outro Estado. O indivíduo de Malraux está próximo do herói trágico. Autônomo, ele é ao mesmo tempo aquele que produziu a idéia de uma comunidade futura capaz de acolher indivíduos e aquele que se anula para impor essa idéia. As idéias são encarnadas em indivíduos, porém não através de um doutrinamento organizado, mas num processo de auto-reconhecimento, que coincide com o reconhecimento do sofrimento produzido pela perversão do sistema social e político.

Diferente do modelo grego, a conquista do gesto trágico é mínima. Os indivíduos do romance não adquirem uma glória duradoura. Sua aventura é reduzida a um doloroso processo de reconhecimento, que os enobrece e resgata aos olhos do leitor. O que é admirável nesses personagens fracassados e dúbios é sua aguda percepção das situações-limite, sua capacidade de penetrar nos enigmas cruciais do outro. O russo Katow, por exemplo, reconhece no sofrimento do alemão Hemmelrich sua própria miséria — as humilhações insuportáveis que desembocam na compulsão de repetir sempre um mesmo tipo de gesto carregado de sadismo dirigido contra um ser indefeso e amado. São gestos atrozes que apertam as malhas do aviltamento e da devoção características da servidão "voluntária", isto é, de uma servidão cujas causas escapam à vontade e ao domínio dos indivíduos, deixando-lhes apenas a liberdade de reconhecerem nas suas próprias perversões os longínquos efeitos de um Estado aviltante e aviltado. O relato de Malraux faz dos personagens autores plenos, indivíduos capazes de analisar sua situação e a dos outros, sujeitos que refletem e agem por conta própria, sem ilusões induzidas por promessas ideológicas ou religiosas, plenamente conscientes do fato de que seu heroísmo pode ser pessoalmente vão, sendo apenas uma contribuição ínfima num esforço de um coletivo humano por vir.

Voltando ao terrorismo configurado nos atentados de 11 de setembro, cabe perguntar qual é, hoje, o relato a ser feito dos acontecimentos atuais. É óbvio, desde o primeiro olhar, o retorno do motivo religioso e seu séquito de raciocínios baseados na mais radical intolerância. A guerra em nome de Alá promove uma negação absoluta do reconhecimento da alteridade, manifestando-se, de modo particularmente drástico, nas limitações impostas às mulheres, a etnias e culturas alheias e na destrutividade dirigida contra realizações culturais do passado, quando estas não coincidem com as convicções do fundamentalismo islâmico. Um dos principais corolários deste fundo religioso é o doutrinamento dos combatentes suicidas, cujo sacrifício se inscreve numa promessa garantida tão-só pela fé religiosa, ou, mais precisamente, naquela superfetação da crença ilusória induzida pelo autoritarismo dogmático que Marx designou como o "ópio do povo".

Não pretendemos, entretanto, aprofundar a análise deste aspecto do fundamentalismo que consiste numa perversão do próprio princípio religioso (consistindo no reconhecimento de um princípio ou ser absoluto, radicalmente distinto do homem). Tocamos neste aspecto apenas para salientar que o desconhecimento da alteridade preside, enquanto princípio, ao atentado de Nova York. Neste contexto, importa reconhecer que o novo terrorismo desenvolveu formas de interação com o Estado e com a população civil (sobretudo na opinião pública), o que põe em questão a nítida distinção entre terrorismo, visto como esperança, e a tortura, como perversão do sistema que ela pretende defender. O ataque ao World Trade Center embaralhou as distinções, pervertendo e explorando sorrateiramente a lógica do relato que Malraux fazia do terrorismo heróico na esteira da autonomia do herói trágico. A idéia que Malraux se fazia do terrorismo é, sem dúvida, tributária de uma concepção estética e ética,[6] que respeita um dos princípios básicos do teatro grego: o do velamento (representação indireta) da violência selvagem. Aristóteles já advertiu que a compreensão lúcida da tragédia depende da economia da representação que deve esconder da visão direta certos excessos de violência[7], pois estes aprisionariam, pelo choque que a selvageria é capaz de produzir, a inteligência do espectador. Ora, o atentado de 11 de setembro "aplica" este princípio precisamente pelo avesso — fazendo da violência explícita e máxima o motor de uma forma de comunicação específica. Esta se baseia no fascínio, isto é, na manipulação da inteligência virtualmente paralisada e inibida sob o efeito do choque. Esta perversão viabiliza uma instrumentalização da opinião pública baseada na confusão da alteridade dialeticamente mediada com a identificação especular. O terrorismo novo termina sendo um convite à adesão imediata. Nesta união que desconhece as limitações da identidade subjetiva como as do outro, eclode algo da ordem da união fusional, que estabelece uma indiferença entre eu e outro, mas cujo princípio reside na oscilação instável entre ser e não ser, simpatia e antipatia, medo e esperança.

A indistinção dos alvos. Rastreemos alguns traços que distinguem o terrorismo idealizado por Malraux da nova forma do terrorismo que surgiu com os atentados contra o World Trade Center, o Pentágono e, eventualmente, a Casa Branca. Já pela abertura de um amplo leque de alvos faz-se um passo para além do terrorismo que Malraux tem em mente. Não somente porque os ataques simultâneos requerem uma organização que ultrapassa a vontade individual. Além do enquadramento dos terroristas num esquema multinacional, nota-se também uma indistinção ou desindividualização dos atos. Não é mais um representante do poder que está no alvo, mas um coletivo anônimo, que tem vínculos longínquos com o poder e as decisões das instituições do Estado. No caso do Pentágono e da Casa Branca, o deslocamento entre o terrorismo heróico e o novo pode parecer tênue (embora o ataque contra instituições, não contra representantes particulares, seja em si mesmo significativo), o ataque simultâneo ao World Trade Center implica uma responsabilização sumária de uma coletividade, que mantém os vínculos mais diversos com o poder. Em outras palavras, o novo terror visa também, e sobretudo, uma população civil muito heterogênea — usuários de trens e metrôs, turistas, transeuntes quaisquer, e não apenas os empresários e empregados que gravitam em torno do World Trade Center. Este coletivo torna-se objeto de ataques simplesmente porque está na proximidade física do Centro que simboliza (pelo menos no entender dos terroristas) o comércio mundial. É, por sua vez, performativamente (senão arbitrariamente) identificado com o poder dos Estados Unidos. É novo este terror difuso, com números elevados de vítimas inocentes, cuja morte borra as relações de causa e efeito, dificultando os processos racionais de atribuição de responsabilidade e os juízos morais. Ele desloca-se dos alvos ideologicamente circunscritos e de relatos argumentáveis, para o *no man's land* de construções deliberadamente vagas e abstratas. As duas características (de um lado, a má definição dos alvos e vítimas, de outro, a abstração das idéias) conjugam-se reforçando, na opinião pública, a produção de elos associativos e de afabulações interpretativas da maior diversidade. Bin Laden utiliza o fascínio da imagem traumática reativando na opinião pública uma culpabilidade obscura que enfraquece a disposição analítica ou hermenêutica que permite decodificar os deslizes de seu modo de ação.

O fascínio escópico. O aspecto central que dificulta a avaliação é o fascínio escópico, visual, produzido pelo fato espetacular. O espetáculo, no sentido do "efeito especial", constitui uma dimensão estética capaz de bloquear consideravelmente o trabalho intelectual de decodificação do ocorrido. Na visão fascinada, as cenas horrendas agem como *traumas*. A etimologia do termo trauma (*titrôskô* significa "perfurar") remete ao horror do sangue vertido[8], que comporta o perigo do sujeito não saber responder adequadamente a esta experiência excessiva, sendo assim condenado a um recalque e a uma elaboração inconsciente e imaginária da cena traumática[9]. Cenas violentas — sejam elas ficcionais ou reais — sempre tendem a conectar-se com traumas antigos do espectador, favorecendo recalques reativos e uma rica atividade fantasmática. Quanto maior o efeito espetacular de um evento (real ou artístico), mais difícil se torna sua transformação em relato, isto é, numa narrativa cuja forma discursiva fornece as mediações entre o *impacto sensível da imagem e suas múltiplas possibilidades (imaginárias e reais) de vir a significar*[10]. Neste sentido, o atentado de Nova York levou até as últimas conseqüências a experiência estética moderna, isto é, a estética marcada tanto pela manipulação da memória latente quanto pelo consumo de massa. Este atentado terrorista não é *sui generis* somente pelo número elevado de vítimas, mas também pelo aspecto teatral, pela cenografia deliberada e calculada, a qual ofereceu aos telespectadores do mundo inteiro um evento com a duração de uma peça de teatro.

Dois momentos do espetáculo. Além disto, o espetáculo tem uma estruturação temporal dupla: um primeiro momento confrontou o público com um drama cósmico, deixando deliberadamente em aberto a identidade dos autores. Apenas dias após este espetáculo devastador, surge um agente que, embora humano, portanto inserido em laços simbólicos e políticos, se atribui uma causa sagrada para além de causas humanas comuns. Um dos interlocutores reivindica, portanto, um estatuto exorbitante e incomensurável para com o dos outros. Vejamos mais em detalhe estes dois momentos.

Primeiro vem o drama, transmitido em câmera lenta, da avassaladora potência de uma destruição de proporções cósmicas. Este drama está ambiguamente suspenso entre o sublime natural de tornados e vulcões e o "sublime" degradado e virtual da ficção científica e do videogame. Esta impressão do real-irreal impunha-se pelo fato de que, num primeiro momento, se desconhecia o nome do autor. É este detalhe que exerceu sobre o imaginário coletivo um efeito sorrateiro, porém não negligenciável. Sem o nome, a identidade, a contextualização do autor, o mundo obrigatoriamente viveu algo que se aproxima daquilo que Hegel chama de "Senhor Morte", isto é, da idéia — impessoal, sobre- e subumana — de um limite absoluto que nos opõe o espelho de nossa radical finitude, de uma limitação e de um desamparo próximos à destruição. Ver o WTC desmoronar foi a experiência mais próxima do arcaico terror diante da irrupção de forças cósmicas (daimones, instrumentos do destino), que o homem moderno foi capaz de experienciar.

Apenas num segundo momento, depois de sedimentada a traumática experiência do desamparo arcaico ou mítico, intervém um agente. No entanto, não se trata de um autor no sentido comum da palavra, de um responsável que reclamaria inequivocamente a autoria, mas de um agente misterioso, que apenas deixa entrever, nas suas palavras sibilinas, que a devastação se deve a um pecado — vago — contra o reino de Alá. Bin Laden aproveita-se de uma margem de ambigüidade que merece atenção. O convívio nas sociedades democráticas criou um alto grau de tolerância, senão de *laissez-faire*, em relação a valores étnicos e práticas religiosas heterogêneos. Mas esta tolerância depende da separação do religioso (que se tornou assunto da consciência privada) e do estatal. Bin Laden atropela esse princípio fundamental da sociabilidade moderna, reclama para sua causa a tolerância democrática, ao mesmo tempo em que se subtrai à prática política básica das democracias, ao diálogo. Suas fórmulas sibilinas, as ameaças em nome da ira divina, estão muito próximas do estilo das antigas epopéias orientais (Guilgames ou certas passagens do Antigo Testamento[11]). Também este detalhe estilístico coloca Bin Laden fora do registro simbólico propriamente humano. Não há aí nenhuma das precauções da teologia medieval, que se põe o problema da representação terrena do deus absoluto, cujos "vicários" são seres finitos[12]. O modo de "interlocução" de Bin Laden apresenta-se como proclamação direta da vontade divina e escapa, portanto, àquilo que funda o diálogo humano. Este repousa no reconhecimento universal da limitação dos interlocutores com relação à verdade (divina ou absoluta). No diálogo, a verdade não pode ser apropriada, mas o saber absoluto figura como idéia norteadora, incomensurável com o conhecimento acessível para o sujeito particular. Bin Laden reivindica precisamente a posição de quem não reconhece nenhuma limitação — para ele não se trata de ter ou não ter razão, mas seu estilo calcado nas fórmulas arcaicas da ira divina indica que ele *é a própria verdade*, erguida como uma espada divina ou um falo ameaçador.

Terrorismo e/ou tortura. Bin Laden joga simultaneamente em dois níveis — de um lado ele se situa no nível de um saber absoluto, que se apóia num poder absoluto sobre a vida e a morte; de outro (sobretudo no nível da opinião pública), ele reivindica para si o respeito que merece um interlocutor político. Este jogo em dois níveis perverte, evidentemente, a definição que Malraux dera ao terrorismo. As estruturas da ação desde o atentado de NY situam Bin Laden num campo intermediário entre o terrorismo clássico (calcado sobre o heroísmo trágico) e a tortura. Esta última perverte o diálogo livre porque introduz na interlocução (pergunta-resposta) uma assimetria que rejeita um dos interlocutores no desamparo (físico e simbólico), enquanto concede ao outro um poder ilimitado sobre a vida e a verdade do sujeito interrogado.

Esta assimetria anula tudo aquilo que a consciência moderna chama de igualdade simbólica (direitos humanos, políticos, liberdade de expressão). Na verdade, ela anula o próprio sistema, isto é, o espaço simbólico no qual se inscreve o diálogo enquanto concorrência regrada de argumentos entre sujeitos que reconhecem sua limitação diante do absoluto. Na tortura, o sujeito se torna criatura sofrida cuja relação com o torturador é da ordem do ser ou do não ser, de vida ou morte. Ela curto-circuita o debate livre de valores historicamente mediados e este curto-circuito do registro simbólico confere ao torturador uma presença assombrosa. Ela obriga o sujeito desejoso de sobreviver a uma espécie de identificação especular, a uma projeção total (não mediada) do agredido na imagem do agressor todo-poderoso.

A relação na tortura torna-se facilmente fusional porque confunde o reconhecimento simbólico (mediado por um sistema simbólico universalmente válido) com o "reconhecimento" ao nível especular: o torturado necessariamente tem uma visão de si que depende totalmente do torturador, portanto ele tende a adotar uma "identidade" constituída diretamente no espelho daquele que tem o poder sobre sua vida. Este mecanismo condena o sujeito a uma oscilação entre ser e não ser (literal e fisicamente), à qual corresponde a imagem instável de um "outro-mesmo", que é ao mesmo tempo perseguidor e objeto privilegiado. Estamos próximo daquilo que Lacan chama de estágio do espelho, no qual a "identidade" não passa por mediações, colocando-se em termos de ser ou não ser o falo.

O terrorismo de Bin Laden introduziu sub-repticiamente no gesto heróico por excelência — o atentado suicida — a estrutura dominadora exorbitante da tortura, que ignora e perverte a ordem simbólica. Contrariamente ao modelo idealizado por Malraux, não se trata mais de um gesto que nasce da idéia de um sujeito autônomo, mas de uma organização com uma ideologia teocrática. Bin Laden decide não só quais serão as vítimas de sua organização, mas ele comanda também os suicidas que terão de morrer. Em outras palavras, ele se situa totalmente fora do campo do diálogo, da "diferença", do "reconhecimento do outro". Seu modo de presença utiliza alguns dos traços da tortura (o terror que inspira quem detém os meios de aniquilação física), anulando as idéias da abertura, do diálogo e da liberdade de expressão, que constituem o tripé de um pacifismo que promete superar as barreiras e as tensões violentas entre o eu e o outro.

Deliberadamente, Bin Laden coloca-se fora daquele nosso mundo da civilização, cujos centros elaboraram — tanto no Oriente como no Ocidente — os princípios e valores das democracias modernas, a igualdade dos cidadãos, dos homens e das mulheres, a liberdade de expressão e as instituições que permitem deliberar sobre princípios e valores. Ora, Bin Laden não negocia nem, propriamente dito, fala. Ele "fala", na verdade, aquém e além da linguagem do diálogo, acompanhando a devastação produzida com uma "referência" lapidar a um outro reino, o de Alá, a uma ordem divina ou demoníaca situada além da ordem humana — portanto além do diálogo e do conhecimento. Sua "fala" — como os discursos da ira divina nos mais antigos documentos mitológicos — tem como referência uma ordem pré-individual, anterior e exterior à responsabilidade subjetiva. Ela não é, sem analogia com as representações muito arcaicas de deuses e daimones vingando um miasma, uma poluição religiosa que transcende a culpa (castigada no sujeito causador), tocando, para além do indivíduo e do coletivo, toda a terra, todo o mundo além do individual.

Eu me pergunto se esta reativação de estruturas imaginárias muito arcaicas não tem repercussões no nível da opinião pública. Poderíamos pensar que a simpatia difusa que Bin Laden suscita — por exemplo, quando psicanalistas, psicólogos e teólogos propõem contemplar as imagens do World Trade Center em chamas como convite à "escuta da mensagem de Bin Laden" — alimenta-se não só das simpatias reativas pelo terrorismo oriundas de um antiamericanismo genérico. Ela surge também de formas arcaicas de identificação, do jogo lúdico (mas, quem sabe, não totalmente livre) com a estrutura narcísica do estágio do espelho.

Os fenômenos aparentemente contraditórios de amor, submissão, simpatia e entrega ao agressor nas situações de tortura ou de seqüestros são hoje bem conhecidos. Relações perversas como no filme *Porteiro da noite* são, de fato, o modelo da impostura que paralisa o torturado como o torturador na identificação especular. A regressão a estas estruturas primitivas é sempre possível, e ela não ocorre apenas nos casos extremados (como durante a repressão na Argentina ou no seqüestro de Patricia Hearst). Jogos lúdicos com diferentes configurações imaginárias são constitutivos da cultura, e o imaginário coletivo e individual brincam com estes avanços e recuos entre posições mais ou menos civilizadas. Pensemos apenas nas modas cinematográficas que exploram os "complexos sádico-anais" ou uma oralidade arcaica e agressiva (o sucesso desta última tendência revelou-se em filmes como *Hannibal*).

Em geral, deslizes entre o registro simbólico e o assimbólico são facilitados também pela extrema maleabilidade das formas do relato moderno. As práticas múltiplas da sociabilidade atual nos predispõem a experimentações em cascata com estruturas imaginárias cada vez mais híbridas. Esta complexidade pode tornar o imaginário mais sutil e refinado, mas o abaixar das barreiras normativas pode também vir a ser uma armadilha, que leva a uma inadvertida confusão dos níveis simbólico e não-simbólico. E isto pode aumentar a zona cinzenta entre o fascínio escópico-especular que exerce, por exemplo, o terrorismo de Bin Laden e sua interpretação no nível do registro simbólico. Não se deve confundir a contemplação das imagens ou a escuta da mensagem de Bin Laden com a aventura de Freud quando este fez sua a trajetória trágica de Édipo. Rastrear os descaminhos de Édipo é um procedimento que explora onde estão os limites do registro simbólico. Estar à escuta da Esfinge (e, quem sabe, estar à espera da mensagem de Bin Laden) é renunciar inadvertida ou ludicamente a qualquer estrutura simbólica. Há um deslize significativo entre a escuta da Esfinge e a escuta dos diálogos que Édipo mantém com os cidadãos de Tebas *após o desvendamento do enigma*. É importante ressaltar que o modelo da escuta freudiana é a tragédia de Sófocles, não o mito da Esfinge.

O mito da Esfinge e a tragédia *Édipo*. Para ver a diferença é preciso analisar o modo como Sófocles recompôs seu relato do mito de Édipo. Na forma clássica e trágica, o episódio permanece exterior/anterior ao drama. A glória de Édipo não é a de ter desvendado o enigma, mas a de ter submetido a um exame racional não só os crimes alheios, porém toda a trajetória que lhe permitiu, com o desvendamento do segredo da Esfinge, conquistar o trono de Tebas. Ele submete a um exame racional a fatal imbricação dos crimes tebanos, isto é, o modo sorrateiro como a ação de um indivíduo participa de transgressões ancestrais. O grande feito glorioso de Édipo é parasitado pelo mais abjeto, de forma que salvar a cidade, desvendando o enigma, implica perdê-la. É significativo o modo como Sófocles despertou novamente os "espectros de Micenas". É bem verdade que ele reativou, em pleno Iluminismo clássico, as estruturas imaginárias muito arcaicas, as velhas crenças em demônios e espíritos fatais. Mas esta reativação traça a tênue fronteira entre gestos e formulações, que se situam ainda no registro simbólico (padrões aceitáveis de humanidade) e procedimentos que já não pertencem mais a este registro.

Não é sem importância que a tradição mítica anterior aos trágicos fez da Esfinge uma figura nitidamente fálica. Ela é detentora do segredo do poder e coloca o poder nos termos de ser ou não ser, ameaçando de morte todos aqueles que aspiram ao governo/trono não sendo progenitura da realeza teocrática[13]. A Esfinge arcaica une poder e violência. Em certas versões ela detém o segredo do poder legítimo, em outras ela representa a anomia selvagem, seja como demônio ávido de carne crua, seja como monstro libidinoso, que exige como tributo os meninos mais belos da cidade.

Façamos um pequeno parêntese para o problema da relação com a figura fálica. Os artistas, de Sófocles a Ingres e Francisco Brennand, sempre salientaram este caráter fálico da Esfinge que paralisa quem a olha numa relação de fascínio imediato, sem mediação simbólica. Sobretudo o quadro de Ingres mostra um Édipo soturno (em alemão teríamos: *tierisch ernst*, sério como um animal), cuja cabeça está postada frente ao peito da Esfinge, os dois rostos se fixando como os de duas feras hesitando entre reconhecimento pacífico e ataque. A boca encontra-se exatamente diante do bico do seio, e uma mão de Édipo está prestes para levantar-se em direção ao seio nu, como se esta mão e a boca esboçassem o gesto de aproximação-fusão oral. Mas a outra mão segura duas lanças, emblema da violência selvagem e do dilaceramento característico dos Espartos. O pintor soube configurar no quadro a atroz ambivalência da relação especular, sua oscilação sem mediações entre amor e ódio, união e ruptura, ser e não ser.

Ingres não inventou uma faceta nova do mito. Apenas salienta traços e problemas que encontram-se também nas versões dos trágicos, em Eurípides e Sófocles. Nas tragédias deste último, por exemplo, é através do segredo *paralisante* da Esfinge que Édipo acede ao trono (o que no antigo mito era uma prova da legitimidade de sua tomada de poder) e a Esfinge aparece como uma ameaça assombrosa para a integridade física da *polis* e dos cidadãos. Mas a tragédia sublinha o aspecto vergonhoso do desamparo, a derrelição vil da *polis* sob a dominação monstruosa. Ao interrogar Creonte, Édipo descobre que a devoração da Esfinge paralisou todos os procedimentos da justiça, impedindo até mesmo a investigação do assassinato do antigo rei. Creonte confessa envergonhado que "A Esfinge, entoando sempre trágicos enigmas, não nos deixou pensar em fatos indistintos; outros, patentes, esmagavam-nos então" (130-1).

Na apresentação de Sófocles é ingênuo quem acredita que desvendar o enigma da Esfinge é um feito digno de admiração: é ingênuo o Coro que, grato pela salvação momentânea, jura a Édipo sua fidelidade e gratidão. É ingênuo também Édipo quando acredita que este feito comprovou sua "grandeza". É claro que Tirésias não compartilha esta opinião e retruca que "precisamente este feliz evento te perderá" (I 446). Na tragédia, tais fórmulas nunca têm um único sentido unívoco. A palavra de Tirésias não significa apenas que, graças ao desvendamento do segredo da Esfinge, Édipo se uniu à rainha sua mãe. A frase comprime a reviravolta da tragédia como um todo. Ela significa, também, que aquilo que era um feliz evento (*tyche*) para o Édipo *apolis*, para o homem vagando fora das muralhas e das leis da cidade, é precisamente aquilo que será sua desgraça enquanto cidadão e rei cuja responsabilidade é zelar pelo cumprimento das leis. Esta leitura das palavras de Tirésias faz entrever que Édipo soube solucionar o enigma porque seu modo de ser, ainda estranho ou estrangeiro às leis da pólis, traía uma afinidade fatal com o modo de ser da própria Esfinge. Édipo orgulha-se de ter sabido o que nenhum outro homem de Tebas soube adivinhar. Mas Tirésias nos leva a ver que são precisamente os limites da vergonha e do pudor que impediram os cidadãos de verem a solução, ao passo que Édipo a via precisamente porque carecia dos limites impostos pela ordem simbólica. Sem as inibições do pudor propriamente humano, ele podia ver o "homem" — solução do enigma — tal como a Esfinge o vê: como um ser degradado e degradável. Pois tanto a Esfinge como seu enigma degradam o homem a algo inferior à humanidade. O homem (adulto, honrado, cidadão) eleva-se apenas por um curto momento (ao meio-dia) acima da condição dos quadrúpedes para logo decair na senilidade desamparada e impotente. Eis a verdade fria e cínica do monstro, que Édipo não se envergonhava de dizer. Ela a pronuncia, como se fosse a coisa mais normal, numa época em que ele é ainda um forasteiro, estranho aos costumes de Tebas. No entanto, enquanto rei de Tebas, se escandaliza diante de todas as falhas que atingem a honra da cidade e da família real. Ele denuncia como ameaça a negligência daqueles que não investigaram o assassinato de Laio: "Que mal os impedia, na hora em que o trono (*tyrannidos*) fora atingido, de fazer investigações?" (*H* 128-9) — e não aceita a desculpa de que os terríveis "cantos" da esfinge tivessem inviabilizado os procedimentos indispensáveis para a manutenção das obrigações e honrarias caracterizando a civilização humana. Eis o paradoxo trágico de Sófocles: aquele que proclamou e encarnou a vergonhosa fragilidade do homem não pode vê-la enquanto rei da cidade.

Notas

1. Cf. a distinção entre representação de coisa e representação de palavra em S. Freud, *Das Unbewusste* (1915) (*Gesammelte Werke*, Frankfurt am Main, Fischer, 1968, X, p.300). Sublinhamos que Freud visa com essa distinção o fato de que o inconsciente não retém um análogo mental do conjunto da coisa (daquilo que um objeto, uma pessoa ou um evento representam histórica ou objetivamente), mas que sua inscrição no inconsciente reaviva algum aspecto (rigorosamente pessoal e, neste sentido, incomunicável) do traço mnésico da coisa, conectando-o aos mais diversos complexos associativos relevantes para o indivíduo. A representação de palavra é um "índice de qualidade" que medeia a conscientização.

2. Cf. a análise do pavor que produz a contemplação onírica *muda* (sem mediação pela palavra) em S. Freud, *Analyse der Phobie eines fünfjährigen* (Knaben, 1909), loc.cit., vol.VII, ou o terror provocado pela imagem da árvore com os lobos no sonho do homem dos lobos.

3. S. Freud, *Jenseits des Lustprincips* (1920), loc.cit., vol.XIII; *Das ökonomische Problem des Masochismus* (1924).

4. J. Lacan, *Écrits*, Paris, Seuil, 1966, p.93-100. [Ed.bras. *Escritos*, Jorge Zahar Editor, 1998.]

5. Cf. Aristóteles, *Poética*: assinala os entraves do espetáculo para a compreensão adequada da tragédia. E ainda W. Benjamin, "Destino e caráter", in *Gesammelte Schriften* (Frankfurt, Suhrkamp, 1980, II, 1, p.174): "Não foi no direito, mas na tragédia, que a cabeça do gênio ergueu-se pela primeira vez sobre (de dentro da) a neblina da culpa, pois na tragédia o destino demoníaco é rompido."

6. Tanto a vida bastante romanesca do autor como o próprio romance *A condição humana* refletem a convicção, tributária dos pensadores dos séculos XVII e XIX (Kant, Goethe, Hölderlin, Nietzsche, Mallarmé), segundo a qual a imaginação e o sentido estético dão acesso a experiências originárias da sociabilidade e, com isso, aos fundamentos da ética (beleza, gratidão, amizade).

7. Aristóteles, *Poética*, cap.14, 53b 1-13.

8. O horror do sangue vertido está na base das distinções fundamentais da sociabilidade. Cf., entre outros, G. Dumézil, *Mitra-Varuna* (Paris, Gallimard, 1948). Esse ensaio sobre a estrutura tripartite das sociedades indo-européias trata da distinção entre as categorias do soberano e do guerreiro, com base na oposição entre os que vertem e os que jamais vertem sangue.

9. Cf. S. Freud, *Vorlesungen zur Einführung in die Psychoanalyse* (loc.cit., vol.XI, p.284ss); *Ueber den psychischen Mechanismus hysterischer Phänomene* (loc.cit., vol.I, p.86-90).

10. Cf. a importância da transformação do sentido arcaico das imagens míticas na reescritura pela tragédia.

11. Cf. *Livro de Jó*, 38-40.

12. Cf. o clássico *The King's Two Bodies*, de E. Kantorowics (Princeton UP, 1981).

13. Cf. Vian, 206-9: em Pausânias, a esfinge é um monstro feminino, filha de Laio. Ela guarda o segredo da realeza, uma profecia que Cadmo recebeu em Delfos e que ninguém devia conhecer, a não ser os reis legítimos. A Esfinge interroga e devora todos aqueles cujas pretensões ao trono carecem de fundamento. Na "Oidipodia", poema cíclico que conhecemos por intermédio de Apolodoro e de Pisandro, ela é um monstro devorador de mancebos, seja com conotações nitidamente eróticas, seja um daimon comedor de carne crua — isto é, encarnação da selvageria desumana.

CONRAD: O HORROR E O "HOMEM OCO"

Luiz Costa Lima

Joseph Conrad, aliás Josef Teodor Konrad Korzeniowski, ao nascer, em 1857, era um apátrida — desde 1795, a Polônia, dividida entre a Áustria, a Prússia e a Rússia, havia sido riscada do mapa político. Como, ademais, seu pai se engajava na luta contra o principal opressor, a Rússia, com apenas cinco anos, Conrad há de acompanhá-lo, junto com a família, no exílio para Perm, na Sibéria. Assim, ao emigrar, em setembro de 1874, para Marselha, onde viverá até 1878 e, depois, para Londres, Conrad procura uma pátria, além de um meio de trabalho[1]. Fascinado desde criança por mapas e terras distantes, Conrad procura tornar-se marinheiro. Embora inicie suas atividades náuticas ainda em Marselha, não lhe fora difícil compreender que suas oportunidades seriam maiores na Inglaterra e em suas possessões. Entre abril de 1883 e 1888, ora se encontra embarcado, ora hospitalizado no arquipélago malaio. Suas difíceis condições de vida apenas melhoram durante o ano de 1886, quando, em agosto, obtém a cidadania britânica e, em novembro, quando recebe, ao repetir o exame, a licença de capitão de longo curso. Entre fins de maio e começo de junho de 1889, está de volta a Londres. Continuando porém difíceis as condições de trabalho marítimo, recorre à ajuda de membros da família que haviam permanecido no continente e consegue ser contratado pela Société Anonyme pour le Commerce de Haut-Congo, com sede em Bruxelas. Sob a condição de oficial de barcos fluviais, deveria servir durante três anos. Na verdade, não suportará o trabalho por mais de seis meses (12 de junho a 4 de dezembro de 1890). Em fins de janeiro de 1891, estará de volta a Londres. Durante três anos, na condição de oficial, ainda faz parte da tripulação ou comanda navios mercantes ingleses. Sua carreira termina definitivamente em janeiro de 1894. As experiências acumuladas no Oriente e no Congo Belga nele despertariam o ficcionista. Trata-se agora não só de lutar por uma profissão para a qual não se preparara, mas de converter a estranheza de aventuras, ouvidas ou testemunhadas, na aventura de trazê-las para uma língua estranha — Conrad confessaria que seus mestres em inglês foram apenas os marinheiros, seus companheiros.

Seus três primeiros livros, *Almayer's folly* (1895), *An Outcast of the Islands* (1896), *The Nigger of the "Narcissus"* (1897), têm por matéria o conflito entre o homem branco, respaldado por potências européias, e as etnias malaias. Distantes ainda do que distinguirá o autor, o mar, o acesso à navegação de rios, as dissensões religiosas e raciais alimentarão romances de aventura, nos quais o exotismo, o sensualismo da mulher oriental e a diversidade de usos e costumes deviam ajudar na conquista de leitores. Mas a publicação do livro seguinte, a coletânea de contos *Tales of Unrest* (1898), parece mostrar que tanto o autor ainda não encontrara sua linguagem, quanto que o filão oriental começava a se esgotar — dos cinco relatos, dois, "The Idiots" e "The Return" têm uma ambiência puramente européia. É só com a composição de "Heart of Darkness", em fevereiro de 1899 — publicado como peça autônoma em *Blockwood's Magazine*, nos números de fevereiro, março e abril do mesmo ano — que Conrad, de fato, começa a ser um escritor. Ora, como a novela claramente se baseia no que presenciou no Congo Belga, pode-se dizer que a experiência lhe serviu para moldar seu modo de composição. De maneira mais moderada, a afirmação já aparece em seu primeiro biógrafo, que associa o surgimento do romancista à doença contraída na África, que, fazendo de sua vida um "martírio intermitente", o obrigará a "recolher-se dentro de si mesmo".[2]

Nosso interesse, porém, não é discutir a etiologia do escritor. É, sim, observar que a passagem mais enigmática de sua primeira grande novela adquire contornos mais nítidos pela comparação com um dos contos de ambiência européia — mais precisamente britânica, "The Return". Sendo "Heart of Darkness" uma das obras mais famosas de Conrad, e "The Return", em troca, uma das mais ignoradas, nossa apreciação da primeira será relativamente breve e a da segunda, relativamente minuciosa.

Na foz do Tâmisa, no cair da tarde, em um barco ancorado, um velho homem do mar conta a ouvintes solícitos a aventura que vivera na África. Antes mesmo de narrá-la, a vista da cena em que se encontram o faz evocar que há dezenove séculos, quando os romanos ali chegaram, aquela terra era um pântano, através de cujas florestas caminhavam rumo a algum posto interior, em que viriam a sentir que "a selvageria, a completa selvageria os espreitava".[3] Marlow parece insinuar uma analogia com o que ainda viria a contar: assim como "ontem, a escuridão estava aqui" e os conquistadores tiveram de lutar com nativos de outra raça, assim também, em seus dias, há trevas, na África, onde os brancos... etc. A meditação serviria pois para desarmar uma interpretação demasiado agressiva contra a exploração que a África sofria — além de politicamente conservador, Conrad não podia esquecer sua condição de naturalizado. Mas uma coisa seria a bonomia extraída do comentário histórico, que remeteria ao clichê de quem não quer se comprometer — "A conquista da terra, que, na maioria dos casos, significa tomá-la daqueles que têm uma aparência diferente ou um nariz um pouco mais achatado, quando vista muito de perto, não é uma coisa bonita. Só a idéia redime. Uma idéia que a respalda"[4] — e outra, muito diversa, a cena de fato testemunhada. Assim, mesmo antes de rever pela palavra o que presenciara, o relato de Marlow assume, se não para seus primeiros ouvintes, para seus leitores, um tom de ambigüidade que irá marcá-lo. Poderíamos mesmo acentuar que, ao longo da novela, o ambíguo assume três desenvolvimentos diferenciados. O primeiro é o que acabamos de destacar: a tranqüilidade, que envolve os que se encontram no barco com o narrador, não traz sinal das trevas que os romanos enfrentaram. O tempo como que as absorvera. O segundo se confundiria com o que Marlow testemunhara; encarado com rigor, ele exigiria o exame de quase todo o corpo da novela. O terceiro corresponderia às páginas finais: ao encontro com o aventureiro moribundo e a posterior visita de Marlow à sua noiva, em Bruxelas. A distinção dos três desenvolvimentos visa aqui apenas mostrar que nossa análise mal tocará no desenvolvimento mais largo. Nosso propósito estará cumprido se, apesar dessa falta, ainda conseguirmos remeter o enigma que cerca o final da novela à forma da ambigüidade e, então, conseguirmos contextualizá-la, pelo exame de "The Return".

Tratemos pois de esboçar o que vira Marlow. Assim como o próprio Conrad, ele chegara à África contratado por uma companhia belga, que precisava de um capitão para pilotar o barco fluvial que pusesse em contato seus postos de fixação e negócio. Já ao aproximar-se da Central Station e, ao se deparar com a fila de negros maltrapilhos e acorrentados, Marlow intui que o que até agora soubera não seria suficiente para compreender o que começava a ver: "Vi o demônio da violência, o demônio da cobiça e o demônio do desejo ardente; mas, por todos os santos, eles eram demônios fortes, poderosos, fogosos, que extraviavam e dirigiam homens — homens, lhes digo. Mas ali, naquela encosta, antevia que, sob o sol abrasador daquela terra, ia conhecer um demônio frouxo, falso, de vista fraca, de uma loucura gananciosa e desapiedada."[5]

As diferenças entre os processos de conquista e exploração que haviam sido negadas de início, agora são afirmadas pela distinção entre os demônios. À segunda espécie corresponde o administrador da Central Station — "um negociante comum, empregado, desde a juventude, nestas partes — nada mais", que, "obedecido, não inspirava nem amor, nem medo, nem sequer respeito. Inspirava desassossego".[6] Seus asseclas pertencem à mesma família. Barbeiam-se, vestem roupas limpas e falam banalidades, enquanto os nativos, empregados da companhia, não passavam de "sombras negras doentes e famintas[7], a caminho da morte".

Ao chegar ao porto e travar contato com outro funcionário branco, Marlow percebe que o jogo em que entrara era ainda mais terrível. Compreende que há partidos entre os brancos e que ele é identificado como membro da "nova gangue — a gangue da virtude"[8], i.e., que é julgado pertencer ao grupo do misterioso Kurtz, aquele que se internara na floresta, e contrário ao bando do administrador. Kurtz, de quem o narrador ouvira falar antes da chegada ao porto de destino, divergira dos métodos burocráticos do administrador e contava com sua hostilidade. Marlow então percebe que sua missão principal seria encontrar Kurtz, antes que ele morresse ou fosse morto. E, como o barco que devia pilotar precisava ser refeito e seu conserto duraria meses, Marlow dispõe de bastante tempo para observar o trabalho desleixado, o tratamento cruel dispensado aos negros, a preocupação única do *flabby devil* em acumular o marfim que será transportado para a Europa.

Quem seria exatamente Kurtz? A atmosfera de ambigüidade não desaparece ante os sinais explícitos do que é a Central Station. Os comentários que dele faz Marlow não apresentam nenhum dado seguro. Além da inequívoca hostilidade que lhe tem o administrador, dele podemos saber que não se reprimia na satisfação de seus desejos, que a selva dele se vingara por sua "fantástica invasão" e que seus ecos "ecoavam profundamente dentro dele porque, no fundo, ele era oco..."[9]. E, já havendo encontrado Kurtz, alquebrado, à beira da morte, Marlow declara que sempre esteve longe do propósito de enganá-lo mas sim que tentava romper com o "feitiço do ermo", que parecia querer arrastá-lo "pelo despertar de instintos esquecidos e monstruosos".[10] Fosse por essa ou outra razão, o ermo o enlouquecera. "Eu via o mistério inconcebível de uma alma que não conhecia controle, fé, medo, mas lutava cegamente consigo mesma"[11]. Seu caráter, pois, de *hollow man* se desvelara ao ter ido ele além dos limites que não deveria ter transpassado: "... Tanto o amor diabólico como o ódio sobrenatural dos mistérios em que penetrara lutavam pela posse daquela alma saciada de emoções primitivas, ávida da fama enganosa, da distinção falsa, de todas as aparências de êxito e poder."[12]

Quereria isso dizer que Marlow tomara o partido do administrador? Ou que, em termos de vacuidade, não haveria diferença entre os dois partidos? Ou ainda que, embora simpático a Kurtz, Marlow participava da repressão branca? As três perguntas não são necessariamente excludentes. Se a resposta da primeira é negativa, a da segunda também o é: o administrador não é um "homem oco" simplesmente porque se guardara da "selva", i.e., mantivera a repressão de que Kurtz também participa. Noutras palavras, em sua placidez, Marlow tem a ingenuidade de revelar a seus ouvintes do barco que são os brancos os verdadeiros homens ocos. A diferença entre os dois partidos estaria em que os participantes do primeiro se dedicam a uma exploração fria, que só cuidam em aumentar a carga de marfim, enquanto respeitam as restrições eróticas e políticas; que são, em suma, bons funcionários. Os que, como Kurtz, saltam a cerca, ao contrário, expondo-se à liberação dos desejos, sonhando com um relacionamento diverso com os negros — que nada tem de utópico, pois ele é cruel com seus inimigos — afinal enlouquecem, pois não têm armas contra o que se lhes interditara. Consciente ou inconscientemente, Conrad constrói o narrador como aquele que não só monta a ambigüidade mas indica sua chave. Mas não nos precipitemos. Para justificarmos o que se acaba de declarar ainda precisamos trabalhar detalhes e peças.

À medida que Kurtz aprende a confiar em Marlow, não só lhe adverte que tal monte de marfim é de sua posse privada e não da companhia como, e sobretudo, o torna depositário de um pacote de papéis e uma foto. Por conta destes encargos, o narrador terá de se esquivar dos homens do administrador, empenhados em subtrair dele bens e documentos. Trazido da selva para a *Inner Station* em estado lastimável, Kurtz chega ao fim. Suas últimas palavras concentram o enigma que será associado ao "Heart of Darkness": "Exclamou em um sussurro, ante alguma visão — exclamou duas vezes, numa exclamação que não era mais do que um suspiro: '*The horror! The horror!*'"[13]

Em uma apreciação esquemática, deixamos de lado situações e personagens, como o arlequim russo que admira Kurtz e sabe que não lhe resta senão fugir para mais longe dos brancos, para nos concentrarmos na última cena. Entre os documentos de que Marlow se encarregara, está o endereço da noiva do morto, em Bruxelas. De volta à Europa, Marlow a procura. Ela, ciente de que o visitante fora um amigo fiel, pergunta-lhe quais foram as últimas palavras do morto. Embora soubesse que mentia, Marlow prefere agir de acordo as conveniências: "*The last word he pronounced was — your name*".[14]

Sendo aqui desnecessária uma análise mais refinada, resumamos os elementos básicos da questão: (a) desde sua chegada à Central Station, Marlow compreende estar diante de demônios de outra espécie. (Eles são a clave para o que chamamos o segundo desenvolvimento da ambigüidade na novela); (b) no interior da selva, Kurtz se libera dos valores repressivos cultivados pelos membros de seu grupo e a selva dele se "vinga" revelando sua qualidade de "homem oco". A definição não caberia ao bando de seu adversário, o administrador, que mantinha a violência, a crueldade, a espoliação tradicionais; (c) a que horror Kurtz se referiria: àquele que praticara ou ao que encontrava em si próprio?; (d) que significa a falsidade pela qual Marlow opta em sua conversa com a noiva?

Vejamos como a essas questões responde um dos intérpretes da novela, escolhido como um dos melhores[15]. Em "Heart of Darkness: the failure of imagination", James Guetti encaminha o seguinte argumento:

> Marlow diz em certo momento que é no "trabalho" que um homem pode se "encontrar" a si mesmo, sua própria "realidade"; depois, contudo, parece se contradizer e observa: "Quando você tem de considerar coisas desse tipo, os meros acidentes da superfície, a realidade — a realidade, lhes digo — se dissipa. A verdade interna é oculta — felizmente, felizmente. Mas eu a sinto do mesmo modo". Como essas citações indicam, Marlow usa o termo 'realidade' de dois modos: a realidade primária é a suposta essência do ermo (*the suggested essence of the wilderness*), a escuridão que deve permanecer oculta se o homem há de sobreviver moralmente, ao passo que a realidade secundária é uma realidade figurada como o trabalho, uma realidade artificial pela qual o real verdadeiro é encoberto ou mesmo substituído.[16]

À tese assim exposta, há de se acrescentar o corolário do caso de Kurtz: "O crime ou a realização de Kurtz, portanto, não é que ele tenha gerido mal as coisas para a companhia ou, em termos mais gerais, que tenha pecado de um modo singularmente horroroso, mas sim que, por um ato de visão, cortou a si a possibilidade de pecado."[17]

Glosemos primeiro seu argumento geral. Marlow emprega a palavra 'realidade' em dois sentidos. De acordo com o primeiro, para que o homem possa sobreviver moralmente, precisa manter a "realidade primária" confundida com as trevas; algo pois amorfo, sem conteúdo. Na segunda acepção, a perigosa "*primary reality*" é substituída pela ocupação do trabalho, que empresta contornos definidos à conduta humana. Como então entender a exclamação de horror, com que Kurtz se despede da vida? Segundo Guetti, menos por algo que tenha praticado e sim por "*an act of vision*" pelo qual, perdendo a possibilidade de reconhecer-se no pecado, se extraviara. Ou, dito de maneira menos submissa a Guetti, cortara-se o caminho que o levava a se reconhecer no pecado, porque, através de uma misteriosa visão, passara a se defrontar com "*the suggested essence of wilderness*". Mas que tamanha força de tal "*act of vision*" poderia ser essa?! Dois caminhos são possíveis para entendê-la: (a) que Guetti se deixou levar pelo tom nebuloso de que E.M. Foster acusava a meia dúzia de livros que Conrad havia então publicado, acrescentando-se os ensaios de *A Personal Record* (1912) e *Notes on Life and Letters* (1921):

> Não há também uma obscuridade central, algo nobre, heróico e belo a inspirar uma meia dúzia de grandes livros; mas algo obscuro, obscuro? Enquanto se lê a meia dúzia de livros não nos fazemos ou não devemos nos fazer essa questão, mas ela ocorre, e não impropriamente, quando o autor professa estar-se referindo a algo pessoal e nos confidencia sobre si. Esses ensaios sugerem que ele é nebuloso no meio como nas margens, que o escrínio secreto de seu gênio contém não uma jóia mas um vapor; e que não precisamos registrá-lo filosoficamente porque, nessa direção específica, não há nada para ser escrito.[18]

Em palavras mais diretas, Foster denunciava Conrad de aficionado a um certo tom de embuste. Guetti seria uma de suas vítimas. E, ao ter o seu ensaio selecionado como um dos mais relevantes, mostraria que o embuste continua a funcionar; (b) que o contato com a mortífera realidade primária resultara de Kurtz haver abandonado o modo de ocupação próprio ao seu grupo humano, à sua cultura. (Guetti praticaria um historismo *à outrance*: não só cada sociedade tem seus valores próprios, mas aquele que os abandona, não podendo internalizar os valores de outra sociedade, tenderia ao desespero e à loucura).

Mesmo desistindo de entender que "*act of vision*" poderia ter sido aquele, temos condições de conhecer melhor suas implicações: por ele, ao apagar a via de reconhecimento do ato pecaminoso, Kurtz simplesmente perdera o meio de se auto-reconhecer. Ora, como isso sucederia senão ao rompermos com as regras de permissão e proibição que configuram uma cultura? O administrador da Central Station, fosse definido como um "demônio frouxo" ou como um medíocre seguidor de usos tradicionais, de todo modo mantinha-se no círculo da realidade moral dos brancos. Por isso nunca teria o *pathos* que circundava seu adversário. Em suma, o horror partilhado por Kurtz fora de se afastar dos usos e modos do homem branco.

É aqui que a leitura de "The Return" poderá contribuir para o reforço da segunda hipótese. Por ela, por certo, não estaremos ratificando a interpretação de Guetti, mas, ao contrário, mostrando o etnocentrismo que ele canoniza.

A leitura será feita pelo exame dos passos do protagonista.

Alvan Hervey sai do trem que circula pela City e sobe a escadaria que o levará, com os demais passageiros, à porta de saída. Vistos de detrás, pareciam tão iguais como se usassem um uniforme e seus olhos, apesar da diferença de tons e cor, tinham a mesma mirada, "concentrada e vazia, saitsfeita e descuidada".[19] O singular não se distingue do coletivo. O narrador agora acompanha Hervey sozinho: "... Andava na chuva, com a serenidade despreocupada, com o descanso tranqüilo de alguém de êxito e desdenhoso, muito seguro de si — um homem com muito dinheiro e amigos.[20]

Sua postura, contudo, não se distinguia daqueles com quem estava em contato: "... Suas conexões, educação e inteligência estavam estritamente no nível daqueles com quem negociava ou se divertia"[21]. Sua mulher, de sua parte, era "saudável, alta, bela, em sua opinião, era bem relacionada, bem educada e inteligente".[22] Mas um traço dela surge, na lembrança do marido, para o qual ele não dá a devida importância: casados há cinco anos, a mulher sentia-se "intensamente entediada com a casa, onde a sua individualidade, de que era ela muito consciente, não tinha lugar".[23] Esse, na verdade, é, para o leitor, o único traço de relativa desarmonia. Mas nada dele transparece quando o relato fala das tarefas a que se dedicam: a mulher realizava trabalhos filantrópicos e se tornara membro de sociedades reformistas, presididas por senhoras distintas; o marido se interessa pela política e fora induzido por um literato, encontrado por acaso, a financiar "um moribundo jornal de amenidades".[24]

Enquanto continua sua caminhada para casa, Hervey considera os anos "de prudente felicidade" do casal: "Neste entretempo, vieram a se conhecer bastante bem no que se referia aos fins práticos dessa existência, sem que fossem mais capazes de uma intimidade real do que dois animais que se alimentassem na mesma manjedoura, sob o mesmo teto, em um estábulo de luxo."[25]

A descrição da casa segue o mesmo padrão. Nada de inesperado no luxo discreto de cada coisa, cortina ou decoração, salvo, ao subir para o quarto de vestir, os inúmeros espelhos que recobrem as paredes. Eles têm o efeito de multiplicarem a imagem do recém-chegado. Tudo parece em ordem, até que nota um envelope, escrito com a letra da mulher. Surpreso, Hervey lê que, sem maiores explicações, ela lhe comunica que fora embora. Somente isso: "*She's gone*". Imediatamente, como se Hervey fosse transparente, a narrativa acrescenta: "Era terrível — não o fato mas as palavras". E a seguir: "Ocorreu-lhe que devia sentir o coração partido; mas logo percebeu que seu sofrimento não era de espécie tão digna; era insignificante".[26] O que lhe intriga é a própria conduta da mulher: "Ali não podia haver amor. Um impulso vergonhoso de paixão. Sim, de paixão. Sua própria esposa! Deus do céu!"[27]

Ela fora dominada por um lamentável sentimento que, de repente, o excluía da boa sociedade. A partir de agora, "era um simples ser humano, afastado do mundo delicioso das ruas chiques e das praças". Que lhe cabia fazer? Chorar? Os homens não choram; "os estrangeiros, sim; em certas circunstâncias, chegam até a matar". Mas Hervey não vai longe em seu monólogo. Batem à porta. Tem vontade de transmitir a ordem de não estar disposto a receber quem quer que fosse. Mas não fala. A porta de entrada se abre.[28]

Alguém sobe e se posta diante dele. Era ela que voltara. Indignado e surpreso, ao mesmo tempo que aliviado, Hervey está a ponto de perder o controle das palavras. Suas frases — "Por quem me toma?" "Como ousa me olhar assim?" "Quanto tempo pensa em ficar aqui?" etc. — ratificam o que dele já sabemos. Da parte da que regressa, as frases são também bastante curtas: "Foi um erro", "Sim, foi honesto", "Procurei ser fiel a mim mesma e honesta com você". Mas Hervey quer detalhes. Supõe que todos sabiam de sua decisão, sendo ele o último a conhecê-la. Ao ser informado que ela pensara em ir viver com o letrado a que se associara, quer saber se haviam se amado e onde; em sua própria casa? Ante as negativas da mulher, Hervey renova suas perguntas de autômato, até ela declarar que já lhe dissera tudo e que voltara porque havia enganado a si mesma. É ainda dela que parte a única resposta imprevista. Ante a afirmação, como sempre peremptória do marido — "Não precisava perguntar se você me amava" —, ela contesta: "Sei agora que eu era perfeitamente incapaz de tal coisa", disse calmamente. "Se eu fosse, talvez você não se teria casado comigo."[29]

Mas, se o leitor se surpreende, o próprio Hervey é incapaz de distinguir o inesperado do mecânico. De viva voz ou para si mesmo, volta a desfilar uma série de vulgaridades — "Você vê agora aonde leva a falta de autocontrole. Dor — humilhação — perda de respeito — dos amigos, de tudo que enobrece a vida, que... Todos os tipos de horror"; "Ele representava a força moral de uma bela reticência que podia dobrar todas as deploráveis crueldades da vida — o medo, o desastre, o pecado, a própria morte. Parecia-lhe que estava a ponto de varrer triunfalmente todos os ilusórios mistérios da existência"; "a vida é uma coisa séria. Se você não corresponde aos padrões mais altos, você não é ninguém" etc. Apesar de tudo, como se já esperasse a canhestra exibição do marido, a mulher não protesta. Mas a Hervey faz falta que ela não repita as palavras rituais. Em sua ausência, ele julga que a mente da que regressava estava perturbada. A admoestação que lhe vem à boca diz do terror que ainda não domara: "Seguir nesse caminho seria acrescentar um crime — sim, um crime — à loucura." Como se a paciência chegasse ao fim, a mulher ameaça então abandonar a casa outra vez. O que é inaceitável para Hervey. Ela se submete ao seu papel, mas não deixa de denunciar — "Você está enganando a si mesmo. Você nunca me amou. Você queria uma esposa — uma mulher — qualquer mulher que pensasse, falasse e se comportasse de um certo modo — de um modo que você aprovasse. Você se ama a si mesmo."[30]

Bastem-nos esses *flashes* para a função que "The Return" pode aqui desempenhar. Ainda que em dose bastante modesta, algo da visão que, segundo Guetti, tivera Kurtz, sucede na mente de Hervey: "Ocorreu-lhe de repente que a moralidade não é um método para a felicidade. A revelação foi terrível."[31]

Por mais terrível que lhe tenha sido, não foi contudo bastante para que o automatizado se calasse. Desconfiaria que a mulher não lhe dissera tudo? Suspeitaria que a sua "falha" era irremediável? "... Os anos passariam — e ele nunca saberia — nunca confiaria... Os anos passariam sem fé e sem amor..." É menos retórico que apavorado que indaga: " 'Você pode agüentar isso?', gritou, como se ela pudesse ter ouvido todos os seus pensamentos." Reitera a pergunta "e olhava como se estivesse louco". Com raiva, entretanto, ela lhe responde que sim, que suportaria. Ao que ele retruca: "'Pois bem, eu não!'" e saiu de casa para sempre.[32]

Seria abusivo pensar que nossa conclusão era antecipada por outro intérprete do "Heart of Darkness": "A selva sussurra para Kurtz com um fascínio irresistível porque ele é, no fundo, oco."[33] Seria arbitrário fazê-lo. A frase do outro intérprete abre contudo outra via: para Guetti, a selva fizera Kurtz perder a capacidade de reconhecer o pecado ao se extraviar dos valores com que se educara. Ora, *quem é o medíocre Hervey senão o mais típico representante dos valores de que Kurtz se desligara?* E que significam as palavras com que Marlow consola a noiva senão a óbvia reiteração, conforme os valores vigentes, do que ela esperava ouvir? O horror que obseda Kurtz afinal decorre de que o contato com o mundo outro, ao amoldá-lo a outros modos de inter-relação, lhe revela que as práticas de sua sociedade o haviam tornado um "homem oco" — "*he was hollow at the core*".[34] Como o desconhecido Hervey, ele sabe que não há retorno. E, no entanto, enquanto personagens, Kurtz não é equivalente a Hervey. Ao passo que este tem uma única entrada — é um índice "sociológico" do que seria o branco educado e mediocrizado pelos valores da civilização —, Kurtz oferece uma dupla entrada: na *mise en forme* do "Heart of Darkness" as trevas se fundem à clareza das palavras, as trevas estão na enunciação das palavras; e isso a tal ponto que a novela, ao mesmo tempo, vai além do plano de diagnóstico da sociedade e fornece uma via para compreendê-la. Pois, mantendo-se distintas, obra e sociedade se esclarecem mutuamente. De maneira mais explícita: na sociedade, os "jogos da linguagem", ao se mecanizarem, constituem um eficiente sistema de defesa. Na obra de qualidade, os jogos da linguagem antes se submetem a um padrão configurador, no caso a ambigüidade, que, ao ser explorado, desvenda o que se automatizara. Como dissera Hervey, "*the want of self-restraint leads to ... all kinds of horrors*".

Em síntese, a comparação aqui realizada pode ser lida de dois modos: (a) como afirmação de que a *dupla entrada* da obra de arte não se restringe a revelar um "mundo paralelo" ao da realidade, da qual a arte se nutrisse para descartá-la. Como reação ao reducionismo sociológico, a afirmação dos mundos paralelos da arte recai em um reducionismo semelhante. Se o primeiro tem por modelo o "determinismo" científico, o segundo parece decorrer de uma leitura parcial do que Bataille chamara de "*volonté de rupture avec le monde*".[35] Sim, a arte, desde finais do século XVIII, expressa essa vontade, mas, para ainda usar Bataille, pela "*transgression tragique de la loi*".[36] E isso significa dizer que ela jamais é apenas transgressão, pois, para sê-lo, precisa indicar a lei contra que se insurge; (b) como amostragem de que já no começo do século — e as narrativas de Kafka e *The Waste Land*, de Eliot, o corroborariam — havia a intuição de que os valores postos em uso pela *lei* da civilização ocidental armavam uma cena em que *mediocridade* e *horror* tendiam a se aproximar. Entre todos os autores em que a convivência destes efeitos era configurada, Conrad tem o privilégio de assinalar a localização espacial de um e outro: a mediocridade tinha campo livre na City, ao passo que o horror era reservado para as colônias distantes. O começo do nosso século mostraria a mudança da topologia: a explosão do World Trade Center revela que o horror deixa de ser reservado para terras exóticas e distantes para se exibir na nova City. Por acaso, alguém pensará que apenas trocara de posição com a mediocridade!?

Referências bibliográficas

Aubry, G. J., *Joseph Conrad. Life and Letters*, 2 vols., Londres, W. Heinemann, 1927.

Bataille, G., *La Littérature et le mal*, Paris, Gallimard, 1957

Bloom, H. (org.) *Joseph Conrad's* Heart of Darkness. *Modern Critical Interpretations*, Nova York/Filadélfia, Chelsea House Publishers, 1987.

Conrad, J., "The Return", in *Tales of Unrest* (1898), in *Complete Works*, vol.VIII, Nova York, Doubleday, 1925.

_____. "Heart of Darkness" (1899); apareceu pela primeira vez em livro em *Youth and Two Other Stories* (1902) e consta também de *Complete Works*, Nova York, Doubleday, 1925.

Cox, C.B., "Heart of Darkness: A Choice of Nightmares?" (1974), republicado em Bloom, H. (org.) *Joseph Conrad's* Heart of Darkness. *Modern Critical Interpretations*, Nova York/Filadélfia, Chelsea House Publishers, 1987.

Foster, E.M., "Joseph Conrad: A Note", in *Abinger Harvest*, Londres, Edward Arnold, 1936.

Guetti, J., "*Heart of Darkness*: The Failure of Imagination" (1965), republicado em Bloom, H. (org.) *Joseph Conrad's* Heart of Darkness, Modern Critical Interpretations, Nova York/Filadélfia, Chelsea House Publishers, 1987.

Najder, Z., *Joseph Conrad. A Chronicle*, New Brunswick/Nova Jersey, Rutgers UP, 1983.

Notas

1. Todas as referências bibliográficas que utilizaremos são extraídas de Z. Najder.
2. G. J. Aubry, *Joseph Conrad. Life and Letters*, vol.I, p.141.

3. J. Conrad, "Heart of Darkness" in *Complete Works*, vol.I, p.50.
4. Ibid., p.50-1.
5. Ibid., p.65.
6. Ibid., p.73.
7. Ibid., p.66.
8. Ibid., p.79.
9. Ibid., vol.III, p.131.
10. Ibid., p.144.
11. Ibid., p.145.
12. Ibid., p.148.
13. Ibid., p.149.
14. Ibid., p.161.
15. Referimo-nos à seleção, com organização e introdução de H. Bloom, que forma o volume dedicado ao "Heart of Darkness" na série Modern Critical Interpretations.
16. J. Guetti, "*Heart of Darkness*: The Failure of Imagination" in H. Bloom (org.), *Joseph Conrad's* Heart of Darkness, p.21.
17. Ibid., p.23.
18. E.M. Foster, "Joseph Conrad: A Note", in *Abinger Harvest*, p.135.
19. J. Conrad, "The Return", in *Complete Works*, vol.VIII, p.118-9.
20. Ibid., p.119.
21. Idem.
22. Ibid., p.119-20.
23. Ibid., p.120.
24. Ibid., p.121.
25. Ibid., p.122.
26. Ibid., p.127-8.
27. Ibid., p.132.
28. Ibid., p.134, 135.
29. Ibid., p.153.
30. Ibid., p.155, 156, 157, 163 e 177.
31. Ibid., p.183.
32. Ibid., p.185.
33. C.B. Cox, "Heart of Darkness: A Choice of Nightmares?", in H. Bloom (org.) *Joseph Conrad's* Heart of Darkness, p.41.
34. J. Conrad, "Heart of Darkness", op.cit., vol.III, p.131
35. G. Bataille, *La littérature et le mal*, p.22.
36. Ibid., p.20.

Barbárie mecânica
A parábola de *Laranja mecânica*

Dominique Folscheid
Universidade de Marne-la-Vallée

Esse título um tanto enigmático nos remete a uma das obras mais estranhas, mas também mais reveladoras de certos aspectos da barbárie: o livro de Anthony Burgess, *Laranja mecânica*, do qual Stanley Kubrick tirou um filme que desconcertou o público. É conhecido o seu teor: um desencadear de atos bárbaros da parte de um quarteto de jovens bárbaros bem de nossa época. O romance os chama *drougs*, denominação bárbara assumida por Jo, Momo, Pierrot e pelo terrível Alex que, no romance, não tem sequer dezoito anos.

Descobre-se nesses "jovens", desbocados e mal-educados, componentes hoje clássicos dessa barbárie costumeira que assombra alguns de nossos subúrbios: violência onipresente, sem razão de ser, estupro coletivo das jovens das quais eles podem se apossar, das mais provocantes às mais maduras, sem jamais recuar diante do assassinato ou da tentativa de assassinato.

Isso já nos dá um bom punhado de determinações: a ultraviolência, tomada em sua gratuidade e em sua malignidade absolutas, o sexo e a morte.

Mas bárbara também é a resposta da sociedade, que transforma Alex em zumbi depois de uma operação cerebral. Incapaz de discernir o bem do mal antes dessa intervenção, Alex será ainda o mesmo depois, tendo como única diferença o fato de que a ausência da diferença entre os dois, que se fazia exclusivamente em proveito do mal, torna-se indiferença a respeito de tudo. Mesmo a jovem mais sexy não lhe faz o menor efeito. Do selvagem e irresponsável bárbaro se fez um cordeiro inofensivo, mas jamais um homem.

A medicina se mostra aqui bárbara porque ela não remedeia, não "remediatiza", portanto, não medica realmente. Com efeito, ela se contenta em tecnicizar Alex. Ela desliga algumas de suas conexões cerebrais como seria feito numa mecânica que se tornou louca. Ela o desnatura para renaturá-lo — ou seja, naturaliza-o cordeiro. Da barbárie como remédio à barbárie, eis o cúmulo da barbárie. Para se terminar com a inumanidade de um homem, é preciso — e basta — dar fim à sua humanidade. Aplicado ao homem, o naturalismo é anti-humanismo por essência e bárbaro por destinação.

No entanto, o elemento a um tempo mais pertinente, mais surpreendente, mais central, que inscreve sem nenhuma dúvida possível essa narrativa na forma de parábola no quadro da barbárie, é a língua propriamente bárbara emprestada pelo autor a seus heróis ou anti-heróis. Uma língua que não é mais do que um idioma particular, literalmente "idiota" (do termo grego que significa "particular"), uma língua sobrecarregada de barbarismos. Mas esses barbarismos não são fruto da ignorância, da incultura ou da inadvertência: eles são oriundos da barbárie de seus autores e eles são feitos para servi-la. Essa língua é ao mesmo tempo bárbara e barbarizante, porque ela encerra os bárbaros que a falam na sua própria barbárie.

A barbárie dessa língua se manifesta de várias formas. Ela é fechamento com relação aos outros, a partir daí negados em sua alteridade, no seu estatuto de outro, em vez de abrir sobre o espaço comum da comunicação, da compreensão, do diálogo, da discussão. Ela é fechamento com relação aos termos da linguagem que remetem aos valores humanos e morais — fechamento ao *logos*, do qual Aristóteles diz dar ao homem as primeiras determinações do bem e do mal. E, contudo, essa língua funciona, produz todos os efeitos da linguagem exigidos pela comunicação no interior do grupo. Como? Ao reconstituir um outro real que não a realidade, ao cultivar termos redutores e unívocos, ao não reter a coisa visada a não ser como aparece aos olhos dos bárbaros. Em suma, aquilo que é, é aquilo que a linguagem do bárbaro diz que é. Melhor ainda, é uma língua sempre já voltada ao *performativo* quando ela tem pretensão de ser constatativa: ao dizer o que é, na maneira pela qual ela o diz, ela já predetermina um certo tipo de ação.

É verdade, não se poderia também esquecer que no 21º e último capítulo, cuja oportunidade foi controvertida, Burgess nos pisca o olho pela última vez. Na última página, Alex renuncia de repente às suas torpezas, decide se tornar adulto, casar-se e ter um bebê. A mensagem é clara: a barbárie é feita de uma forma que permanece sempre reversível, em virtude de sua própria estrutura. Seu remédio não é certamente a *cultura*, como é repetido tão freqüentemente (Alex não é em nada mais "cultivado" que antes), mas uma verdadeira *conversão*. Pois à sua maneira, a barbárie é também uma conversão, mas ao inverso, no avesso, uma *des*-conversão ou uma *anti*conversão. Ela é constituída de tal forma que o processo pelo qual ela surge supõe a humanidade que ela nega e que ela arruína. Mas por essa razão mesma, a barbárie deixa também aberta uma via de salvação, que é a inversão da inversão, o movimento de retorno aquém da perdição.

O título inglês da obra, *Clockwork Orange*, acrescenta, a esse quadro, indicações suplementares que são eminentemente sugestivas. No sentido próprio, *clockwork* significa "mecânico", depois "regular" tomado no sentido figurado. Portanto, regular como o movimento de um relógio, que é uma mecânica. Nós diríamos em francês: regrado como pauta de música. Mas a música do relógio não possui de musical senão sua inscrição no tempo: ela descasca quem passa com uma regularidade de metrônomo, emitindo um ruído mais ou menos gracioso. Se o ser está ligado ao tempo do modo que o diz Heidegger, o relógio mecânico é uma espécie de estetoscópio que nos faz entender o coração batendo a partir do tempo, portanto, do ser. Entretanto, esse tempo dos relógios não é o tempo da vida, nem o tempo da existência, ainda menos o do ser. É por isso que Bergson preferia denominar o tempo vivido "duração", a qual é o oposto desse tempo mecânico, resultado da redução da temporalidade ao espaço, simbolizado pelo deslocamento de um ponteiro sobre um quadrante.

Essa articulação impossível, mas aparentemente bem-sucedida, entre o tempo da vida e o espaço, faz do relógio, que é uma máquina, a expressão e o símbolo desse mecanismo que é um dos componentes mais notáveis da barbárie moderna. Ora, é também a fórmula de base da ciência moderna desde o século XVII, ciência da ordem e da medida. É o relógio que serve de termo de comparação a Descartes para caracterizar o estatuto dos vivos-máquinas, quer se trate dos animais-máquinas ou do corpo-máquina dos homens. É também o relógio que serve a Voltaire para designar o universo criado por Deus — um relógio impossível e impensável sem seu relojoeiro. Mas ali desponta a ameaça: não aquela irrisória, do cômico (do mecânico pespegado sobre o vivo, segundo a célebre definição de Bergson), mas a do enclausuramento do vivo no mecânico, o que pode se revelar bárbaro. Ora, nosso mundo contemporâneo é um mundo no qual as máquinas desempenham um papel essencial — máquinas de todos os tipos, que vão de nossas máquinas-ferramentas aos monstros anônimos e englobantes que são as "máquinas" industrial, econômica, financeira, administrativa, científica, hospitalar e burocrática. O que põe finalmente o problema da relação entre a barbárie e a técnica moderna.

Os "efeitos de barbárie"

Caso se queira evitar confundir a barbárie com o que ela não é, é preciso primeiramente superar a confusão entre o parecer (*apparaître*) e o ser bárbaro. Não é simples, porque as experiências de imediatidade não faltam. Quando elas concernem à linguagem, que é ao mesmo tempo o coração da barbárie e seu lugar de manifestação privilegiado, os riscos são maiores. Parece imediatamente bárbara, justamente uma linguagem reduzida à pura imediatidade, ou seja, a ruídos que não são prontamente convertidos em sentidos.

Por que esse equívoco? Porque a imediatidade é precisamente a marca da barbárie. Agora, há imediatidades e imediatidades. A barbárie é fundamentalmente um processo de negação das mediações que constituem o ser humano como tal e que fazem sua humanidade. O resultado disso é realmente a imediatidade, mas é uma imediatidade de *resultado,* uma imediatidade de *imediatização*, que se opõem, de ponto a ponto, à imediatidade imediata, espontânea, primária, pela qual se define a selvageria. As bestas selvagens são selvagens, elas não são jamais bárbaras.

Se não se reconhece a parte de negação que encobre a imediatidade bárbara, se é tomada por uma imediatidade simples, todas as confusões são possíveis. A barbárie será considerada senão aquilo que é o efeito de barbárie, efeito devido à nossa fascinação pela imediatidade, tomada como fato consumado. Proferem-se com muita rapidez julgamentos de barbárie, eles próprios bárbaros. A definição bárbara da barbárie consiste, portanto, em definir como bárbaro quem eu não compreendo, quem não fala a mesma língua que eu, quem me parece por demais outro em relação a mim, por este ou aquele de seus aspectos, ou por seus costumes.

Agora, toda língua desconhecida nos parece bárbara, pois ela se reduz a ruídos privados de sentido. Se fosse um ser humano, um gravador seria o exemplo típico do bárbaro gritando para a barbárie. Prova-se, portanto, o sentimento que nos faz violência, pois nos sentimos excluídos do *logos* comum, excluídos do universo do sentido, objeto de rejeição da parte do outro, de maneira injustificável. Dali se passa facilmente da ausência de língua comum à absoluta ausência de língua. Esse efeito de barbárie se dissipa assim que nós nos iniciamos nessa língua desconhecida, ou que nos acedemos à sua tradução.

Não é preciso procurar mais longe as molas desse efeito de barbárie bem conhecido, bem propagado, que funda a "barbárie sociológica": o bárbaro é quem não fala grego, o bárbaro é o outro. Tal é o ponto de vista do grego, que Platão o compara ao ponto de vista do grou, aquele pássaro estúpido que divide todos os seres vivos em dois grupos: os grous e os não-grous.

Por menos que o outro tenha costumes que me parecem negar e, sobretudo, inverter o que é aos meus olhos sinal, atestação e manifestação de civilização, a barbárie é inevitável. Por exemplo, que o outro passeie aparentemente nu da cabeça aos pés, como esses "selvagens" tatuados e revestidos de amuletos descobertos pelos primeiros exploradores, que ele se entregue a sacrifícios terríveis, que ele faça, como na Índia, queimar a viúva sobre a mesma fogueira que serve à incineração de seu marido, a barbárie será apontada.

Encontra-se isso já em Heródoto, quando descreve o mundo egípcio como um mundo grego invertido — invertido com relação à civilização de referência, que é grega. Eles urinam em pé, comem na rua, o clima e o rio desse país são singulares. Os negros, queimados pelo sol, são classificados entre os bárbaros por razões análogas, como também o são os escandinavos, privados de sol. A barbárie se julga assim "de modo especular" a partir dos gregos.

O antídoto é bem conhecido: consiste, antes de tudo, em tomar a medida da diferença do outro — de sua língua, de sua aparência, de seus costumes etc. Nesse sentido, tem-se razão em dizer que a barbárie é negação da diferença. Mas de tanto tender para essa direção, arrisca-se a cair, dessa vez, numa espécie de barbárie mole. O antídoto, como o veneno, depende freqüentemente da dose administrada e não forçosamente do produto. O arsênico cura ou mata conforme a maneira pela qual é usado. É o que acontece quando se passa da sociologia ao sociologismo, da constatação das diferenças inter-humanas à indiferença das diferenças. Então, são considerados simples fatos de costumes, estados de coisas que não têm valor senão para aqueles que as partilham, mas que não podem nem se comunicar entre si, nem receber avaliação e julgamento do ponto de vista do universal.

Os astecas arrancavam o coração de seus prisioneiros para fazer sacrifícios? É sua cultura. Os canibais são monstros, como acreditava ainda o Robinson de Defoe? São ritos guerreiros ou funerários. Então dizem que os diferentes são diferentes e que enquanto diferentes, eles diferem. Crêem-se isentos de barbárie porque não designam mais os eventuais bárbaros como bárbaros. Acreditam-se a salvo da barbárie de projeção porque não vêem mais a barbárie em lugar nenhum. Ora, é precisamente uma forma superior de barbárie a de recusar ideologicamente de denominar e designar a barbárie como tal. O mais belo êxito da barbárie é o de nos fazer crer que ela não existe — ou mesmo que ela é ingenuamente "uma cultura", como se diz. Uma cultura, outra, uma cultura diferente, mas uma cultura mesmo assim.

A barbárie como negação da linguagem

A barbárie é fundamentalmente da ordem da linguagem. Da linguagem como *logos* e *não* como língua. Ela supõe a linguagem sem a qual ela seria simples selvageria animal, ou simples força da natureza, mesmo que fosse destrutiva como um ciclone. Situada fora da linguagem, ela não seria a figura modelo da inumanidade do homem, ser de *logos*. Na verdade, ela não existiria. A natureza é, sem dúvida, cruel a nossos olhos, mas não há barbárie na natureza.

Um grande número de referências clássicas nos fornece sobre esse ponto apenas uma versão fraca da barbárie, porquanto por demais impregnada de barbárie sociológica. Assim, é preciso compreender o verso famoso de Ovídio

(*"Barbarus hic ego sum, quia non intelligor ulli"*). Reencontra-se um sentido análogo em São Paulo quando ele critica esta forma de carisma que é o "falar em línguas": ao me exprimir assim, eu serei ininteligível ("bárbaros") (I, Coríntios, 14,15). E até mesmo Platão emprega "barbarizein" para significar "dizer coisas ininteligíveis"[1]. E de modo ainda mais banal, Cícero opõe "barbarus" a "disertus".

Acentuar assim a capacidade de se comunicar com outro e de se fazer compreender por ele embaralha as cartas. Não é porque se é ininteligível que se é bárbaro. Ao contrário, a barbárie é imediatamente inteligível. Do mesmo modo, não é porque não se chega a comunicar com o outro que se é bárbaro. Ao contrário, a barbárie é comunicativa, e mesmo gravemente contagiosa. As análises de René Girard sobre o conluio entre desejo mimético e violência estão ali para prová-lo. Os desencadeamentos de barbárie que se constata nos empreendimentos genocidas são a ilustração disso.

Se o exemplo de *Laranja mecânica* é retomado, nota-se que uma vez assimilados os códigos lingüísticos bizarros, decriptados os barbarismos, a barbárie que libera esse idioma não desaparece. Tornou-se inteligível, comunicável, e a barbárie está sempre lá. Por quê? Porque esse idioma é agenciado de tal modo que ele é apenas o instrumento de uma violência bárbara. É constituído de uma língua feita de tal modo que ela devolve a linguagem contra ela própria, contra seus princípios e suas exigências. É uma linguagem que não é mais *logos*. É ali que se enraíza a violência.

Instalado nessa relação negadora que a linguagem entretém com o *logos*, a barbárie, portanto, não pode ser assimilada, sem outra forma de processo, a qualquer forma de violência aberta. Se a barbárie é forçosamente violência, toda violência não é, por isso, bárbara. Há a força legítima empregada pelos Estados para manter a ordem pública, há a violência da guerra, que pode ser mortal, infinitamente cruel, mas que não é bárbara senão a partir do momento em que certos limites são ultrapassados e certas diferenças, abolidas.

Isso nos reconduz aos debates bem conhecidos, que tratam da pertinência da distinção entre o civil e o militar, entre o dano colateral involuntário e o instrumento de terror que é a chuva de bombas sobre uma cidade (o exemplo de Dresde), ou, eminentemente, entre o assalto clássico contra um país insular avesso à rendição e o recurso à arma nuclear (Hiroshima). Que haja, muitas vezes, barbárie nessas práticas guerreiras não é negável. Isso não autoriza assimilar à barbárie a guerra considerada em bloco. Ao contrário, encontra-se, em diferentes formas de guerra, os elementos que predispõem várias, dentre elas à barbárie.

O exemplo modelar é a guerra civil. Entre dois exércitos estrangeiros, profissionais, há todas as chances de que sejam respeitadas as "leis de guerra", que são meios de canalizar e regrar a violência para evitar a barbárie. Entre dois campos do mesmo país entrados numa luta de morte, sobretudo se móveis ideológicos se juntam ao vulgar desejo de conquista do poder, todas as formas de barbárie são possíveis, uma nação voltada contra ela mesma se assemelha, então, à linguagem que se lança contra ela mesma, ceifando e negando as diferenças que a constituem e formam dispositivos antibarbárie. Kant, assim, tem razão de julgar "bárbaro" um poder *sem liberdade nem lei*, enquanto o simples despotismo mantém a lei e o poder, mas sem a liberdade.

Que se reencontre essa negação da humanidade em muitas formas de violências, abertas ou larvais, é um fato. Há doses variáveis de barbárie, pelo menos potenciais, em muitas formas de injustiça, de exploração econômica e de opressão política. A escravidão institucionalizada é fundamentalmente bárbara, porque a humanidade de uma certa classe de humanos é negada, rebaixada a uma condição animal. É bárbara, mas numa medida menor, a lei tradicional pachtu que considera as mulheres, em bloco, seres de condição subalterna. Mas em se vendo a barbárie em tudo que é lugar, condenamo-nos, com o tempo, a não vê-la em parte alguma, porque ela terá se tornado a ordem normal do mundo, e não sua inversão.

Precisamente, é necessário que haja reviravolta total para que se passe à barbárie. Um assassinato é sempre um assassinato, um estupro é um estupro bárbaro. É preciso que haja negação integral da humanidade do outro, o que supõe a violência *em excesso*. Dir-se-á que a violência não poderia conhecer o excesso, pois ela se inscreve de todas as maneiras na desmedida. Não é exato. A violência bárbara tem justamente por medida de sua desmedida — uma medida propriamente mecânica — a subversão exata da humanidade do homem. Assim, sua ilimitação de princípio tem também, paradoxalmente, seu limite: o da inumanidade absoluta. A inversão pode muito bem ser uma inversão, sua referência permanece assim sempre aquilo do qual ela é a inversão.

Temos aqui um critério de primeira ordem para discriminar a violência bárbara da violência ordinária: nascida de uma negação produzindo uma inversão, é sempre possível inverter a inversão. Em outros termos, poderemos julgar esse ou aquele sistema econômico "bárbaro", é impossível desbarbarizá-lo de um só golpe, pelo efeito de uma simples lei. Ele é tão complexo, tão pesado, ligado a tantos parâmetros, que ele nos escapa em grande medida. Ao contrário, pode-se com uma única decisão, ou com um canetaço, libertar os escravos, abrir um campo de prisioneiros, renunciar a utilizar torturas bárbaras contra seus inimigos.

Os dissidentes dos países totalitários compreenderam bem isso: havia risco mais grave, mais bárbaro que ser parado de madrugada, depois torturado e enviado ao Gulag. Era viver num universo de mentira, onde tudo estava falsificado, onde não se chamava mais um gato de gato, mas a guerra de paz, e o recuo econômico de um "passo positivo adiante" etc. Pior que a condenação diante de um tribunal, havia a obrigação de confissões imaginárias. Pior que o aprisionamento em um campo, uma sentença tendo forma legal mas um conteúdo indeterminado, além do mais, indefinidamente reproduzível. Em suma, em todos os lugares a inversão no próprio centro de uma estrutura aparentemente conservada, mas intrinsecamente negada em seus princípios e exigências.

É na ordem da linguagem que se encontra a chave desses efeitos de negação e de inversão, mas deixando sempre aberta a possibilidade de uma conversão. É um paradoxo, porque a linguagem bárbara, à revelia do parecer bárbaro descrito mais acima, apresenta todas as aparências da linguagem. Com essa diferença de que ela volta suas condições contra si mesma, a fim de produzir efeitos contrários àqueles que se espera dela. O que dá à barbárie esse caráter eminentemente perigoso que é de não parecer obrigatoriamente aquilo que é.

Os textos mais convincentes são aqui os de Platão, a começar pela alegoria da Caverna. É um lugar ruidoso, uma vez que se escutam vozes em *off*, é um lugar de troca de palavras entre os prisioneiros, mas eles não falam senão das sombras projetadas sobre a parede do fundo como se fossem realidades em si, enquanto eles tomam por sombras ilusórias aquilo que é realmente real. É um quadro de inversão caracterizado. Mas por não mediatizar as aparências visíveis pelas realidades verdadeiras que lhes servem de paradigmas, eles acedem apenas aos "fenômenos", tomados no sentido literal do termo, portanto, a "fantasmas", porque são somente reflexos representativos. A imediatização do real está bem ligada à do discurso, reduzido ele próprio a uma ilusão dublada do pseudo-real.

O sofista é evidentemente visado: Platão o designa explicitamente como um "fabricante de ídolos falados"[2]. Mestre do discurso, ele pode criar, a seu bel-prazer, todas as representações nas quais seus ouvintes entenderão e verão o real, em plena ilusão. Como ele procede? De modo muito simples: "se tu queres tomar um espelho e o apresentar de todos os lados; num instante tu farás o sol e os astros do céu, num instante a terra"[3].

Esse espelho mágico é a linguagem. Mas é um espelho infinitamente deformador, uma linguagem barbarizante que tem imensos efeitos para a ação. Sua violência, ela aparece já na própria maneira pela qual o sofista se exprime, arruína o diálogo por uma postura terrorista. Numa passagem célebre, Sócrates e Polemaco são vistos imitando o terror pânico diante de Trasímaco "recolhendo-se em si mesmo como uma besta selvagem" para despedaçar seus interlocutores[4]. Isso tem seguimento e se agrava na educação invertida que os "aproveitadores" impingem aos jovens ricos e ociosos. Por suas máximas mentirosas, eles passam a ocupar as almas. Eles usam a linguagem da subversão (dar às virtudes nomes de vícios e aos vícios, nomes de virtudes) a fim de engendrar a perversão das condutas. Essa linguagem não aparece como violência física, mas ela é em si mesma violência, pois ela viola as determinações que fundam a ética e a política. Ela é igualmente origem dessa violência. Quando o homem "democrático" se torna "tirânico", tudo é possível, a começar pelo pior.

Nesse ponto, é surpreendente que a prática do incesto tenha tantas vezes servido de critério. Platão nos mostra assim uma alma tirânica que "não hesita em tentar, em pensamento, violar sua mãe ou qualquer outra"[5]. Eurípides confirma em *Andrômaca*: "Assim acontece com toda a gente bárbara: o pai se une com a filha, o filho com a mãe e a irmã com o irmão"[6].

A proibição do incesto é a diferença fundadora: entre todas as fêmeas possíveis, algumas são mulheres permitidas, outras, interditas. Apreende-se *in vivo* o nó do poder e do desejo, da diferença e da norma, da linguagem e da violência. É por isso que o incesto, sob sua forma pura que é edipiana (a relação incestuosa do filho com sua mãe), não é uma transgressão ordinária, mas transgressão bárbara. A interdição do incesto postula uma lei fundadora que concerne à origem e à ordem do parentesco. Sob a rivalidade do filho com o pai, que sozinho tem o direito de sexo com a mãe, discerne-se a diferença que combina a ordem do parentesco e a do desejo. A barbárie ali desvela seu fundo, que é o desejo de onipotência, com passagem ao ato.

A maquinaria bárbara ou a Grande Maquinação

Nosso mundo mudou muito depois de Platão, mas não a barbárie. Ou ainda, ela evoluiu não em seu princípio, mas em suas formas. Mas, olhando de perto, a inovação maior que provocou uma reordenação completa de nossa visão de mundo, do homem, e dos fins que ele persegue, é a aparição do aparelho tecnocientífico no início do século XVII. Com Descartes, a naturalização da Natureza, necessitada por sua mecanização, mudou o fundo do cenário. O bárbaro antigo era percebido primeiramente como um profanador, o bárbaro moderno o é apenas discretamente, pois a profanação já ocorreu — e por excelentes razões, ligadas ao desenvolvimento do progresso científico, técnico ou médico. Estaria a barbárie vendo seu campo de expressão favorito fechado diante de seus olhos, porque, de agora em diante, ele está aberto a todos? De forma alguma, pois a redução cartesiana do real não pensante à única substância extensa é, na realidade, uma ficção epistemológica, uma abstração efetuada pelas únicas necessidades da causa tecnocientífica. Em compensação, tão logo essa construção dualista é recusada em proveito de uma redução à unidade, tudo oscila. É o que surgiu com La Mettrie, cujo *Homme machine*, publicado em 1748, proclama essa "enormidade": o homem é realmente uma máquina, eu sou uma máquina. É uma tese filosófica, sem dúvida, mas é uma tese bárbara. Desmediatiza-se o homem cartesiano, que não é entidade viva e unificada senão pela alma "por assim dizer" espalhada por todo o corpo.

A análise que Heidegger nos legou da técnica moderna, que não é mais a antiga *tekhnè* porque ela passa a ser agora o *Gestell*, um "dispositivo que enquadra", um "machin", tirando um pouco a acepção de gíria desse termo, vai exatamente no mesmo sentido. A representação do universo como uma megamáquina também — a natureza é "toda arte", dizia Voltaire. O que combina perfeitamente bem com a dupla relógio-relojoeiro, que resume, no seu ponto de vista, a criação divina. Apaguemos Deus e sua criação, a máquina permanece no seu lugar. A natureza naturante se torna máquina maquinante, a natureza naturada, máquina maquinada, o que se resume finalmente em uma máquina automaquinada.

Ora, o ponto comum de todos esses elementos disparatados é a imediatidade. Uma máquina depende da imediatidade porque seus componentes não se originam da vida imanente de um organismo, mas de uma fabricação no estado separado. Essas peças separadas, por si só inertes, são em seguida reunidas no exterior, associadas para funcionar e conduzir a uma produção. Não há entre elas nenhuma relação de mediação, enquanto que no domínio do ser humano, é tudo o inverso.

Em suma, uma máquina é pura exterioridade, *partes extrapartes*. Identificar o ser humano a uma máquina é o mesmo que negar, portanto, todas as mediações que o fazem o que ele é. O espírito se reduz ao funcionamento de uma máquina cognitivista, verdadeiro computador vivo (mas certamente mais complexo), a alma é substituída pelo patrimônio genético, o corpo humano por um conjunto de órgãos e de funções, as condutas humanas por comportamentos, estes subprodutos da maquinaria social.

Que o ser humano experimente o sentimento de sofrer um tratamento bárbaro quando ele se sente reduzido ao estado de peça ou engrenagem de uma máquina mais vasta que a sua, isso se compreende. Há uma máquina econômica que engendra o "horror econômico" como há uma máquina burocrática que também o faz. Simone Weil recorda judiciosamente, a esse propósito, a frase em que Marx estigmatiza a máquina industrial, sem perceber nisso, entretanto, o alcance mais geral: "Na fábrica, existe um mecanismo morto independente dos operários, e que os incorpora como engrenagens vivas."

Nessa ordem de idéias, os exemplos abundam. Um paciente enterrado no túnel de um scanner tem o sentimento de sofrer um tratamento bárbaro: ele está "dentro" da máquina. Numa outra dimensão, incomparável, mas, mesmo assim, semelhante, um terrorista suicida que prende em volta da cintura um cinturão de explosivos, instalando-se "dentro" de uma máquina mortífera. Aqueles que desviaram os aviões americanos para jogá-los sobre as torres gêmeas do World Trade Center fizeram ainda melhor. Um desvio do avião, aparelho destinado a ligar dois pontos geográficos, enfim, para mediatizar o espaço, voltam a negar essa função mediadora em nome de um projeto ideológico qualquer. Transformar esses motores de transporte carregados de combustível — mediador de suas capacidades de vôo — em bombas voadoras, é uma imediatização. Esta última conduz os passageiros em seu processo, transformando-os em bombas humanas involuntárias, negadas em seus projetos, em sua dignidade, em seu direito mais elementar à vida, sua existência sendo tomada por nada em relação ao objetivo de destruição. No balanço final, isso dá um exemplo de barbárie em estado puro. Então, os inocentes usados, encontrados sepultados na catástrofe, foram "enquadrados" por uma técnica desviada, barbarizada e barbarizante, mas técnica mesmo assim.

Entre os pontos mais sensíveis, os de conseqüências mais pesadas, existe a invasão da técnica no próprio corpo humano. A barbárie vai endossar seus novos trapos mecânicos. Kafka havia nos dado algumas percepções disso em *A colônia penal*, onde se vê funcionar uma nova máquina de punir delinqüentes e criminosos. Deitado sobre o ventre num leito imóvel, estritamente algemado, o condenado recebe uma gravação na pele, por uma grade metálica, da lei que ele transgrediu. A máquina e a linguagem estão aqui novamente ligadas.

Mas o melhor exemplo que nos é dado hoje concerne à sexualidade, tomada em sua figura de dissociação impelida ao seu estágio de esboço: de um lado o sexo, de outro, a procriação medicinalmente assistida.

A sexualidade, com efeito, é um lugar privilegiado para a barbárie, porque ela é, por excelência, um centro de mediações. O estupro bárbaro, tal como nos apresenta *Laranja mecânica*, é um exemplo modelar disso. Para violar, é preciso destituir a pessoa de um rosto, reter dela apenas os atributos sexuais, reduzi-la ao estado de objeto consumível, despojá-la de seu corpo para transformá-la em "carne" (como diz Lenina em *Admirável mundo novo*, de Aldous Huxley).

Mesmo que não se chegue à consumação do estupro, para encarar apenas o sexo em sua banalidade mecânica (como é descrito em *A vida sexual de Catherine M.*, de Catherine Millet, contando sua vida dissoluta), é preciso antes de tudo apontar a extrema importância da linguagem, que literalmente modelou o sexo. É preciso aqui se recordar que o continuador direto do *Homme machine*, de La Mettrie, não foi ninguém mais que o marquês de Sade, e que o uso que ele fazia dessa redução estava destinado a fundar a libertinagem mais bárbara que fosse. Sabe-se também que a obra de Sade é essencialmente um discurso.

A considerar a maneira pela qual o discurso sobre o sexo — na realidade, discurso *do* sexo — se produz hoje, fez-se mesmo sérios progressos. Trata-se puramente e simplesmente de uma *sexofonia*: discurso do sexo sobre o sexo, em vista do sexo. Um discurso que se enuncia no performativo, pois ele diz que está nos estritos limites do sexo entabular já uma passagem ao ato, ele também "enquadrado" pelo sexo. Por exemplo, não se faz mais amor, "se faz sexo". Ligações, paixões, mesmo passadas, foram substituídas por "histórias de sacanagem". No jargão dos "jovens", não há mais nem mulheres nem moças que sejam permitidas ou interditas, voluntárias ou não, mas somente "cadelas" ("vadias" no linguajar jargão), das quais se reclama somente que sejam "boas" e "quentes", sobre as quais se admite de antemão que "só servem para aquilo" (para o sexo), que elas são "feitas para aquilo" (para o sexo), e que elas "só querem aquilo" (o sexo). Quando se prende os responsáveis por esses estupros coletivos que se chamam "tournantes", eles parecem cair das nuvens, de tanto que o discurso literalmente os predeterminou em seus atos.

No que diz respeito às técnicas de procriação medicinalmente assistidas, cujas dimensões paliativas estão em via de ser ultrapassadas pelas extrapolações muito mais agressivas, reencontram-se os mesmos riscos da barbárie examinando a maneira pela qual a linguagem utilizada é voltada à tecnicização do homem. É nesse sentido preciso que seria necessário falar de "tecnologia", no lugar de tomar esse termo por um equivalente de "técnica". A tecnologia, como indica sua composição, passou do estado de discurso *sobre* a técnica ao do discurso *da* técnica — mas de tal maneira subordinado à técnica, "enquadrado" por ela, que transforma igualmente o discurso em performativo. Então, o operar realiza discurso e o discurso se confunde com o operar que ele enuncia.

Em tom menor, o jargão hospitalar fala hoje de "tecnicar" um paciente. Mais inquietante, quando tratam de abordar a questão da paternidade nas procriações assistidas, falam da "traçabilidade" dos gametas, como se estivessem tratando de gado. Quando enumeram os diversos métodos utilizáveis, fazem como se abrissem uma caixa de ferramentas, reputadas neutras, quando, segundo a técnica empregada, as mudanças são consideráveis. Algumas privilegiam a aliança entre paternidade biológica e legal, outras insistem sobre a qualidade dos gametas, o rendimento, como se tudo fosse indiferente e substituível. Basta tirar-se uma letra para se passar de um IAC (inseminação com esperma do conjunto) a um IAD (inseminação com doador exterior). A técnica só vê ali uma diferença entre duas técnicas, mas entre uma ou outra dessas operações há uma diferença considerável, no que concerne à paternidade. Mas uma vez embarcado nesse tipo de processo, em que a procriação é destinada a ser implantada num esquema tecnicista, em que se manipulam partes de corpos como se se tratasse de objetos, imagina-se que prolongamentos bárbaros podem se estabelecer. Eles têm por nome eugenismo, exploração de embriões humanos para fim de substituição, ou de estoque de materiais vivos. Mesmo aí, o discurso encobre a coisa. Por exemplo, para não ter que renegar seu engajamento europeu em favor da proteção dos embriões, a Grã-Bretanha se agarra à noção falaciosa de "pré-embrião" (até o décimo quarto dia depois da fecundação), o que a isenta de toda obrigação.

Todo o mundo está tomado de indignação quanto à idéia de que se possa um dia reproduzir-se por clonagem. Isso seria efetivamente barbárie, uma espécie de incesto cometido ao nível celular. Nega-se a diferença dos procriadores, nega-se a diferença dos sexos, a mulher que se faz clonar "fecundando" geneticamente com ela mesma para se reproduzir ela mesma. Recusa-se igualmente a proibição da imortalidade, o clone podendo substituir um filho morto ou assegurar a mim mesmo uma perenidade sob a forma de um outro eu mesmo. Tecnicamente falando, ao menos se é seguido o modelo da ovelha Dolly, é preciso violar um óvulo para retirar-lhe o núcleo e substituí-lo por um outro. O óvulo se torna aqui uma máquina no estado puro.

Encontra-se aqui um velho tema, ilustrado pelo ciclo de Édipo. Marie Shelley nos deu em seguida a alegria de assistir à fabricação da "Criatura" sem nome do doutor Frankenstein. Muitas outras formas de barbárie tecnicizada são possíveis. Mas aqui, temos algumas versões exemplares. Agora, o fundo do problema ultrapassa essas poucas ilustrações. Para assim se oferecer aos poderes crescentes da técnica, o homem se reduziu ao estado de máquina. Em suma, a barbárie renovada colocou seu germe no próprio homem.

Tradução: Marcus De Martini e Lawrence Flores Pereira

Notas

1. Platão, *Teeteto*, 175b.
2. "*Eidôla legomena*" e "*thaumatopoios*" : cf. Platão, *Sofista*, 234c-235b e *República*, 514b.

3. Platão, *República*, 596 c-d.
4. Ibid., 336b.
5. Ibid., 571d.
6. Eurípides, *Andrômaca*, 174-176.

NAS FRONTEIRAS DA BARBÁRIE
Uma leitura genealógica do discurso freudiano

Joel Birman
Universidade Federal do Rio de Janeiro
Universidade Estadual do Rio de Janeiro

Bordas e dobras

A idéia de barbárie se enuncia, de maneira corrente, como sendo justo o oposto da idéia de civilização. É esta acepção que se encontra presente no imaginário coletivo, há pelo menos dois séculos. A contrapartida disso é que a promoção do processo civilizatório implicaria sempre em conquistar territórios e posições ocupados pela barbárie, num movimento insistente e sempre recomeçado. Existiriam, assim, sempre dobras e franjas de barbárie, que deveriam ser permanentemente recuperadas, para que a civilidade pudesse se desdobrar de maneira efetiva. Estaríamos aqui sempre num processo infinito, operando nas bordas.

O processo civilizatório pode se enunciar numa linguagem bélica ou pacifista, dependendo, é claro, das circunstâncias em causa. Pouco importa, aliás. Isso porque a barbárie se inscreve sempre, no projeto civilizatório, no registro da guerra, mesmo quando o processo civilizatório não assume ostensivamente qualquer ofensiva propriamente militar. No entanto, é como se aquela pudesse a qualquer momento iniciar os combates contra a civilidade, na medida que a barbárie é sempre concebida como o oposto desta. Por isso mesmo, o mundo civilizado está sempre à espreita, suscitando as bordas, daquilo que pode fazer emergência no território perigoso da barbárie. Em decorrência disso, a combate sempre de diferentes maneiras, seja sob a forma da guerra de posição seja sob a da guerra de movimento[1]

Pode-se depreender disso que os registros da civilização e da barbárie são referidos a territórios que se inscrevem certamente em espaços diferentes do mundo, separados, no entanto, por uma mesma *fronteira*. Essa, contudo, é sempre variável, sujeita que é a oscilações permanentes. Não existe aqui qualquer fixidez nesta linha, pois a mobilidade é a sua marca inconfundível e insofismável. Como uma coluna flutuante de mercúrio, esta fronteira assume sempre direções e posições inesperadas, dependendo do gesto e da direção de quem a manipula, mas se mantém sempre incólume, demarcando a diferença destes espaços de maneira perene.

O que implica em dizer que civilização e barbárie não se referem efetivamente a substancialidades. Longe disso, aliás. O absoluto não é a marca que as caracteriza enquanto tal. O que está sempre em pauta entre aquelas é a *relação*, de forma que é essa e apenas essa o que define a lógica da oposição em causa. Daí porque a idéia de fronteira é tão fundamental aqui, na medida em que é a sua mobilidade e oscilação o que delineia as infinitas configurações e reconfigurações dos territórios em questão. É justamente isso que precisa ser não apenas bem entendido, mas também reconhecido, para começo de conversa.

Porém, se barbárie e civilização não são concepções que se referem a qualquer coisa de absoluto, mas a um campo dinâmico, demarcado que é por relações que as enunciam sempre como opostas, é preciso considerar ainda que aquelas foram historicamente constituídas. Existiu aqui certamente um gesto instituinte, que construiu a oposição entre civilização e barbárie, com todas as conseqüências *política, ética* e *estética* disso decorrente. É para a consideração de alguns destes desdobramentos que quero me voltar agora.

Jogos de linguagem e jogos de verdade

Não obstante a presença do significante bárbaro na Antiguidade, identificado comumente com a idéia de estrangeiro, não há qualquer dúvida que a oposição entre civilização e barbárie foi constitutiva da modernidade no Ocidente. Foi apenas neste contexto histórico que esta relação foi estabelecida como oposição, não existindo como tal anteriormente.

Assim, a modernidade ocidental se identificou com a promoção do processo civilizatório, considerando sempre a barbárie como sendo o seu oposto. Dito de uma outra maneira, a barbárie foi sempre enunciada como sendo o *Outro* do ideário da civilização, sendo forjados aqui jogos de linguagem[2] que foram constitutivos da tradição do Ocidente, desde o século XVI. Esses *jogos de linguagem* foram a condição de possibilidade para a construção de certos *jogos de verdade*[3] balizados em torno desta oposição, de modo a serem efetivamente produzidas certas *formas de subjetivação*[4] fundadas sempre nos valores da civilização e da barbárie.

Essas formas de subjetivação foram sempre delineadas de maneira *hierárquica*, formando as marcas ética e estética que as caracterizavam. As oposições entre o Bem e o Mal, assim como a de belo e de feio, passaram a regular a hierarquia em pauta, de maneira que certas afetações passaram a se inscrever positiva e negativamente nestas formas de subjetivação. Da atração à repulsão, passando sempre pelo cheiro, pelo nojo e pelo asco, nos quais o limpo e o sujo como marcas diferenciais estavam certamente sempre presentes, certas afetações passaram a marcar profundamente estas formas de subjetivação.

Desde o século XVI este gesto instituinte foi estabelecido, produzindo tal partição do mundo, acompanhado que era pelo cortejo correlato de oposições acima referidas, direcionando decisivamente as incursões européias no Novo Mundo, na Ásia e na África, norteando assim o colonialismo. Em contrapartida, o processo civilizatório se realizava igualmente nos territórios europeus, enunciando as mesmas oposições acima destacadas[5]. Em tudo isso a barbárie era concebida como tudo aquilo que seria capaz de destruir e de ameaçar a então recente tradição civilizatória. Para que isso não ocorresse a barbárie deveria ser devidamente dominada e transformada, para inscrevê-la decisivamente no campo da civilização. O que estava em pauta, portanto, era o *adestramento* daquela, para promover a sua conversão radical ao registro da civilidade.

No século XVIII a oposição em questão foi inscrita decididamente no imaginário teórico, estando sempre presente nos discursos inaugurais da antropologia e das ciências sociais[6], de diferentes maneiras. O Iluminismo, como matriz de pensamento, trabalhou fartamente sobre o terreno fértil desta oposição, enunciando diversas teorias sobre a sociedade e propondo soluções pedagógicas para o adestramento da barbárie.

No século XIX a barbárie foi reconfigurada em torno da figura do *primitivo*, passando este a ser vivamente considerado como uma modalidade privilegiada de barbárie, na medida em que a sua forma de ser não se coadunava com os pressupostos da civilização européia. As outras tradições culturais passaram a ser então interpretadas como primitivas, sendo todas subsumidas, assim, no registro da barbárie. O que estava sempre aqui em questão eram as diferentes modalidades de racionalidade e de projetos culturais, mas que a presença ostensiva da leitura hierarquizante da civilização conduzia inevitavelmente a uma interpretação inferiorizante da *diferença* e do outro, enunciado então triunfantemente como sendo primitivo. Legitimava-se então o seu adestramento, em nome sempre da razão civilizatória.

Porém, a figura do primitivo foi também deslocada para o campo da civilização, passando a ser igualmente recenseada em outros personagens cruciais desta. Isso porque todos esses seriam marcados pelo *excesso* afetivo e que não eram racionalmente regulados como deveriam, pelos padrões da civilização. Com efeito, as figuras da *mulher*, da *criança* e do *louco* foram comparadas com a do primitivo. Todos teriam uma impulsividade desmesurada e pequeno controle racional dos afetos, de forma a estarem bem mais próximos do registro da *natureza* do que do registro da *cultura*.

A equivalência destas diversas figuras foi então estabelecida, fundada nos critérios acima enunciados. Com isso, a barbárie como primitivismo foi formulada pela retórica da razão, mas sendo agora referida ao registro da natureza numa oposição cerrada ao registro da cultura. Com isso, o ideário do adestramento foi ainda mais reforçado, sendo consolidado e legitimado pela então triunfante racionalidade científica.

Na virada do século XIX para o século XX o discurso freudiano reconheceu a existência desta equivalência no registro psíquico do inconsciente, conferindo a essa o sentido de uma equivalência simbólica. Assim, as figuras da mulher, da criança, do louco e do primitivo eram intercambiáveis, como símbolos e metáforas, no campo das formações do inconsciente.[7] Registrava decididamente, assim, os efeitos que foram produzidos na subjetividade por uma produção social de longa duração histórica, engendrada que foi desde os primórdios da modernidade.

Anteriormente à constituição da psicanálise, no entanto, a articulação entre as figuras do bárbaro e do primitivo, com os desdobramentos que indicamos há pouco, foi fundada no paradigma *evolucionista* da civilização e na teoria psiquiátrica da *degeneração*. Evoco isso aqui apenas porque ambas são fundamentais para a leitura genealógica da idéia de barbárie na psicanálise, que se constituiu *contra* estas interpretações. É o que se verá no que se segue.

Natureza e civilização

A concepção evolucionista da civilização foi o paradigma dominante da antropologia, desde que esta se constituiu no século XIX, durante décadas, estando ainda presente no século XX por um longo tempo. Fundado na teoria da evolução das espécies de Darwin, como se sabe, esta concepção foi estendida às sociedades humanas, que passaram a ser então interpretadas como um contínuo que se polarizava, de um lado, na natureza, e de outro, na civilização.

Nesta perspectiva, o homem como ser natural e permeado que era por certas necessidades era o seu objeto teórico de estudo, que se transformava de acordo com as condições do meio ambiente. Este imprimia certas mudanças naquele, num processo sempre marcado pela seleção e pela competição, que restringia assim o campo de sobrevivência para os mal adaptados e alargava então o daqueles bem adaptados às condições do meio. A restrição da sobrevivência para os inadaptados, resultante da seleção natural, podia até mesmo conduzir à eliminação destes e à dominação daqueles que conseguiriam melhores condições de adaptação.

Neste contexto, a civilização seria tanto a resultante desta melhor adaptação ao meio ambiente, por um lado, quanto a constituinte de um outro meio que seria mais condizente com as condições da espécie humana, isto é, que responderiam melhor às necessidades destas, pelo outro. A civilização seria então a construção de um meio especificamente humano, obra imemorial do processo evolutivo, que assimilou assim alguns bem-sucedidos e que se descartou daqueles malsucedidos.

Este mesmo esquema foi transposto para as diversas sociedades humanas, que passaram a ser também consideradas num contínuo, que se polarizava sempre entre as inferiores e as superiores, isto é, entre as que não puderam desenvolver os seus potenciais civilizatórios e as que puderam realizar isso. As primeiras passaram a ser concebidas como bárbaras e primitivas, enquanto as segundas eram consideradas literalmente como civilizadas. A hierarquia, assim estabelecida, traçava então uma fronteira segura, que legitimava o processo de adestramento dos bárbaros e primitivos, para transformá-los em seres civilizados. Legitimava-se, desta forma, a tradição européia — o colonialismo, em nome sempre do ideário civilizatório.

Este mesmo paradigma foi também inscrito nos campos da medicina somática e mental, sendo agora retomada no campo da teoria da *degeneração*. Este conceito foi constituído para poder explicar um conjunto de anomalias, seja de ordem somática seja psíquica, que não seriam elucidadas segundo o modelo da anatomopatologia. Como se sabe, a medicina moderna, constituída na passagem do século XVIII para o século XIX, se fundou como anatomoclínica. Isso implica em dizer que o conjunto de sintomas e sinais, apresentados pelos pacientes, eram explicados pela referência material ao corpo anatômico, que teria na lesão o que seria a razão de ser, em última instância, da enfermidade.[8]

Contudo, uma série significativa de anomalias, somáticas e morais, não conseguiam ser elucidadas pelo modelo teórico da anatomopatologia. A teoria da degeneração, enunciada por Morel no início da segunda metade do século XIX,[9] procurou dar conta deste impasse presente na concepção anatomopatológica da enfermidade. Estas anomalias passaram então a ser consideradas como signos de degeneração do corpo, marcas atávicas inconfundíveis que seriam de involução da espécie. Estas marcas degenerativas do corpo tinham também efeitos sobre a moralidade, nos registros individual e coletivo.

A *hereditariedade* passou então a ocupar um lugar privilegiado nas retóricas da medicina somática e da medicina mental, justamente porque seria pela mediação teórica daquela que a degeneração poderia ser devidamente circunscrita em certas condições patológicas específicas. O imaginário médico passou a ficar obcecado pelas degenerações e pela hereditariedade maligna, que produziam involuções contundentes da espécie humana, no campo da civilização.

Contudo, se as anomalias somáticas e psíquicas foram ambas incorporadas pela retórica da degeneração, pelos vazios explicativos deixados pelo discurso da anatomopatologia, não resta qualquer dúvida também que foram as anomalias mentais as privilegiadas pela leitura degenerativa. Isso porque se no campo do somático apenas *algumas* das anomalias não poderiam ser explicadas pelo modelo da anatomopatologia, no campo do mental, em contrapartida, *todas* as anomalias não tiveram qualquer possibilidade de leitura pela concepção da anatomoclínica. Não foi por um acaso certamente que a teoria da degeneração de Morel foi originariamente uma concepção psiquiátrica, que apenas posteriormente foi disseminada para a medicina somática, para preencher justamente os vazios deixados pela concepção médica então dominante.

Os loucos passaram então a ser concebidos como seres marcados pela degeneração, trazendo no corpo os estigmas da involução e de uma hereditariedade negativamente comprometida. A alienação mental que os caracterizava seria um signo irrefutável desta degeneração, que evidenciava certamente a terrível involução do espírito humano.[10] As taras da hereditariedade seriam então as responsáveis por esta perda da razão, que degenerava finalmente em loucura.

Porém, não foram apenas os ditos loucos alienados que foram assim interpretados pelo discurso teórico da degeneração. Da mesma forma, os nervosos em geral foram também considerados nesta mesma perspectiva teórica, marcados que também seriam pela hereditariedade nefasta e pelas marcas da involução. Com efeito, no final do século XIX, Charcot e seus discípulos utilizaram ainda fartamente o discurso da degeneração para explicar as perturbações nervosas em geral e a histeria em particular.[11] Janet se valeu muito da teoria da degeneração para explicar os transtornos da vontade que estavam presentes na neurastenia que[12], ao lado da histeria, se destacava então como novidade no campo das perturbações do espírito.

Evidentemente, a idéia de degeneração como involução da espécie tem uma evidente conotação moral. Evoca a perda das marcas civilizatórias e o retorno à natureza animal no homem. Na mediação entre os registros do somático e do mental, a degeneração enuncia então a presença da barbárie no campo da civilização, de maneira eloqüente. Contudo, a barbárie, como signo que é do primitivismo no campo da civilização, indica apenas a involução desta, isto é, o seu lado negro e nefasto. Vale dizer, esses signos da barbárie tinham apenas uma conotação *negativa*, evidenciados ainda pelas idéias de primitivismo e de involução. Daí a significação moral imediatamente presente na concepção de degeneração.

O desdobramento disso é que os degenerados deveriam ser excluídos do campo social, seja de maneira provisória seja definitiva, dependendo isso da possibilidade de regulação terapêutica de reversão do processo em causa. Isso porque não existiria neles qualquer positividade, mas apenas negatividade. Poderiam assim comprometer seriamente o futuro da espécie humana. O adestramento terapêutico deveria ser a proposição inicial para estes seres. Se não funcionasse como se esperava, em função das máculas irreversíveis da degeneração, deveriam ser pura e simplesmente excluídos do espaço social, definitivamente.

O discurso freudiano foi uma ruptura crucial com toda esta concepção, na medida em que desconstruiu não apenas a concepção de degeneração, como também a sua mediação operacional, isto é, a concepção de hereditariedade, para interpretar as perturbações do espírito. Para isso, teve então que reconhecer que existia *positividade* nelas e não apenas negatividade, como até então se supunha. O que implicou numa outra leitura da civilização, da barbárie e do primitivo no campo da subjetividade. É o que veremos agora.

Descentramento e positividade

A positividade que estaria presente nas diversas perturbações do espírito foi enunciada muito precocemente no discurso freudiano pela mediação do conceito de sexualidade. Seriam as impossibilidades colocadas para o usufruto pleno desta que conduziriam inequivocamente a subjetividade à divisão psíquica, mediante a qual a interdição erótica continuaria ainda a subsistir de maneira secreta, numa outra cena, e não desapareceria. Como um corpo estranho inscrito no campo psíquico, o erotismo interdito buscava sempre retornar aos registros da consciência e do eu, pelas sendas transversas e oblíquas dos sintomas.[13] Estes seriam sempre uma formação de compromisso, que se estabelecia entre a potência erótica que não abria mão de retornar à cena psíquica principal e as forças interditoras nesta presente.[14]

O que estou descrevendo aqui, de maneira bastante sumária, é a dinâmica da subjetividade enunciada pelo discurso freudiano. Nessa subjetividade os registros do eu e da consciência não mais seriam a totalidade do psiquismo, mas tão-somente uma parcela deste, na medida em que existiria agora uma outra cena, além dessas, principais, que foi enunciada como sendo o registro do inconsciente.[15] A subjetividade foi então radicalmente descentrada dos registros do eu e da consciência, redistribuída que foi em outros territórios, como o pré-consciente e o inconsciente. Existia, contudo, uma dinâmica neste *descentramento*, produzido que era pelo confronto permanente que se tratava entre a potência erótica e a potência interditória. Esta foi denominada recalque pelo discurso freudiano,[16] que atribuiu a este, posteriormente, uma posição fundante da subjetividade,[17] isto é, para sempre dividida e descentrada.

Este esquema aqui descrito, centrado na leitura do sintoma, foi estendido, contudo, pelo discurso freudiano para uma série de produções mentais, tais como os sonhos,[18] os lapsos,[19] os atos falhos[20] e as piadas.[21] Essa série de produções psíquicas pode ser propriamente denominada *formações do inconsciente*, na medida que em todas elas existiria igualmente uma formação de compromisso entre a potência erótica e a potência interditória. Portanto, em todas elas existiria sempre uma significação, que se enunciaria então por caminhos sempre transversos e inesperados. Estava sendo reconhecido aqui, finalmente, uma dimensão de positividade destas produções mentais aparentemente desbaratadas, já que anunciam não apenas a presença de algo erótico que retorna imperativamente, mas que, além disso, se enuncia ainda como tendo sentido.

Desta maneira, o discurso freudiano passou a reconhecer como tendo *sentido* um conjunto de produções mentais que a psiquiatria e a psicologia clássica no século XIX não atribuíam qualquer significação. Com efeito, para esses discursos teóricos a subjetividade não dizia absolutamente nada mediante tais produções, sendo elas efeitos sem sentido da desregulação neurofuncional.[22] Para estes discursos, centrados que eram numa leitura consciencialista do psiquismo, aquelas produções não significavam nada, isto é, eram pura negatividade. Para o discurso freudiano, em contrapartida, fundado que era no descentramento do psiquismo dos registros do eu e da consciência, tais produções seriam ordenadas e enunciavam a existência de formas outras de pensamento.

Portanto, a subjetividade também falava, de maneira corriqueira, sob a forma de disfunções e de disparates. A disfunção seria, assim, uma modalidade outra de funcionalidade, uma maneira transversa de dizer. Daí por que o discurso freudiano enunciou a existência de uma verdadeira psicopatologia da vida cotidiana[23], que existia lado a lado com o funcionamento psíquico dito normal. Com isso, as figuras da barbárie e do primitivo foram sendo agora recuperadas como modalidades outras de pensamento e de enunciação, que existiam de maneira regular na subjetividade e não apenas nas perturbações do espírito.

Porém, isso tudo pressupunha que o psiquismo, permeado que era pelo descentramento, oscilava sempre entre os pólos do inconsciente e da consciência, não estando colado nem em um nem no outro. A subjetividade teria um movimento progrediente, em direção à consciência e no eu, e um movimento regrediente, em direção ao inconsciente. Desta maneira, o psiquismo poderia realizar progressões para os registros mais ordenados da subjetividade, assim como regressões para o registro fragmentar do inconsciente e das pulsões. Portanto, o psiquismo se movimentaria entre progressão e regressão, isto é, em direção à civilização e em direção à barbárie, num processo sempre sincopado e permeado pela conflitualidade.[24]

No entanto, a regressão à barbárie e o progresso para a civilização não seriam mais agora movimentos excludentes, mas se inscreveriam num mesmo processo, permeado que seria este sempre pelo conflito. Seria, assim, preciso regredir à barbárie para poder então progredir para a civilização, na medida em que o primeiro movimento seria a condição de possibilidade para que a subjetividade pudesse promover o retorno das potências eróticas e de certas modalidades de enunciação.

Poder-se-ia contrapor, ao que estou dizendo, que as metáforas de barbárie e de civilização que procuro destacar no discurso freudiano sejam impróprias e até mesmo excessivas, não se coadunando com as suas outras referências teóricas. Contudo, não se trata disso, absolutamente. O discurso freudiano nos oferece estas metáforas o tempo todo, indicando, assim, como é sobre o solo delas que está efetivamente trabalhando.

Com efeito, a descoberta do inconsciente foi comparada, desde o início do percurso freudiano, com a descoberta arqueológica da existência da civilização grega arcaica, que seria anterior à civilização grega clássica, isto é, como uma forma de barbárie originária que seria já uma civilização.[25] Da mesma forma, a linguagem dos sonhos e das demais formações do inconsciente foram comparadas aos hieróglifos do Egito antigo, indicando, assim, a existência de uma civilização arcaica que estaria subjacente à linguagem da civilização atual, apesar de se apresentar sob uma forma aparentemente sem sentido.[26] Além disso, a psicanálise como método de investigação, da subjetividade descentrada, foi aproximada literalmente da arqueologia, isto é, da pesquisa sistemática de outras civilizações que estariam submersas, consideradas como sendo bárbaras e estariam subjacentes à civilização moderna.[27]

Tudo isso nos conduz a reconhecer no discurso freudiano a concepção de que a barbárie é uma modalidade de civilização desaparecida, mas que a civilização moderna se inscreve profundamente no terreno permeado pela barbárie. Estaria justamente aqui a novidade teórica efetiva que o discurso freudiano trouxe para a leitura das relações conflituais entre barbárie e civilização.

Isso se desdobra na aproximação, anteriormente evocada, entre o infantil e o primitivo, na medida que ambos remeteriam para o registro do inconsciente e das pulsões. Assim, a barbárie, como metáfora, reenvia para as figuras do infantil e do primitivo, que se condensariam e seriam equivalentes no registro do inconsciente. Estaríamos lançados aqui diretamente no território do prazer, regulado pelo fantasma e pelo jogo, que se contraporia ao mundo da civilização, regulado pelo princípio da realidade.[28] Destaca-se, assim, a pregnância assumida pelo imperativo do *desejo*, motor que seria em última instância da potência erótica que, como já disse antes, pretende sempre retornar da outra cena para a cena psíquica principal, mas que por isso mesmo se choca conflitualmente com a potência interditória do eu e da consciência.

Portanto, no discurso freudiano, o psiquismo seria sempre movido pelo desejo, estando este no fundamento de todas as formações do inconsciente. Se essa fórmula foi enunciada inicialmente para os sonhos,[29] ela se estendeu em seguida para as demais formações do inconsciente, na medida mesmo que estaria na base da realidade psíquica.[30] O que implica em reconhecer que, para o discurso freudiano, a subjetividade dificilmente abre mão de seu desejo, mesmo que o preço a pagar por isso seja muito caro. As potências interditórias vão a isso se opor terminantemente, sempre em nome dos imperativos da realidade, disso resultando os insistentes retornos que se materializam nas ditas formações do inconsciente.

A centralidade atribuída ao desejo no psiquismo se desdobrou evidentemente numa teoria da sexualidade, desenvolvida em correlação a isso.[31] Com efeito, a sexualidade originária foi concebida como sendo perverso-polimorfa, permeada que seria por pulsões parciais e pelo auto-erotismo, positivando aquilo que foi denominado por Freud de sexualidade infantil.[32] Estaria, pois, aqui o fundamento do infantil, enunciado como sendo o equivalente do primitivo e da barbárie, mas que evidenciaria também a existência de uma outra civilização, arcaica, movida pelo desejo.

Porém, se toda essa construção teórica foi realizada pelo discurso freudiano, articulando de uma outra maneira as relações entre barbárie e civilização, isso apenas foi possível porque houve uma desconstrução prévia da estigmatizante teoria da degeneração, assim como do conceito que a tornava operatória, isto é, a hereditariedade. Com efeito, desde os seus ensaios iniciais Freud indicava já os impasses presentes no conceito da hereditariedade, nas reiteradas tentativas que eram feitas para explicar as perturbações do espírito.[33] Ao lado disso, indicou como alguns dos personagens descritos pela psiquiatria como degenerados eram capazes de realizar as mais reconhecidas produções do espírito. Nos vazios introduzidos assim pela sua crítica, o discurso freudiano foi enunciando a positividade do desejo e da sexualidade infantil, fundamentos que seriam das formações do inconsciente.

Se o desejo e a sexualidade infantil são os moventes do psíquico, chocando-se então com os imperativos das interdições, a resultante disso é a conflitualidade permanente da subjetividade. Com efeito, a condição subjetiva no campo da civilização seria sempre marcada pelo *mal-estar*, em decorrência do que se acabou de dizer. Por isso mesmo, as relações conflituais sempre existentes entre barbárie e civilização, no discurso freudiano, se condensam numa problemática fundamental desse discurso, qual seja, o mal-estar na civilização. É o que veremos agora.

Mal-estar na modernidade

O desenvolvimento realizado pelo discurso freudiano do conceito de mal-estar na civilização não considera esta última de uma forma abrangente e abstrata, como foi equivocadamente interpretada por algumas tradições do pensamento psicanalítico. Isso porque se encontra presente no conceito em pauta a historicidade do mal-estar em questão, que se inscreve decididamente na modernidade ocidental.

Como disse acima, a palavra civilização é relativamente nova no vocabulário do Ocidente, constituindo-se no Renascimento e que se disseminou na Europa desde os primórdios do século XVII, que forjaram os primeiros jogos de linguagem para o seu uso. No século XVIII, o discurso antropológico, no contexto do Iluminismo, enunciou algumas novas regras para estes jogos de linguagem, opondo então as categorias de civilização e barbárie. Essas foram então incorporadas nos discursos filosófico, político e social no século XIX, que constituíram o solo epistemológico para a formulação do paradigma evolucionista da antropologia.

Assim, quando Freud se valeu da palavra civilização, para cunhar o conceito de mal-estar na civilização, utilizou na construção deste os diversos jogos de linguagem recentemente instituídos. Vale dizer, o discurso freudiano estava referido ao Iluminismo francês, assim como ao Romantismo alemão, ao formular o conceito de mal-estar na civilização. Porém, um outro jogo de linguagem foi também enunciado aqui pelo discurso freudiano, na medida que o reconhecimento da existência de mal-estar na civilização implicava uma *crítica* da modernidade. Isso porque a forma pela qual esta se constituiu produziu as mais diversas perturbações do espírito, em função das interdições eróticas que construiu para se fundar enquanto tal. Enfim, enunciar o conceito de mal-estar na civilização implica numa crítica sistemática da modernidade, de maneira que aquele pode ser melhor enunciado como mal-estar na modernidade.

Não é certamente um acaso que quando se aproximou desta problemática pela primeira vez pela escrita de um ensaio sobre isso, em 1908, Freud o intitulou justamente "A moral sexual civilizada e as doenças nervosas dos tempos modernos".[34] Enunciava assim que o que estava em pauta era justamente a moral da modernidade, que seria a condição de possibilidade das ditas doenças nervosas. O que estava em questão aqui não era então a modernidade, no sentido lato do termo, mas precisamente a moral que construiu como condição de sua fundação histórica. Isso porque esta moral incidia de maneira mortífera na economia sexual das individualidades, impondo-lhes progressivamente restrições severas, que perturbavam seriamente o funcionamento do espírito.

Freud retomou aqui os pressupostos enunciados nos "Três ensaios sobre a teoria da sexualidade",[35] onde formulou que a sexualidade humana seria originariamente perverso-polimorfa, tendo ela, contudo, que ser recalcada em nome dos imperativos da reprodução sexual. Em decorrência disso, a bissexualidade originária da condição humana seria igualmente recalcada,[36] em nome da constituição da família, mediação fundamental que seria esta para a reprodução sexual.

Porém, o que era destacada nesta crítica não era a ordem familiar no seu sentido amplo, mas a modalidade de família constituída na modernidade, que teria conseqüências importantes sobre a economia sexual das individualidades. Aquela não seria apenas nuclear, com efeito, mas também monogâmica, estando justamente nisso o que existia de problemático na moral sexual moderna. Isso porque o imperativo da monogamia provocava devastações psíquicas incalculáveis nos homens e nas mulheres, principalmente nestas, em função dos imperativos ainda vigentes do patriarcado que as submeteriam aos homens.[37]

O discurso freudiano indicava assim que decididamente os imperativos da modernidade implicavam em danos psíquicos cruciais, em decorrência do modelo civilizatório que construiu, tendo nos discursos da ciência e da técnica os seus pressupostos. Este modelo tinha conseqüências morais que não podiam ser silenciadas, se desdobrando em insatisfações crescentes nas individualidades, efeitos que eram das exigências morais sobre a economia erótica. O tom aqui é de crítica, não de elegia, bem entendido. É preciso então estar bem alerta para isso.

Em "Considerações atuais sobre a guerra e a morte", escrito em 1915, no calor dos acontecimentos da 1ª Grande Guerra, a perplexidade de Freud é ainda maior do que no ensaio anterior. Isso porque a violência e a destruição humanas, possibilitadas pela modernidade, se revelam em toda a sua amplitude, evidenciando agora a dimensão terrorífica da barbárie presente na civilidade moderna. Com efeito, o que chocava e desnorteava Freud era que os principais beligerantes do confronto — França, Inglaterra e Alemanha —, eram os representantes maiores do paradigma moderno da civilização. Não eram os povos primitivos que faziam toda aquela matança sangrenta, considerados como bárbaros pelos europeus, mas aqueles que se diziam civilizados e herdeiros da tradição ocidental da civilidade.[38]

Com efeito, Freud reconhece tristemente aqui que os supostos primitivos têm um respeito sobre a vida e a morte que não ocorre com os ditos civilizados, que funcionam de maneira bárbara, sem cultivar mais qualquer respeito sobre valores éticos fundamentais. Existia aqui, portanto, uma inversão crucial na avaliação da barbárie e da civilização no discurso freudiano, qual seja, são os que se acreditam civilizados que são os efetivamente bárbaros. Destaca, assim, que os ditos primitivos teriam regras de civilidade, mas que a barbárie se inscreve agora no coração da suposta civilização, fazendo parte desta de maneira orgânica.[39]

As insatisfações eróticas das individualidades, destacadas no ensaio de 1908 sobre a moral sexual civilizada, se desdobrariam agora em formas inéditas de violência e de crueldade, pelas quais se evidencia que o *reconhecimento do outro* enquanto tal deixaria de existir na dita modernidade. A *alteridade*, como valor fundamental que deveria ser do discurso ético, teria sido silenciada pelo projeto moderno do Ocidente, de forma que as matanças sangrentas seriam disso resultantes. Daí porque os supostos primitivos seriam civilizados, no registro do direito, porque cultivavam a alteridade como valor, mesmo no paroxismo da guerra, o que não acontecia, repito, entre os ditos civilizados.[40]

O célebre ensaio sobre o "Mal-estar na civilização",[41] escrito em 1929, foi o desaguadouro para onde foram conduzidos todos os comentários anteriores. O discurso freudiano sistematizou aqui todos os impasses éticos presentes na modernidade, que teve na razão científica e tecnológica os seus fundamentos. A moral centrada agora no narcisismo, isto é, na exaltação desmesurada do eu, não admitia mais qualquer reconhecimento do outro enquanto tal. Isso porque as impossibilidades de satisfação erótica, que conduziam aos impasses do desejo, produziam uma tal violência e crueldade, que os indivíduos seriam capazes das mais terroríficas matanças.

Estaria aqui então o efeito mais paradoxal do modelo moderno de civilização, que em nome da interdição do erotismo, promover o progresso social e a suposta moral, engendrou monstruosidades, pelas rivalidades narcísicas que produziu entre os homens. Assim, o supereu interditou certamente o erotismo, mas o custo disso para os indivíduos foi a violência e a crueldade bestiais, decorrentes da severidade do supereu.

Além disso, o discurso freudiano destacou a presença do *desamparo* no fundamento da subjetividade moderna. Entre os impasses do desejo e a severidade do supereu, a esta ficaria uma condição de desamparo, que lhe conduzia inevitavelmente ao mal-estar.[42] Este podia assumir seja a forma das perturbações do espírito, seja a da violência e da destrutividade crescentes. Estas seriam, portanto, defesas da subjetividade moderna face ao desamparo progressivo que a caracterizava.

Porém, este desamparo fundante da subjetividade moderna evidenciava a presença de uma nostalgia, qual seja, a ausência da figura do pai, enquanto instância de proteção para o sujeito.[43] Seria então a *ausência* da figura do pai que estaria no fundamento do mal-estar na modernidade, razão pela qual a barbárie se produzia e se reproduzia no campo da civilização, revelando a outra face desta, isto é, a sua face negra, grotesca e terrível.

Contudo, é preciso que nos indaguemos agora sobre o que o discurso freudiano quer dizer com isso, pois estes enunciados não são evidentes por si mesmos. Portanto, é preciso que nos perguntemos agora sobre o sentido desta articulação entre o mal-estar na modernidade e a ausência do pai. É o que se verá no que segue.

Morte do legislador absoluto

Em *Totem e tabu* o discurso freudiano procurou conceber a constituição da civilização moderna pela construção de um mito de origens, tecido em torno das relações do pai da horda primitiva e de seus filhos. As poucas referências biológicas concernentes à horda primitiva Freud as retirou de Darwin, sobre as quais forjou o mito psicanalítico das origens.[44]

Teria existido outrora, nos diz Freud, nos primórdios da humanidade, a figura de um pai todo-poderoso que submetia a sua prole ao seu querer. Assim, todas as fêmeas estavam a serviço do seu gozo sexual, enquanto os machos deveriam servi-lo de maneira dócil, sem ter qualquer direito ao usufruto sexual das fêmeas. Como a figura do pai era mais poderosa do que a dos demais machos, porque mais forte do que eles, os machos temiam combatê-lo para usufruir dos mesmos direitos pelo temor da morte, como tinha já ocorrido inúmeras vezes. Portanto, a figura do pai originário tinha o domínio absoluto do gozo na horda, sendo esse representado pela riqueza e pelo acesso exclusivo aos prazeres eróticos.[45]

Para saírem dessa posição de servidão e fazer frente a esta situação humilhante os filhos decidiram fazer um pacto para assassinar o pai feroz. Assim, conceberam que pela associação de suas parcas forças poderiam construir uma resultante poderosa e sobrepujar a brutal força do pai. Com isso, conseguiram matar a figura onipotente do pai e constituíram então a sociedade humana. Organizou-se, desta maneira, uma comunidade de irmãos, na qual o poder estaria agora igualmente distribuído entre todos. Nenhum deles, no entanto, poderia ocupar a anterior posição da figura do pai, sob o risco de ter o mesmo destino que ele.[46]

Entretanto, a culpa provocada pelo assassinato conduziu a comunidade fraterna a produzir um totem como forma de evocação de sua filiação. Assim, o pai morto seria reverenciado durante todo o ano, pela mediação do símbolo totêmico. Porém, uma vez por ano ocorreria uma ruptura crucial desta reverência sagrada, na medida em que existia a repetição ritual do assassinato coletivo para refundar então a associação fraterna. Repetia-se simbolicamente, portanto, o mesmo ato originário, para dizer novamente, para todos os homens da comunidade, que qualquer um dos irmãos que ousasse ocupar a posição onipotente do pai teria o mesmo destino que ele, isto é, a morte.[47]

Seria em torno deste mito das origens que o discurso freudiano considerou que existiria uma culpa primordial na cultura humana, que seria transmitida pela memória inconsciente. Esta culpa primordial seria fundante para o complexo de Édipo e do seu herdeiro, isto é, o supereu, que se transmitiria através das gerações posteriores.[48] Com efeito, cada infante repetiria, mas agora no registro do fantasma, o mesmo desejo de morte do pai originário, mas seria disso interditado pelo supereu.[49]

O que implica em dizer que a ordem humana se fundaria num limite que seria imposto ao gozo absoluto, para qualquer um que pretendesse dele usufruir, limite esse colocado pelos demais membros da comunidade fraterna. Este limite seria a castração simbólica constitutiva da condição humana, na medida que a subjetividade apenas se ordenaria mediante isso.

Evidentemente, estamos aqui diante de um mito das origens, pelo qual o discurso freudiano evoca a figura do pai originário, gerador que seria então da nostalgia dos filhos, pela culpa resultante ao assassinato e da severidade interditiva do supereu. Teriam assim se constituído a filiação e a sociedade. No entanto, fica evidente nesta narrativa que a civilização humana se fundaria contra a barbárie originária, mas que neste ato de fundação a barbárie reaparece de forma oblíqua mediante a figura do assassinato. Com isso, a barbárie se inscreve no centro do pacto civilizatório, seja como ato seja como fantasma.

Porém, isso não é ainda tudo. Considerando então esta narrativa freudiana como um mito, podemos concebê-lo agora não mais numa dimensão atemporal, mas como o mito fundador da modernidade. A alusão à morte violenta do pai tem ressonâncias bastante próximas a Freud, na realidade histórica, qual seja, a decapitação do rei realizada pela Revolução Francesa. Além disso, repetiu-se nesta o mesmo que ocorreu anteriormente na revolução inglesa, no século XVIII, na qual o rei foi também decapitado, em decorrência do que constituiu-se depois um poder compartilhado, entre as figuras do rei e do parlamento.

Vale dizer, o que estaria em pauta no mito freudiano das origens seria a constituição da modernidade ocidental mediante um ato de morte inaugural, pelo qual a soberania absoluta do rei, legitimada que era por Deus, foi colocada em questão de maneira violenta. Constituiu-se, assim, uma associação fraterna de cidadãos, denominada justamente de sociedade, na qual a igualdade, a fraternidade e a liberdade estariam no seu fundamento. A soberania do povo passa então a ocupar agora o lugar anteriormente designado para a soberania absoluta do rei. Enfim, o Estado republicano e a moderna democracia seriam as formações políticas que materializariam esta soberania do povo.

Portanto, no discurso freudiano a modernidade ocidental se fundaria pelo desaparecimento de um *legislador absoluto*, isto é, da figura do *um*, pela sua substituição pelo *múltiplo*. A multiplicidade dos cidadãos constituiria uma associação fraterna e a soberania popular, centradas no voto e no governo representativo. Além disso, o desaparecimento da figura do legislador único se realizou pela morte, de maneira que o gesto inaugural da civilização foi um ato de barbárie, que se transmitiria inconscientemente como culpa e que inscreveria essa no coração da civilização. Por isso mesmo, o desaparecimento se transforma aqui em perda, sendo a figura do pai reverenciado sempre de maneira nostálgica pelos filhos.

Seria justamente esta perda e a sua resultante, isto é, a ausência de uma autoridade inquestionável, que estariam no fundamento do mal-estar da modernidade. Esse mal-estar evidencia a perda de um único intérprete para os acontecimentos do mundo e a emergência correlata de uma multiplicidade de interpretações. Em decorrência disso, as subjetividades ficariam agora diante do imperativo de produzirem a sua história diante da impossibilidade de se ter uma interpretação única, com o coeficiente da *incerteza* que isso necessariamente acarreta. Seria em função disso ainda que a subjetividade ficaria numa posição de desamparo.

Ao lado disso, a morte como ato fundador seria a condição de possibilidade para a produção e para a reprodução da culpa, que conduziria à severidade do supereu face ao erotismo e à servidão provocados pela nostalgia do pai. Porém, o assassinato como gesto de barbárie, mesmo que realizado contra a barbárie do legislador único, inscreveu inevitavelmente a barbárie no ato de fundação da modernidade.

Tragicidade

É preciso evocar agora como a leitura freudiana do mal-estar na modernidade se encontra com as interpretações de outros teóricos sobre essa, mesmo que isso seja feito com a retórica de disciplinas diferentes e tenha alcances também diversos. Da filosofia às ciências sociais inúmeros discursos pretenderam interpretar a emergência da modernidade, numa evidente proximidade com o discurso freudiano.

Assim, para Foucault a modernidade se caracterizaria pela passagem de um sistema interpretativo fundado na semiologia para um outro centrado na hermenêutica.[50] Com efeito, enquanto na Idade Clássica os signos remeteriam para um referente seguro e inquestionável, na modernidade existiria justamente a perda deste referente originário.[51] A presença e a ausência da palavra divina estariam no fundamento desta transformação radical. Com isso, na modernidade estaríamos sempre diante de interpretações infinitas, isto é, de novas interpretações que remeteriam a antigas interpretações, na medida que não existiria mais um ponto absoluto de origem.

Os discursos teóricos de Freud, Marx e Nietzsche evidenciariam, em diferentes campos teóricos, a emergência da hermenêutica. A morte do legislador único estaria no fundamento da multiplicação dos sistemas de interpretação e na marca de infinitude que a caracterizariam. Isso porque não existiria mais na modernidade a presença de uma *mathesis* universal que fosse capaz de fundar a harmonia do mundo.[52]

A episteme da história passaria a ocupar o lugar anteriormente ocupado pela episteme da representação, na arqueologia do saber de Foucault, como correlato da perda do legislador único e pela absoluta do referente. Estaríamos, assim, lançados inequivocamente na Babel das hermenêuticas, que se desdobraria na tessitura de múltiplas histórias como o seu correlato.[53] Com isso, desaparece também a teodicéia anterior, fundada que seria esta no único intérprete e no referente absoluto.

Porém, a leitura da modernidade empreendida por Nietzsche,[54] retomada por Heidegger,[55] fundada na morte de Deus, tangencia também com a interpretação de Freud. Evidencia-se igualmente aqui a ausência naquela de um legislador absoluto que regularia o curso dos acontecimentos. Ao lado disso, o discurso da sociologia, com Weber, indica que a constituição da modernidade implicou no desencantamento do mundo e na emergência da racionalidade científica, que passaria agora a regular a sociedade no lugar do discurso religioso.[56]

A leitura de Freud é evidentemente próxima da empreendida por estes outros discursos. Todos eles indicam a transformação profunda implicada na perda do legislador único (Deus, Pai), assim como a sua substituição pelas múltiplas interpretações. Ao lado disso, insistem ainda na emergência dos discursos científico e tecnológico, com a conseqüente multiplicação das hermenêuticas.

Porém, em Freud existe ainda uma outra dimensão disso tudo, isto é, a morte e o assassinato. Se Nietzsche se aproximou disso ao se referir à morte de Deus, Freud transformou a morte num assassinato.

Com isso, a proposição se radicaliza, evidenciando a sua dimensão trágica. Portanto, a barbárie seria fundante da civilização, se disseminando no interior desta como um rastilho sempre explosivo, provocando as mais diversas perturbações do espírito, a violência e a destruição. A crueldade, sempre presente nelas, seria então a marca de barbárie inscrita no fundamento da modernidade, caracterizando esta pela tragicidade.

Notas

1. A. Gramsci, *Maquiavel, a política e o Estado moderno*, Rio de Janeiro, Civilização Brasileira, 1968.
2. L. Wittgenstein, "Investigations philosophiques", in *Tractatus logico-philosophicus suivi de Investigations philosophiques*, Paris, Gallimard, 1961.
3. M. Foucault, "Les technologies de soi-même", in. *Dits et écrits*, vol.II, Paris, Gallimard, 1994.
4. M. Foucault, *Volonté de savoir*, Paris, Gallimard, 1976.
5. J. Starobinski, "Le mot civilisation", in *Le reméde dans le mal*, Paris, Gallimard, 1989. E ainda M. Elias, *La civilisation des moeurs*, Paris, Fayard, 1994.
6. M. Duchet, M. *Anthropologie et histoire au siècle des lumières*. Paris, Albin Michel, 1995.
7. S. Freud, *L'interprétation des rêves*, Paris, PUF, 1976.
8. M. Foucault, *Naissance de la clinique*, Paris, PUF, 1963.
9. B.A. Morel, *Traité de dégenérescences physiques, intellectuelles et morales de l'espèce humaine et des causes qui produisent ces variétés maladives*, Paris, J.B. Baillière, 1857.
10. J. Birman, *A psiquiatria como discurso da moralidade*, Rio de Janeiro, Graal, 1978.
11. M. Gauchet e G. Swain, *Le vrai Charcot. Les chemins imprévus de l'inconscient*, Paris, Calmann-Lévy, 1999.
12. S. Freud, "Les psychonévroses de défense" (1984), in *Névrose, psychose et perversion*, Paris, PUF, 1973.
13. S. Freud e J. Breuer, *Études sur l'hystérie* (1895), Paris, PUF.
14. Idem.
15. S. Freud, *L'interprétation des rêves*, cap.VII, op.cit.
16. S. Freud, "Le refoulement" (1915), in *Métapsychologie*, op.cit.
17. Idem.
18. S. Freud, *L'interprétation des rêves*, op.cit.
19. Freud, S. *Psychopathologie de la vie quotidienne* (1901), Paris, Payot, 1973.
20. Idem.

21. S. Freud, "Jokes and their relation to the unconscious" (1905), in *The Standard Edition of the complete psychological works of Sigmund Freud*, vol.VIII, Londres, Hogarth Press, 1978.
22. S. Freud, *L'interprétation des rêves*, cap.I, op.cit.
23. S. Freud, *Psychopathologie de la vie quotidienne*, op.cit.
24. S. Freud, *L'interprétation des rêves*, cap.VII, op.cit.
25. Freud, S. "Lettres à Wilhelm Fliess", in *La naissance de la psychanalyse*, Paris, PUF, 1973.
26. S. Freud, *L'interprétation des rêves*, op.cit.
27. S. Freud e J. Breuer, *Études sur l'hystérie* (1895), op.cit.; e S. Freud, *Malaise dans la civilisation* (1929), Paris, PUF, 1979.
28. S. Freud, "Formulations sur les deux principes du cours des évènements psychiques" (1911), in *Résultats, idées, problèmes* (1890-1920), vol.I, Paris, PUF, 1984.
29. S. Freud, *L'interprétation des rêves*, cap.II, op.cit.
30. Ibid., cap.VII.
31. S. Freud, *Trois essais sur la théorie de la sexualité* (1905), 1º ensaio, Paris, Gallimard, 1962.
32. Idem.
33. S. Freud, "L'hérédite et l'étiologie des névroses" (1896) e "L'étiologie de l'hystérie" (1896), in: *Névrose, psychose et perversion*, op.cit.
34. S. Freud, "La moral sexuelle civilisée et la maladie nerveuse des temps modernes" (1909), in *La vie sexuelle*, Paris, PUF, 1973.
35. S. Freud, *Trois essais sur la théorie sexuelle*, op.cit.
36. S. Freud, "La morale sexuelle civilisée et la maladie nerveuse des temps modernes", art.cit.
37. Idem.
38. S. Freud, "Considérations actuelles sur la guerre et sur la mort" (1915), in *Essais de psychanalyse*, Paris, Payot, 1981.
39. Idem.
40. Idem.
41. S. Freud, *Malaise dans la civilisation*, op.cit.
42. Idem.
43. Idem.
44. S. Freud, *Totem et tabou* (1913), Paris, Payot, 1975.
45. Idem.
46. Idem.
47. Idem.
48. Idem.
49. Idem.
50. M. Foucault, "Nietzsche, Freud, Marx", in *Nietzsche, Cahiers de Royaumont*, Paris, Minuit, 1967.
51. Idem.
52. M. Foucault, *Les mots et les choses*, Paris, Gallimard, 1966.
53. Idem.
54. F. Nietzsche, *Généalogie de la morale*, Paris, Flammarion, 1996.
55. M. Heidegger, *Chémins qui ne ménent nulle part*, Paris, Gallimard, 1962, p.62.
56. M. Weber, *L'éthique protestante et l'esprit du capitalisme*, Paris, Plon, 1964.

O QUE CONSERVAM OS CONSERVADORES?

Daniel Piza
O Estado de S. Paulo

I

Os conservadores estão inquietos. Se você não é conservador, pode achar que essa é uma boa notícia. Mas não é. Primeiro, porque eles estão inquietos por motivos realmente inquietantes, que não é preciso ser conservador para reconhecer. Segundo, porque, apesar da inquietude, eles também transmitem uma sensação de triunfo, de que a humanidade chegou a um modelo quase perfeito, embora tal modelo esteja sempre em risco.

Começando pelo segundo motivo. Dois exemplos poderosos do triunfalismo conservador são dois dos livros mais influentes da década de 90: *O fim da história*, de Francis Fukuyama, e *O choque de civilizações*, de Samuel Huntington. Curiosamente, e sintomaticamente, um tenta responder ao outro. A tese de Fukuyama é bem conhecida. Segundo ele, a guerra ideológica chegou ao fim, e a democracia liberal, o capitalismo moderno tal como praticado na Europa ocidental e nos EUA, é o máximo a que as organizações sociais podem aspirar em qualquer parte do globo. O desenvolvimento humano desses países, com índices de conforto e justiça social como o mundo jamais viu, seria uma prova de que as utopias anticapitalistas ou pós-capitalistas não têm mais espaço nem audiência. A antítese de Huntington diz que o mundo ainda vai testemunhar muitas guerras ideológicas, dada a diferença entre culturas, entre formações civilizatórias, existentes no planeta todo. Huntington tratou especificamente, em seu ensaio, do potencial de conflito envolvendo o mundo islâmico, que não assimilou integralmente a modernidade e que, em certos países, nutre por ela aversão fundamental. Os atentados terroristas islâmicos contra os EUA em 11 de setembro de 2001 seriam comprovação da percepção de Huntington, destoando da crença de Fukuyama na "pax americana".

Essencialmente, porém, Fukuyama e Huntington pensam da mesma forma. O modelo da democracia liberal é o melhor disponível. Resolve a maior parte dos problemas que atravessaram séculos de história da humanidade. Cria sociedades tão ricas e igualitárias quanto possível. Com variantes — social-democracia na Escandinávia, o tal neoliberalismo nos EUA, "terceira via" na Inglaterra etc. —, é o caminho único para o desenvolvimento. Depois da queda do muro de Berlim e com a globalização, isto é, a adesão dos países mais díspares à economia de consumo, tecnológica e financista, da Malásia ao México, o capitalismo foi declarado triunfante. Socialismo e outros sistemas foram, para usar a expressão marxista, destinados à lata de lixo da história.

Mesmo assim, os conservadores não estão tranqüilos. O livro seguinte de Fukuyama, por exemplo, não recebeu quase nenhuma atenção, comparado com o anterior. O título é expressivo: *A grande ruptura*. A grande ruptura, segundo ele, é demonstrada, entre outros, pelo índice de separações que ocorrem nos países avançados. Em alguns, como na Dinamarca, há dados como o de que mais da metade das pessoas mora sozinha. Cada vez há menos filhos por casal, e o número de idosos aumenta rapidamente. Estamos claramente em território conservador: Fukuyama quer alertar para o fim da "célula familiar", para o individualismo crescente das sociedades contemporâneas. Ele vê um enorme risco para a civilização — ainda que ela esteja em seu melhor momento histórico — no que chama de "perda de coesão", na dispersão de valores que tal individualismo implicaria.

Outro conservador que partilha essa preocupação intensa é o inglês Paul Johnson, historiador e jornalista famoso por suas críticas à arte moderna (sua coletânea de colunas escritas para a revista *Spectator* se chama "Para o inferno com Picasso"). Ele é simultaneamente um defensor do capitalismo e do cristianismo, cujas histórias escreveu com grande talento. Depois do atentado de 11 de setembro, por exemplo, não se fez de rogado em criticar o Islã como se fosse nada mais do que uma multidão de Osama bin Ladens. Mas também está irritado com o Ocidente: acha que a perda da tradição religiosa tem levado a uma dissolução moral da sociedade, onde casamentos não são respeitados, a baixaria corre solta, todo o mundo só quer saber de seu interesse pessoal. Fukuyama também dedica um capítulo ao afastamento da religiosidade, ou então a substituição de religiões tradicionais como a católica por credos *fast-food*, oportunistas e vulgares.

Não vejo muita gente apontando essa contradição. Afinal, me parece óbvio que essa tal dispersão, esse tal individualismo, são também subprodutos do capitalismo moderno, em que as pessoas são instadas a comprar e se divertir o tempo todo, a viver num presente descartável em que só contam os modismos e as frivolidades. A democracia liberal põe ênfase em consumo e entretenimento e trabalha com slogans como "você pode ter o que sonha ter", "*just do it*" etc. Novas tecnologias estimulam um estilo de vida definido por famílias pequenas e constituídas tardiamente. É o chamado "dinamismo" da economia moderna, baseado em crédito e circulação de dinheiro.

Neste ponto, vale diferenciar o uso dos termos "conservador" e "liberal". Nos países do hemisfério norte, especialmente nos EUA e na Inglaterra, o liberal é um sujeito que defende os direitos individuais. Defende, por exemplo, os direitos de homossexuais se casarem. É um sujeito mais à "esquerda", portanto. O conservador, não. Ele fala em tradição, família e religião, acha que o mundo perdeu a moral, que está inundado de pornografias e de jogos de aparência. Em países da América Latina, como o Brasil, liberal — ou neoliberal — é um termo associado mais à economia, ao cidadão que supostamente defende o Estado Mínimo, o FMI e a globalização. Ou seja, a um sujeito de "direita". O porquê desses sinais trocados é uma questão curiosa, mas para outra ocasião.

O conservador, de qualquer forma, pode apoiar uma economia liberal, mas teme por seus efeitos culturais. Ele teme o novo, o heterodoxo, a ruptura. O grande pensador conservador, estilista de gênio, foi Edmund Burke, autor das *Reflexões sobre a revolução na França*, um clássico que merece leitura de todos, de preferência no original inglês, pois se trata de um prosador único. Curiosamente, outro grande prosador irlandês, Jonathan Swift, era também um conservador. O que ambos criticavam, essencialmente, era a transferência de muita responsabilidade para os indivíduos, já que a natureza humana não prima pela racionalidade e pela tolerância, em seu estado bruto. Burke analisa o endeusamento da ruptura pelos revolucionários franceses de 1789. Quase 150 anos mais tarde, o poeta T.S. Eliot escreveu que a ausência do pano de fundo da tradição cristã tirava dimensão ao homem e ao humanismo, que amesquinhava a vida dos indivíduos. Não era um conservador na arte, naturalmente, porque defendia a inovação que dialoga com a tradição, sem romper com ela, mas também sem meramente segui-la.

Este é um dos pontos em que os conservadores parecem mais sensatos. A pulverização moderna, acentuada pela implosão eletrônica da Era Digital, tem impacto bastante negativo sobre os indivíduos e a vida social. Promulgou-se a lei do espetáculo, a redução da vida a sinais exteriores, a poses ou "atitudes", a comportamentos tribais em que a diversidade termina sendo sinônimo de superficialidade. Tudo é banalizado. O senso crítico, a capacidade seletiva, o espírito humanista, tudo que antes distinguia a idéia de "civilização" acaba prejudicado com a apoteose da fofoca, do entretenimento barato, da desinformação travestida de notícia.

Outro ponto ainda mais importante. Autores fundamentais para a consciência e o conhecimento de cada cidadão, como Shakespeare ou Rembrandt ou Einstein, são postos de canto em certas universidades porque representariam uma determinada hierarquia social, uma elite que em nome da tal "alta cultura" quereria calar outras formas de expressão. O curioso é que historicamente, em analistas como Matthew Arnold, Lionel Trilling ou, para citar um contemporâneo, Harold Bloom, esse corpo de saberes, esse "cânone" ocidental, sempre foi tido como a base de uma "formação liberal". Agora são os "liberais" da nova esquerda que, a pretexto de multiculturalismo, o rotulam como carga ideológica.

Social e moralmente, claro, isso afeta duas variáveis fundamentais, o caráter e o talento, que devem prevalecer para que uma sociedade avance não só quantitativamente, mas também qualitativamente. Há na verdade um medo de estudar e respeitar a tradição que é, ao final, tão "conservador" quanto o medo dos conservadores da dissolução moral e religiosa. É curioso, assim, observar no chamado universo "pop", cada vez mais guiado pelo descartável e pelo popularesco, que há um desprezo muito grande pela inteligência do consumidor. Para dar um só exemplo, um filme como *A malvada*, com Bette Davis, hoje jamais chegaria ao grande mercado distribuidor de cinema. No entanto, foi um sucesso e teve indicações para nada menos que 14 Oscars, um recorde que só seria igualado quase 50 anos depois por *Titanic*. Isto dá uma idéia de como os critérios decaíram...

II

Acho que um bom conjunto de parâmetros pode ser derivado de um ensaio famoso do filósofo político inglês Michael Oakeshott, *On Being Conservative*, incluído em seu livro mais importante, *Rationalism in Politics and Other Essays*. O ensaio talvez seja a melhor defesa disponível sobre o espírito conservador. Pois o que Oakeshott argumenta é que ser conservador é antes uma disposição de temperamento, um impulso comportamental, do que um credo específico ou ideológico. "Ser conservador", escreve, "é preferir o familiar ao desconhecido, o experimentado ao não experimentado, o fato ao mistério, o real ao possível, o limitado ao indefinido, o perto ao distante, o suficiente ao superabundante, o conveniente ao perfeito, a risada do momento ao êxtase da utopia." Adiante, Oakeshott ressalva que isso não significa estar a favor da ignorância e da apatia, mas o contrário; que se trata apenas de valorizar aquilo que cria vínculo e afeição.

Antes de mais nada, é preciso dizer mais uma vez que tal ânimo conservador é raro e exigente nos dias de hoje, quando o que se prega nos meios de comunicação e nas artes tem pouco a ver com isso: a pressão social hoje é para que as pessoas sejam "modernas" em vez de "caretas", que estejam abertas a todas as experiências, que desprezem a rotina e busquem o excitante, que busquem sempre algo além do real e do suficiente. Oakeshott nota que existe um senso comum de que o conservadorismo está inscrito na "natureza humana", como se fosse uma inclinação instintiva, mas ele lembra que o apetite pela inovação, o medo do tédio, é igualmente incutido na mentalidade humana, desde que o homem descobriu a utilidade de inventar ferramentas para auxiliar sua sobrevivência. Tanto o instinto conservador como o transformador pertencem à natureza humana, e esse é seu conflito essencial.

O que Oakeshott parece dizer é que uma tendência à conservação dá melhores resultados para o indivíduo e sobretudo para o convívio social. Daí a necessidade de sua expressão política. Ele nega, por exemplo, que o conservador tenha de ser necessariamente um sujeito religioso, que acredita numa ordem divina etc. Mas acha que certas crenças oriundas do repertório religioso são valores essenciais para a vida em sociedade, especialmente por cercearem paixões individualistas. "Todos temos a inclinação de ser passionais em relação aos nossos interesses próprios."

O papel do governo, da esfera estatal, é por conseqüência o de criar e executar regras gerais, que se apliquem a todo o universo de indivíduos, preservando a diversidade mas também preservando a paz, a harmonia pública. Para Oakeshott, a política, a arte de lidar com o poder, não deve ser investida de uma esperança passional, de um instrumento "para inflamar e comandar o desejo"; deve ser uma instância moderadora, conciliatória, restritiva. Trata-se, pois, de uma atividade para pessoas de certa idade: "Quando somos jovens não estamos dispostos a fazer concessões para o mundo." O Estado, conclui ele, deve ser pequeno e vigilante, não grande e carbonário. Deve se concentrar em proteger o cidadão e promover a paz. Poucas e boas regras, que não mudem ao sabor dos tempos, são seu ponto de partida. Garantir a propriedade privada, relacionar-se pacificamente com os países vizinhos, colocar a política no mesmo plano de importância que a economia, assumir a tarefa da estabilidade monetária como a primordial — eis, segundo ele, o governo que a natureza conservadora requer.

Se olhamos o processo de globalização, no entanto, verificamos que ele não é assim tão admirável sob o ponto de vista conservador em algumas de suas características: ele prega a inovação tecnológica e a primazia do econômico para todas as partes do planeta, propagandeando uma sociedade consumista em que o indivíduo não tem autocontrole, pois a ele só se fazem propostas contínuas de superação dos limites e realização dos desejos. É por isso que o governo republicano de George W. Bush, ainda que tenha contido sua fúria vingativa depois dos ataques de 11 de setembro, tramando um apoio diplomático quase universal antes da ação bélica, é uma expressão completa do temperamento conservador. Bush rejeitou, por exemplo, as experiências com células embrionárias para o fim da clonagem terapêutica, com uma linha de argumentação francamente religiosa. Já fez diversas declarações contrárias à "licenciosidade" vigente nos programas de TV, que atentariam contra a "família americana". Propôs cortes de impostos para ativar a economia, que os analistas consideram mais um estímulo à atividade dos ricos. Também prometeu reduzir gastos públicos, só que com uma exceção significativa: o orçamento da segurança, a pretexto de combater o terrorismo dentro e fora do país.

De qualquer modo, e este é meu ponto, o chamado neoliberalismo é um credo muito mais próximo do conservador do que do liberal, no sentido comportamental destes termos. O conservador concorda com a idéia de um Estado Mínimo no sentido econômico, de livre-mercado, mas espera da ordem pública uma orientação virtuosa, uma preocupação moral, que não vem encontrando no cenário globalizado.

III

Aqui entram duas perguntas importantes. Primeira: a teoria econômica cada vez mais percebe, apesar do refluxo das idéias monetaristas nos anos 80/90, que a vida econômica está intimamente associada com a mentalidade cultural de um lugar; como se dá essa associação íntima? Segunda: no vasto elenco de variantes econômicas que entram no palco do liberalismo, que lição o processo de globalização vem dando para os que não possuem índole conservadora?

A associação entre economia e cultura também seria motivo para um ensaio à parte. Mas quero observar apenas que ela vem sendo observada por todo grande pensador econômico desde sempre. Mais especialmente, John Maynard Keynes, no século XX, em suas diversas fases jamais deixou de levar em conta variáveis incertas como "expectativa" e "confiança", hoje medidas em índices estatísticos, quase um lugar-comum. Keynes, que é um autor muito caro para a esquerda antiliberal sul-americana (baseada sobretudo nas interpretações de suas idéias pelo argentino Raúl Prebisch), era na verdade um liberal heterodoxo e nunca subscreveu as teses do dirigismo. Sua teoria econômica foi formulada no contexto da Depressão, como forma de o governo ajudar a manter o emprego (ou "pleno emprego", como dizia, sem definir muito bem) em tempos de recessão interna e dívida externa. Mais tarde, quando participou da célebre reunião de Bretton Woods, reconheceu seus limites e equívocos. Concordou com liberais mais ortodoxos como Milton Friedman e Friedrich Hayek que intervenções macroeconômicas não podem se estender, sob risco de engessamento, uma vez que a burocracia não tem como lidar com todas as informações do mercado. E aceitou que o panorama de livre comércio do pós-guerra, favorável aos americanos, iria criar novas questões para o investimento e o emprego.

Robert Skidelsky, o grande biógrafo de Keynes, critica Prebisch por adaptar Keynes para o contexto de países subdesenvolvidos e justificar investimentos públicos excessivos nas indústrias substitutivas de importações — o nacional-desenvolvimentismo que, no Brasil, Getúlio Vargas e Juscelino Kubitschek adotaram cada um ao estilo de sua época. Keynes reprovaria. E, para além de suas interpretações, o alcance das idéias de Keynes está longe de episódico. Ele reverteu a economia clássica e sua doutrina de que "a oferta cria sua própria demanda", ao mostrar o papel do investimento público em momentos de pouca liquidez internacional. Nisso, tinha em mente a fragilidade psicológica do entreguerras, mas sabia que a vocação para crises do mercado capitalista internacionalizado era tão grande que a reflexão não perderia sentido num cenário menos conflituoso. O que falta aos economistas atuais é formular essas novas questões sobre investimento e emprego e, talvez, buscar um meio-termo entre Keynes e Hayek, tentando definir um pouco melhor o papel dos Estados numa economia de alta volatilidade.

Eis onde a segunda pergunta pode ter um esboço de resposta. Para as pessoas que não têm uma índole conservadora, o Estado-vigia não é o mais virtuoso. Por ser um canal ainda privilegiado de informações, sobretudo as econômicas, o Estado não deve prezar apenas pela estabilidade monetária — como querem também os que podemos chamar de "liberais conservadores" ou "neoliberais" — e pela ordem civil. Ele tem o poder de interferir na economia, como, de fato, o faz nos mais diversos países, inclusive os desenvolvidos, na forma de incentivos, subsídios, redução dos juros, investimentos diretos em infra-estrutura e pesquisa etc. E deve cuidar especialmente de setores sociais como a educação. Nessa nova visão da economia, mais dependente dos fatores culturais, mais pressionada pela opinião pública a corrigir desigualdades e fragilidades, o papel educador do Estado tem reflexo direto na produção.

As grandes transformações recentes do capitalismo, que acompanharam processos históricos como a derrocada do socialismo e a implosão das comunicações, são duas: a ampliação do volume de investimentos especulativos ou de curto prazo, com a sofisticação e a internacionalização do sistema financeiro; e o aumento progressivo do peso do conhecimento na cadeia produtiva, que é cada vez mais intensiva e dinâmica. A primeira leitura desses eventos político-econômicos, numa era que começou com Reagan, Gorbatchev e Thatcher, passou pelo milagre do sudeste asiático e atingiu até mesmo os países social-democratas da Escandinávia — espalhando pelo mundo as medidas avalizadas pelo Consenso de Washington como a privatização, a redução da carga tributária e o crescimento e fusão das multinacionais —, foi a de que os novos tempos pediam mais austeridade fiscal e menos intervencionismo. Isso é verdadeiro. Mesmo com as sucessivas crises *fin-de-siècle* naqueles países e no chamado mundo subdesenvolvido, não há como negar que o dinamismo da economia contemporânea exige um Estado mais ágil, mais enxuto, e que dos chamados "tigres" asiáticos e do Japão aos países latino-americanos como México e Argentina uma parte substancial da crise se deveu à estrutura de poder ainda excessivamente burocrática e cartorial.

Mas, como Keynes diria, houve um excesso de confiança depositado em tecnologias emergentes como o comércio eletrônico e a suposta "morte da distância" e mesmo na capacidade dos países mais atrasados de substituir a proteção estatal pela produção privada. Além disso, imaginou-se que o papel das políticas nacionais fosse diminuir proporcionalmente, dado o agigantamento das corporações transnacionais e a internacionalização da indústria do entretenimento, entre outras notícias. Não. Nem a globalização financeira e comunicacional gerou o ciclo virtuoso esperado, nem as responsabilidades de cada Estado-nação ficaram menores. Para isto, diga-se, a própria visão dos movimentos "antiglobalização" colaborou, porque criou um pânico ao pintar um quadro apocalíptico em que o imperialismo do G-7 dissolveria todos os traços de identidade local.

Para o século XXI, acho que é preciso, em outras palavras, desvincular o liberalismo de sua versão conservadora, hayekiana, para que o mundo não caia em novas polarizações entre estatizantes e privatizantes ou desenvolvimentistas e monetaristas, para dar dois exemplos muito visíveis no debate brasileiro. É hora de nova leitura do processo que ficou conhecido como globalização, uma leitura mais equilibrada e mais rica, que resgate a crença em um capitalismo inovador que também ajude a reduzir a pobreza. A disposição liberal, não-conservadora, deve aprender com os conservadores assim como com os radicais, para que não se caia num moralismo reacionário nem se ceda espaço ao retrocesso isolacionista.

IV

A nova leitura da globalização virá com o tempo, mas me parece que ela tem ainda de vencer uma série de rotulações de ambos os lados. Muitas delas, coincidentes. Me refiro especialmente ao consenso tácito entre conservadores e antiliberais de que o grande malefício da globalização é o aumento da desigualdade social. Por motivos diferentes — os conservadores pelo moral, os antiliberais pelo social —, eles vêem o processo como uma tendência linear nesse sentido. Minha opinião é que essa é uma questão muito complexa para ser encerrada num nome só. Há, como se vê em Fukuyama e Oakeshott mais nitidamente, um vezo hegeliano nesse ponto de vista. A globalização parece ser uma lei histórica, um vetor finalista, de valor universal, à qual só se poderiam contrapor atenuantes (conservadores) ou alternativas (antiliberais ou radicais). Mais uma vez, portanto, os extremos se tocam no campo do idealismo moral. Logo, o que cabe aos temperamentos liberais é novamente aprender com seus opositores e tentar, ao contrário deles, distinguir possibilidades dentro das contradições desse processo. A globalização é um fenômeno mais sutil e multiforme do que parece.

A questão da desigualdade atormenta os críticos do capitalismo desde seu início. Ao longo do século XX, com todos os conflitos bárbaros e recaídas autoritárias, conseguiu-se mesmo assim ampliar o bem-estar material para mais pessoas do que no século anterior. A expectativa de vida é muito maior, há bens de consumo acessíveis a mais gente, a sociedade se "classe-medianizou". Em países da Europa Ocidental, no Japão e nos EUA atingiu-se um nível razoavelmente satisfatório de progresso coletivo. Em alguns países, como os escandinavos, o hiato social é reduzido e a partir de uma base bastante decente de qualidade de vida. Mesmo no sudeste asiático, com as crises político-financeiras recentes, é evidente que a distribuição de renda e escolaridade é hoje muito maior do que há algumas décadas. Também se pode argumentar que os países onde a miséria se concentra nem sequer chegaram a um estágio propriamente capitalista, como na Ásia Central e na África, ou propriamente democrático, como na Rússia e na América Latina. Dizer que a globalização é responsável por essa miséria é mais do que simplificar; é meramente distorcer os fatos históricos.

Certo aumento da desigualdade social, sobretudo dentro de cada país e não entre os países, parece decorrer de um fator mencionado acima: o maior peso relativo que o conhecimento, especialmente sua expressão tecnológica, ganhou no modo de produção. Pessoas com mais escolaridade, hoje, tendem ainda mais a ganhar mais do que as outras: elas se transformaram em peças fundamentais para a competição e a inovação, podendo com uma criatividade e um senso de organização maiores levar sua empresa a conquistar nichos de mercado poderosos. Mesmo entre os países, a perda de competitividade dos subdesenvolvidos está relacionada a seu déficit educacional. E basta analisar a pauta do comércio internacional para ver que os produtos com densidade tecnológica hoje são maioria na transação de valores.

Isso significa, por um lado, que os países atrasados pagam cada vez mais um preço maior por seu atraso. O Brasil é um caso exemplar. Vem anotando avanços — um tanto lentos — na renda média e nos índices de desenvolvimento social (queda do analfabetismo, da mortalidade infantil etc), principalmente depois da conquista da estabilidade monetária com o Plano Real em 1994. Mas ainda está preso a uma dívida pública enorme, rolada com uma das maiores taxas de juros do mundo, o que o deixa excessivamente dependente do capital estrangeiro de curto prazo. Reformas estruturais — a tributária, a previdenciária, a política, a administrativa — não saíram dos primeiros itens, e a exportação ainda é pequena e cresce devagar. Com isso, o crescimento e a distribuição da renda ainda continuam em índices vergonhosos, perpetuando um dos maiores abismos sociais do planeta.

No entanto, e mesmo no Brasil isso começa a ser feito, o investimento maior em educação, em pesquisa & desenvolvimento e em exportação são três medidas que podem romper o ciclo vicioso, os efeitos nocivos da exigência globalizante sobre os países subdesenvolvidos. São demoradas, mas cabe perguntar quem tem solução mais veloz. O relatório mais recente da ONU sobre o IDH (índice de desenvolvimento humano) é eloqüente em sua demonstração do potencial que a ciência e a tecnologia têm de ajudar a resolver problemas relacionados à pobreza, aumentando a produtividade agrícola, sanando epidemias, distribuindo informações por computadores baratos etc. Além disso, naturalmente, contrapontos para efeito imediato devem ser usados, como fez o Chile, que taxou adicionalmente o capital de curto prazo, e como ocorre nas rodadas de negociação multilateral que buscam reduzir as barreiras aos produtos agrícolas do chamado Terceiro Mundo. E sem deixar de lado a questão da ciranda financeira, do vasto dinheiro especulativo que circula pelo mundo ao toque de um jovem *nerd* na mesa de algum banco de investimentos: a própria tecnologia pode oferecer atenuantes para este grave problema.

Por outro lado, a globalização não é apenas criticada pelos países subdesenvolvidos que caíram em armadilhas financistas e não conseguiram dar um salto produtivo em pouco tempo. Ela também recebe manifestações violentas nos encontros de líderes por parte de ONGs que representam assalariados de países ricos, preocupados com a ida de grandes empresas para países onde a mão-de-obra é mais barata. O desemprego nesses países seria outro dos males gerados pela globalização; some-se a isto a noção de que a crescente robotização do sistema produtivo implicaria mais perda de empregos. Quanto a este ponto, há exemplos consistentes de que é possível fazer a oferta de empregos migrar para o setor de serviços, que, ironicamente graças à globalização, cresce no mundo todo, como o turismo, a indústria audiovisual e a própria informática.

O que se pode concluir, neste relato breve das contradições do processo que querem reduzir ao rótulo da globalização, é que ela traz vantagens ao mesmo tempo rápidas e voláteis e que só podem ser convertidas em vantagens duradouras se houver um conjunto amplo de novas prioridades e uma intensificação da ajuda entre países. Pois, no final, com a redução da pobreza e a dinamização da produção, todos saem ganhando. Sempre haverá países que não saberão responder a movimentos tão complexos da história, mas isto não significa que a internacionalização da economia e das informações — a abertura de fronteiras que na verdade vem desde o fim da Segunda Guerra — deva ser revertido ou sustado.

Voltando à questão do conservadorismo, a solução não me parece estar na reafirmação de dogmas como os que Fukuyama, Huntington, Oakeshott e Johnson endossam. Não é com o tripé tradição-família-religião que se vai conseguir combinar o desenvolvimento econômico com menor dispersão cultural e desigualdade social. A tradição só está viva se é revista, debatida, revisitada. Famílias, mesmo que menores, continuam a existir, e há inúmeros casos de filhos de pais separados que não seguiram o rumo previsto da delinqüência ou da depressão. A religião, ainda que modificada, há tempos já não é a liga espiritual que daria coesão à sociedade, dada a ascensão da ciência e o anacronismo das igrejas, que são contra, por exemplo, o uso de camisinha nos tempos da Aids. E muita gente, cada vez mais, tem interesse pelos artistas e pensadores do passado, que pode conhecer com facilidade inédita em CDs, DVDs, museus, bibliotecas, Internet, TV a cabo e muitos outros meios. Em cidades como São Paulo, Tóquio, Nova York ou Londres, nunca se consumiu tanto as outras culturas nacionais, da música de Cabo Verde ao artesanato de Camboja, quanto hoje em dia, o que mostra que a globalização cultural não é apenas sinônimo de americanização e pasteurização. Não é com moralismos de uma sociedade classista que se vai combater a hegemonia dos demagogos na indústria do entretenimento.

Além disso, há muitos caminhos para atingir o capitalismo democrático de acordo com a tradição de um país. Um país islâmico pode, sim, ter uma economia moderna e uma política pluralista, sem precisar abandonar sua religião ou alterar todos os seus costumes. Os conservadores estão certos em boa parte de suas críticas a rumos que a modernidade vem tomando, mas sua receita é simplista e anacrônica. Não há progresso sem risco, ainda que o risco tenha de ser mais bem calculado e conduzido. O que conservam os conservadores é a ilusão de que a história pode estancar.

Democracia e barbárie

A NOVA ROUPAGEM DO MALIGNO

Phillipe Béneton
Université de Rennes

Menos ainda que a Revolução Francesa, o mundo moderno não é um bloco. O tema central — da emancipação dos homens — inspirou partições bem diferenciadas: Montesquieu não é Sade, Tocqueville não é moderno do mesmo modo que Marx, Mill está longe de ser Nietzsche, ou Aron, de ser Sartre... A modernidade vangloria-se de ser moderna. No entanto, ela alimentou uma forma inédita de barbárie: a barbárie totalitária. Em sua vertente liberal, ela pode atribuir-se êxitos incontestáveis em que a civilização obteve ganhos, porém nem todas as linhas de pensamento seguem por este caminho. É preciso fazer distinções. O esforço de discernimento é difícil, pois as coisas estão amiúde imbricadas e, às vezes, enigmáticas. A história das idéias não explica tudo, os sentimentos profundos são invisíveis, os homens são facilmente crédulos.

A questão, então, é a seguinte: há um joio especificamente moderno? Qual? Se a questão é bem colocada, é preciso, então, de certa forma, desimbecilizar o homem moderno. Mas, ele o quer?

Da ambivalência dos princípios modernos

Há um consenso a respeito do que está no coração do espírito moderno: um projeto de emancipação (individual ou coletiva), aliado ao princípio de igualdade entre os homens. Os homens são iguais ou chamados a sê-lo, eles são emancipados ou destinados a sê-lo. Contudo, essas duas idéias sempre estão em concordância? Tudo depende do sentido que essa vontade de emancipação adquire ou tudo depende do princípio que funda a igualdade entre os homens. Como eles são entendidos pelos Modernos? Em que medida eles romperam com o mundo anterior?

A resposta, parece, é que não existe uma resposta única. O espírito moderno é compósito, ele paira entre duas interpretações. A primeira fundamenta-se sobre o que a própria humanidade exige do homem, a segunda, sobre o que resulta da autonomia da vontade. A primeira não desvincula a igual liberdade da natureza, a segunda, corta os elos em nome da soberania humana.

De um lado, o espírito moderno se relaciona a uma concepção substancial de igualdade. Por que os homens são iguais? Por que devem ser igualmente livres? Porque partilham uma mesma humanidade, porque esta humanidade comum lhes confere uma dignidade que proíbe forçar as consciências. A questão do bem soberano não poderia receber um tratamento peremptório, cada um tem o direito, em última instância, de decidir; a política deve seguir, ou seja, submeter-se. A qualidade de homem pertence identicamente a todos; ela confere os direitos que significam um reconhecimento recíproco, ao mesmo tempo em que um reconhecimento pessoal: o respeito de cada um pelo outro e também por si próprio. O bem soberano está fora do alcance da razão teórica, mas a razão prática fixa os limites do que é honroso ou conveniente. A idéia não é explícita, mas o fundo da coisa é um mistério: esta dignidade ligada ao ser humano mesmo quando ele não tem ainda sua razão, ou quando não a tem mais, esta dignidade que é nossa e não depende de nós.

Aqui o legado do antigo é mesclado ao novo. De um lado, a herança da idéia cristã de pessoa, que dota cada homem de um valor único; de outro, a ruptura com uma ordem político-religiosa que teve uma parte relacionada ao cristianismo. Sob o Antigo Regime, a igualdade substancial não era certamente sem importância, mas permanecia em muitos sentidos "abstrata" ou na retaguarda. Com a modernidade liberal, ela se traduz por uma revolução política e social. Os direitos do homem afirmam-se contra a soberba dos Grandes e sua tentação de fundar uma superioridade de natureza baseada nos acasos do nascimento, eles afirmam-se também contra o poder político da religião e das práticas que entravavam a liberdade de consciência. Sob esse ponto de vista, a vitória foi completa.

Por outro lado, o espírito moderno é animado por um movimento de emancipação da vontade que aponta para uma concepção diferente da igualdade. Os homens são iguais não porque partilham qualquer coisa de substancial que lhes faz homens, mas, ao contrário, por carência de substância. O próprio do homem é sua indeterminação e, portanto, sua liberdade absoluta: nada está dado, o homem é seu próprio soberano, ele é a medida de seu bem. A natureza se dissipa em benefício da vontade. O ponto de ancoragem não está mais no mesmo lugar: os homens não são emancipados porque sua igual dignidade o requer, eles são iguais porque são radicalmente emancipados. O que eles partilham ou são chamados a partilhar, é uma mesma liberdade criadora, uma mesma vontade pura. A igualdade dos emancipados ou dos soberanos não passa de uma igualdade à revelia. Ela é, em princípio, uma igualdade radical, porque escapa a toda determinação da natureza; mas pela mesma razão ela é vulnerável: se o homem se cria a si mesmo, ele é maleável à vontade humana; se a liberdade é absoluta, a igualdade é um obstáculo. A igualdade à revelia tem sua força própria, mas oferece também um espaço de manobras aos que se colocam na liderança do movimento. Os ativistas proclamam: "Nós somos todos iguais porque somos todos mestres ou mestres em potencial." Porém, um certo número deles possui, mais ou menos conscientemente, um pensamento invertido.

Esta segunda interpretação é afirmada ou desenvolvida progressivamente ou de modo intermitente ao longo da história moderna. O novo, aqui, tende a apagar o antigo. Nenhuma herança, mas fundações novas. O que se segue é que as duas versões modernas da igualdade não se distinguem por uma única questão de medida ou grau. São duas interpretações separadas por uma linha de ruptura: ou bem a igualdade se apóia sobre um dado que contém sentido, ou bem ela se apóia sobre uma liberdade desprovida de sentido; ou bem a liberdade humana se desdobra no quadro de questões e exigências objetivas que definem os "horizontes de significação" (Charles Taylor), ou bem ela significa que o homem é o mestre do sentido.

Vistas de mais perto, sem dúvida alguma as coisas se misturam e se complicam. Mas, ao que parece, as linhas de força persistem: as duas idéias (ou o que elas englobam) estão em ação no seio da história moderna.

Os progressos da igualdade substancial

De certa forma, o êxito dos direitos do homem e, portanto, a derrota de uma ordem político-religiosa na qual o cristianismo era parte interessada, se traduziram por um progresso do direito natural. Após um longo período de negação, a Igreja católica terminou por assumi-los.

Essencialmente, tais progressos apresentam-se sob três pontos:

• *A anulação da convenção aristocrática.* A nova igualdade marca o final de um tempo em que o nascimento distinguia os homens e em que as distinções cristalizavam-se, às vezes ou com freqüência, em diferenças de natureza. A sociedade aristocrática, oficialmente cristã, tendia a ignorar que a igualdade dos filhos de Deus não existe sem implicações sociais. Sem dúvida, seria possível apresentar algumas nuances: o cristianismo não existiu sem impregnar os costumes, nem sem suscitar inúmeros comportamentos autenticamente evangélicos. Porém, ocorre que, de modo geral, existia aparentemente um afastamento (senão um abismo) entre a convicção religiosa — professada por todos — da similitude essencial de todos os homens e os sentimentos experienciados pelos grandes em relação aos pequenos. A igualdade cristã permanecia, de certa forma, "abstrata, ganhando corpo entre as relações humanas. O nobre feudal, escreveu Tocqueville, acreditava-se "de natureza diferente da dos servos", enquanto que, alguns séculos mais tarde,"Madame de Sévigné não concebia claramente o que era sofrer quando não se era um cavalheiro."[1]

- *O apagamento ou a atenuação de preconceitos fundados sobre raça, nacionalidade, religião.* O mundo moderno preencheu, ao menos em parte, os abismos que separavam artificialmente os homens. Aqui também, a natureza supera a convenção (pelo menos, até certo ponto, pois às vezes novas convenções são estabelecidas). A humanidade antes se pensa como una: nós pertencemos ao mesmo mundo, partilhamos a mesma condição. O cristianismo evangélico agiu sempre neste sentido — a unidade do gênero humano —, mas não todos os casos do cristianismo histórico. A idéia de cristandade levantou barreiras: os homens não tinham os mesmos direitos de acordo com sua vinculação religiosa.
- *O apagamento ou o desaparecimento das práticas autoritárias.* As sociedades ocidentais são aquelas onde ninguém arrisca sua vida ou sua liberdade para desagradar o poder ou para seguir as ordens da Igreja. Nos séculos ditos cristãos, a Igreja sempre afirmou a liberdade do ato de fé, mas a prática a violou. A Igreja acreditou obter êxito ao tornar-se Igreja do Estado e ao mobilizar as armas de César pela causa de Deus. Esta prática custou-lhe caro.

Assim, o mundo tornou-se moderno porque humanizou-se em certos aspectos. A Igreja não podia assumir isto. Ela o fez após um longo período de resistência, que se explica por razões históricas, em particular, aparentemente, por um mal-entendido nascido da Revolução Francesa. O Concílio Vaticano II marcou uma mudança sensível que confirma a doutrina ulterior. "A consciência do homem contemporâneo, diz a declaração *Dignitatis humanae*, é cada vez mais sensível à dignidade da pessoa humana." E João Paulo II no *Veritatis Splendor*: "É certamente verdade que um sentido mais agudo da dignidade e do caráter único da pessoa humana, assim como do respeito dado à evolução da consciência individual constitui um ganho real da cultura moderna" (nº 31). O significado profundo desta mudança de atitude é, aparentemente, o seguinte: a Igreja desvincula-se do modelo político-social da cristandade. Definitivamente, o projeto de unir a fé com uma forma particular de cultura e de sociedade revelou-se ilusório e perigoso para a religião. De uma certa maneira, a crítica e a prática modernas contribuíram para depurar o cristianismo histórico. Mas numa outra vertente, a história tomou um curso diferente: abertamente ou não, a modernidade bateu de frente com o cristianismo.

O fermento da emancipação radical

Quando o homem se julga soberano, o cristianismo não é somente desqualificado, ele se torna um inimigo por excelência. É um inimigo por razões vinculadas à história e por aquilo que ele pergunta ao homem: seguir uma vontade que não é a sua (a de um estranho, o seu Criador), praticar a devoção desprezando todas as grandezas humanas. Os radicais modernos insurgem-se: o Cristo é um usurpador, ele desarma os homens (Maquiavel), ele os aliena (Marx), sua palavra só é boa para os escravos (Nietzsche). O domínio dos poderosos, o reino dos mestres, passa pela segunda morte de Cristo, a sua morte no pensamento humano.

Numa mesma perspectiva, a democracia não é, a despeito das aparências, uma aliada; ao contrário, ela é um entrave. A idéia moderna de emancipação radical destrói o princípio de igualdade que ela reivindica para si. A democracia dos mestres não passa de uma máscara ou de uma ilusão. Em que sentido? A emancipação moderna se proclama universal, mas como não está acabada, ela introduz uma clivagem entre os homens emancipados e os que não o são. Os homens são iguais ou destinados a sê-lo, mas o pensamento moderno não é certamente igual ao pensamento antigo. Os emancipados detêm o saber libertador e a vontade libertadora, os outros estão mergulhados na superstição ou são movidos por más intenções. O saber que liberta não tem relação com a experiência imemorial dos homens, ele é um saber de iniciados. Os homens das Luzes e seus sucessores apenas têm desprezo pelo saber dos homens comuns. Todos são iguais, mas alguns são mais iguais que os outros.

Os homens emancipados estão em minoria. Os que pregam a liberdade indeterminada até o final, os que se exaltam com o poder da vontade são sempre, até nova ordem, um número reduzido. Mas a democracia implica na escolha da maioria, a maioria dos desvalidos, dos prisioneiros, dos não-emancipados. Esta vontade de vontade que é a característica dos fortes, pode concordar com esta vontade do povo, que está longe de sempre querer aquilo que deveria? Para fazer isso bem, é preciso forçar as coisas, desvirtuar ou subverter a democracia. Além do mais, onde é que a vontade pura se exerce com o máximo de volúpia, senão entre os homens? A igualdade limita a vontade. A vontade vai mais além.

Na obra admirável de Tocqueville há um grande ausente. Este ausente é o *homem de vanguarda* — este homem da modernidade pura que se vale de um movimento de emancipação radical e universal, cuja liderança ele tem a vocação de assumir, e que satisfaz com isso sua vontade de poder. Ele diz aos homens: "Vós sois os mestres. Acreditai em mim e fazei o que eu vos digo." Quem poderia, então, se recusar a segui-lo, senão os que estão ainda escravizados e aqueles que os escravizam? No fundo, não há senão uma única opinião legítima. É preciso obrigar ou condicionar o povo a pensar bem. A democracia deve se curvar a isso. De que maneira? O regime democrático é vulnerável sob várias frentes. Quem por direito decide em última instância? O povo, de acordo com as formas democráticas. Mas há mil e uma maneiras de trapacear com a vontade do povo, tal como ela se exprimiria segundo regras leais e racionais. Algumas, radicais, dos usurpadores: os votos fraudados, a minoria maciça substituída pelo corpo de cidadãos, o líder identificado com o povo, a doutrinação disfarçada de liberação... Algumas, mais veludosas, dos manipuladores que agem no seio da democracia: a palavra desleal (mentiras, intimidação, distrações), a opinião informal apresentada como democrática, a censura de fato das idéias concorrentes, em suma, a manipulação dos espíritos.

A ação dos homens de vanguarda tomou uma forma extrema nos regimes ideológicos, mas sob formas diferentes e evidentemente atenuadas, ela foi e é exercida também no seio das democracias liberais, aliada à dinâmica autônoma da igualdade à revelia. É preciso ver as coisas mais de perto.

Da liberdade ilimitada à tirania ilimitada

O comunismo pertence, por direito, à modernidade ou a uma de suas vertentes. Mas o que dizer do nazismo? De um lado ele rompe absolutamente com o universalismo moderno, mas, de outro, visa também a uma emancipação radical. O comunismo fala em nome dos fracos; o nazismo, em nome dos fortes. Mas, será a instância de natureza fundamentalmente diferente? O comunismo é, sem dúvida, um fenômeno mais compósito; sentimentos diferentes ali se misturam, mas a semelhança das práticas remete a um núcleo comum. Esse núcleo é constituído pelos princípios que definem a visão ideológica do mundo e onde são expressos a idéia e o sentimento de emancipação levados quase ao extremo:

• o mundo é vontade. Ele não é uma ordem criada ou uma ordem natural, é maleável à vontade humana. A ideologia é fundamentalmente um voluntarismo mesmo que ela se ornamente de ouropéis científicos (as leis da história para bolchevistas, as leis da seleção natural para nazistas). Tudo se joga na história e pela história sob a direção dos homens libertos e decididos, aqueles que "não cobiçam o além" (Hitler), os que sabem que a liberdade humana não tem limites, os que nada temem. O rebanho humano ignora o poder da vontade. Nós criaremos um mundo novo. A humanidade seguirá. No magnífico "livro da vingança" escrito por Vassili Grossman, *Vie et destin*, o comandante SS do campo chamou ao seu escritório um velho militante bolchevista e disse a ele: "Quando nos olhamos, não vemos apenas um rosto odioso, vemos em um espelho. Será possível que vocês não se reconheceriam em nós? O mundo não é para vocês, como para nós, vontade? Há nele algo que possa nos fazer hesitar ou nos deter?"[2];

• a história que se faz é um combate maniqueísta. Ela é uma guerra de morte entre os justos e os maus. Duas forças brigam pelo império do mundo: de um lado, a classe eleita ou a raça superior; do outro, a classe nociva ou a raça maldita. Em ambos os casos, a ideologia priva o inimigo de toda a humanidade: o burguês ou o judeu não é mais um homem, é um "abutre", um "parasita", da "ralé", da "escória" etc. (bolchevistas e nazistas usam idêntica e sistematicamente o insulto para diabolizar e desumanizar o inimigo). A política é a guerra, e uma guerra inexpiável entre dois campos, na qual um aniquilará o outro. Não há um terceiro partido ou solução intermediária: é tudo ou nada;

• aos justos, tudo é permitido. O fim justifica todos os meios, mesmo os piores. A natureza do jogo e a indignidade dos inimigos autorizam e mesmo chamam à violência extrema. É preciso ser "terrível", "inflexível", "impiedoso", não param de vituperar Lenin e Stalin; "se for preciso, nós seremos desumanos", declara Hitler. O ódio ao inimigo é uma qualidade necessária ao revolucionário, a radicalidade dos meios é uma ferramenta básica da revolução. A ferocidade tem virtudes pedagógicas;

• a verdade é a força. A história é pura oposição de vontades, em conseqüência, a verdade da história está nela mesma, ela pertence ao mais forte. A ideologia é verdadeira porque ela a supera. Trotski não diz outra coisa em relação à questão de saber o que garante que o partido bolchevista traduz "os interesses do movimento da história"; ele afirma: "Nós esmagamos os menchevistas e os socialistas revolucionários e não sobra nada deles. Este critério nos basta"[3]. De acordo com esta regra Stalin expressava "os interesses do movimento da história" quando liquidava os trotskistas, ou Hitler, quando aniquilava os comunistas alemães. Um e outro partilhavam a mesma religião da força. A questão da verdade não tem sentido em si. Ela é resolvida através das armas.

Que dizem, no fundo, os princípios ideológicos? Eles celebram o poder da vontade, designam e vomitam os inimigos, liberam os meios, sacralizam a força. Ou seja, eles exaltam, justificam, libertam a vontade de poder. O princípio (no sentido de Montesquieu) do totalitarismo não é a vontade de poder absoluto no sentido comum (da qual partilham todos os tiranos), é uma vontade de poder elevada a tal grau que só poderá ser satisfeita com a destruição da humanidade do homem.

No centro do empreendimento totalitário, existe, ao que parece, este sentimento mais ou menos consciente: "O mundo é nosso." Tal sentimento está vinculado à demência do orgulho: "Nós somos os que sabem que Deus está conosco (como dizia Hitler), e que a liberdade não tem limites; aqueles a quem nada intimida e cujo direito de conquista é ilimitado em nome do novo mundo a construir."

A lógica do empreendimento conduz a isto: o poder-Moloc, fantasmas de homens e canções perpétuas pelas quais os homens-fantasmas afirmam sua felicidade e seu reconhecimento ao poder. Em seu diário, Winston Smith, o herói de *1984*, escreveu: "A liberdade é a liberdade de dizer que dois e dois são quatro." Surrado, torturado, condicionado nos porões do ministério do Amor, ele chega ao que se esperava dele: ele vê cinco dedos quando existem apenas quatro porque o Partido decidiu assim. O poder é mestre da consciência que os homens têm da realidade. O totalitarismo é a apoteose do subjetivismo. A liberdade ilimitada conduziu à tirania ilimitada. "A besta é nova" (A. Besançon).

A besta nazista avança a descoberto ou quase; a besta comunista avança mascarada. Então, se o nazismo só é moderno com reservas, o comunismo o é sem contestação nem restrições. Daí resulta: a modernidade pode nutrir a infâmia acobertada pela impostura. Os que foram enganados, os que não quiseram ver, foram legião. A lição não foi tirada: o joio não vem de fora, a semente é moderna.

A modernidade tardia (primeiro quadro)

Do lado das democracias liberais, a lógica dominante durante muito tempo foi a da igualdade substancial. Ela se desenvolveria no quadro de um horizonte de significação herdado do humanismo clássico-cristão e mais precisamente neste sentido: o alargamento e o enraizamento da igualdade de direito, o progresso da consciência da universalidade humana, a afirmação dos direitos da consciência. Mas as coisas oscilaram nos anos 60. Nosso mundo entrou, então, num novo período que podemos chamar de modernidade tardia, em que a igualdade substancial sempre influencia, mas onde a igualdade à revelia dá cada vez mais o tom. É preciso se referir ao mundo dos anos 50 para ver que um limite foi ultrapassado. Isto aconteceu assim: a idéia de igual autonomia ou de soberania do indivíduo foi cada vez mais fortemente afirmada como princípio e cada vez mais levada a sério pela consciência comum. Por si mesmo ou sob influência, o *common man* foi cada vez mais tentado a pensar ou a reagir assim: nenhum caminho tem balizas prontas, nenhum modelo deve ser imitado, eu mesmo determino o que dá sentido, eu me recuso a escolher um mestre, eu sou meu próprio mestre.

Mas os aprendizes-mestres são mestres desarmados. Tocqueville descreveu admiravelmente a lógica da igualdade à revelia, que conduz da afirmação da soberania do indivíduo à rendição da liberdade de espírito. O aprendiz-mestre é desarmado pela seguinte razão: ele tem a pretensão de fazer para si sua própria opinião, que vale o mesmo que todas as outras; ele afirma, desse modo, uma igualdade das opiniões, que traz incerteza e insignificância à sua própria escolha.

Querer-se um mestre, querer-se radicalmente autônomo, impõe constrangimentos que limitam a própria autonomia: eu formo minha opinião sozinho, eu não me baseio em ninguém; ninguém pode fazer testemunho de uma verdade que valeria para todos. O homem à revelia não está livre de aceitar, em nome de sua liberdade, um mestre ou um modelo; ele não está livre, em nome de sua liberdade, de abrir mão de que a sua opinião seja a regra das coisas; ele não está livre de acreditar na verdade, que por natureza é independente de opinião. A igualdade à revelia destrói as autoridades morais e espirituais, ela tende a abolir a objetividade do mundo.

O aprendiz-mestre é privado, por sua própria vontade, de ser um mestre. O que faz ele, isolado e fraco, abandonado ao subjetivismo, mas sempre decidido, dizer: "tenho minha opinião?" Ele se isola, diz Tocqueville, no círculo de idéias que implica a igualdade à revelia e alia-se à única opinião que pode se impor sem fazer ofensa à igualdade: a opinião geral ou a que se assemelhe a ela. O mundo da autonomia é também aquele no qual cada um fala como todo mundo.

A modernidade tardia (segundo quadro)

Mas esta é apenas uma parte da história. A opinião é rainha nas sociedades democráticas, diz Tocqueville, mas esta opinião reinante ou dominante não se confunde com a opinião geral. Tocqueville faz concessões demais ao *common man*, os homens de vanguarda também são operantes. Não são apenas os homens comuns que fixaram o novo repertório do bem e do mal e que o orquestram por meio da mídia, e, em grande medida, da escola. Quem negará o papel-chave das minorias na revolução moral dos anos 60 e seguintes? A marcha da igualdade à revelia é, por um lado, obra dos ativistas da igualdade à revelia: filósofos da liberdade incondicional, sociólogos críticos, advogados imoderados dos direitos do homem, feministas radicais, militantes extremistas do anti-racismo ... cuja força não tem relação com o número, graças, em particular, à transmissão favorável ou complacente da mídia. A opinião dominante é bem uma opinião de vanguarda: os comportamentos dos homens comuns estiveram e estão em atraso e em recuo (por exemplo, em matéria "sexual"). São os homens de vanguarda que dão o tom. Eles têm um bom jogo a propor: a igualdade à revelia deixa o campo livre às minorias ativas de acordo com uma lógica clássica, a da radicalização. A liberdade indeterminada tem sempre conquistas a fazer, a igualdade moral das Bastilhas a serem tomadas. Se Deus não passa de uma ilusão, se a natureza não passa de uma convenção, em nome de que limitar a emancipação da vontade humana? Em nome de que se opor à seleção científica das crianças ou às incitações à fornicação juvenil ou senil? Em nome de que recusar o "direito" à eutanásia ou ao livre comércio da droga ou dos órgãos? Todo moderno radical encontra ou encontrará outro mais moderno ou mais radical que o supere. Para abrandar ou redirecionar o trivial, é preciso se libertar dele.

Certos atores têm, então, mais peso que outros e eles não jogam o jogo de modo leal. Não é uma descoberta, é mais precisamente um segredo de polichinelo entre os homens do alto e do além. No entanto, o simulacro funciona. Ele se traduz por um discurso com muita abertura, que está minado de contradições e cuja eficácia é notável. Os arautos da opinião dominante celebram a liberdade indeterminada e, paralelamente, eles nos formam a moral (a nova moral). Mais precisamente, o discurso diz isto:

1. seja autônomo, despreze os preconceitos, pense por si mesmo, satisfaça seus desejos, sua escolha vale como as outras, nós somos inocentes, viva a liberdade sem limites;

2. seja democrata, pratique a tolerância, os racistas, os sexistas, os "homófobos" são desprezíveis, é preciso ser de seu tempo, ame a humanidade, celebre a modernidade;

3. pense primeiro em si, rejeite as velhas morais puritanas do dom, da honra, do dever, cultive os prazeres do corpo, festeje à vontade.

Tudo isto é incoerente. Se todas as escolhas valem, a do racista e do canibal possuem o mesmo diapasão. Se eu sou absolutamente livre, sou também para não ser moderno ou democrata. Se eu sou sádico, devo ir até o final para saciar meus desejos? Se nenhum valor é imposto, em nome de que recusar a pureza ou o dever? Mas a retórica é poderosa, ela tende a mudar as máximas que governam os homens. Em nome de uma igual liberdade, ela tende a impor uma nova moral, centrada sobre o Eu e nas satisfações do homem físico. Vocês são os mestres, diz o discurso dominante, libertem-se e regressem à animalidade. O homem soberano está convidado a se tornar o último homem.

Em suma, o essencial parece ser: a emancipação radical da vontade conduz a uma revolta contra a natureza humana e o dado do mundo. É preciso se libertar do que não depende de si, é preciso se desprender do que fundamentou o humanismo ocidental[4]. Na experiência totalitária, a revolta toma uma forma extrema e se traduz pelo reinado do subjetivismo e pela servidão das consciências. O mundo não é em si, ele é o que eu digo que ele é. Dizer as coisas tal qual elas são, é se submeter; subverter a realidade pela mentira, é afirmar o seu poder. Quando eu obrigo os homens a viver num universo de ficção, quando eu faço das consciências humanas, coisa minha, eu me vingo do mundo tal qual ele fez comigo, eu tomo o lugar do Criador, triunfo sobre a criação.

Transposta a um mundo democrático, essa revanche segue este caminho: para que eu me engrandeça, é preciso rebaixar a vida. A liberdade verdadeira é uma conquista sobre o mundo moral e sobre este detestável cristianismo; ela apenas exprime plenamente a transgressão que ela mesma busca. A consciência moral é um entrave, o amor uma servidão, somente o egoísmo radical como princípio permite se afirmar contra o dado de se impor sobre o mundo. Minha glória está na minha baixeza. Sade é um herói da liberdade; Genet, um santo e um mártir; Catherine Breillat, um bom pequeno soldado.

Essas são questões para iniciados. Os homens comuns não poderiam, compreender, eles são pusilânimes. Mas, à sua maneira, eles devem seguir. Minha glória também está engajada nisso. É preciso conduzi-los a esta vida plana e excitada que governa as sensações. As técnicas são testadas: a ilusão da autonomia, a satisfação de transgredir tabus velhos e gastos, as cintilações da caverna... Piscadas de olhos só estão reservadas aos iniciados.

Tradução: Vanderlene Dutra Barbosa e *Lawrence Flores Pereira*

Referências bibliográficas

Béneton, P. *De l'égalité par défaut. Essai sur l'enfermement moderne*, Paris, Critérion, 1997.

João Paulo II, *Veritatis Splendor*.

Mattéi, J.-F., *La barbarie intérieure*, Paris, 1999, 3ª ed. ampl., 2001.

Orwell, G. *1984*, Londres, Secker & Warburg, 1949.

Taylor, C., *Sources of the Self*, Harvard UP, 1989

Tocqueville, A. de, *De la démocratie en Amérique*, vol.II, Paris, Gallimard, Bibliothèque de la Pléiade, 1992.

Grossmann, V., *Vie et destin*, Paris, Julliard, 1983.

Trotski, L. *Terrorisme et communisme* (1920), citado em Kolakovski, L. *Main Currents of Marxism*, Oxford UP, 1981.

Notas

1. A. de Tocqueville, p.3.1.

2. V. Grossmann, *Vie et destin*, p.371.

3. L. Trotsky, *Terrorisme et communisme*, citado em L. Kolakovski, *Main Currents of Marxism*, vol.II, p.510.

4. J.-F. Mattéi, *La barbarie intérieure*, p.94. "Pois a humanidade não tem sentido, tal é o paradoxo da interioridade de Platão a Agostinho, senão na medida em que ela aceita depender de quem, precisamente, não depende dela."

OS DESAFIOS NORMATIVOS DA JUSTIÇA GLOBAL SEGUNDO JOHN RAWLS

Nythamar de Oliveira
Pontifícia Universidade Católica do Rio Grande do Sul

Wir sind im hohen Grade durch Kunst und Wissenschaft cultivirt. Wir sind civilisirt bis zum Überlästigen zu allerlei gesellschaftlicher Artigkeit und Anständigkeit. Aber uns für schon moralisirt zu halten, daran fehlt noch sehr viel. Denn die Idee der Moralität gehört noch zur Cultur; der Gebrauch dieser Idee aber, welcher nur auf das Sittenähnliche in der Ehrliebe und der äußeren Anständigkeit hinausläuft, macht blos die Civilisirung aus. (**Immanuel Kant**, *Idee zu einer allgemeinen Geschichte in weltbürgerlicher Absicht*)

Mais comme ses lois [de la métaphysique] portaient encore les traces de l'ancienne barbarie, des guerres intestines la firent tomber peu à peu en pleine *anarchie*, et les sceptiques, espèces de nomades qui ont en horreur tout établissement fixe sur le sol, rompaient de temps en temps le lien social. (**Immanuel Kant**, *Critique de la raison pure*)

C'est un fait: toute culture ne peut supporter et absorber le choc de la civilisation mondiale. Voilà le paradoxe: comment se moderniser, et retourner aux sources? Comment réveiller une vieille culture endormie et entrer dans la civilisation universelle? (**Paul Ricoeur**, *Histoire et vérité*)

Numa pesquisa em andamento, propus-me a esboçar o que seria a dimensão normativa da globalização à luz da teoria da justiça de John Rawls aplicada ao contexto brasileiro da "transição para a democracia". Partindo do que pode ser denominada uma "recepção brasileira do liberalismo" — em particular, das concepções de liberalismo político e de uma democracia deliberativo-participativa —, proponho uma idéia de razão pública que responda, ao mesmo tempo, às exigências de um *ethos* autônomo e deliberativo para a ação local e ao ideal de uma concepção igualitarista universalizável de justiça e liberdade. Minha hipótese de trabalho consiste em argumentar que os desafios da justiça global devem ser traduzidos pela exeqüibilidade da democratização efetiva de instituições sociais, econômicas e políticas em sociedades emergentes como a brasileira, de forma a cristalizar a dimensão normativa da globalização em termos de reivindicações dos direitos humanos e da participação cada vez mais includente de cidadãos nos processos decisórios que consolidam a democracia. Creio que seria possível mostrar, outrossim, em que sentido a sociedade civil pode contemplar uma inserção global a partir de práticas locais, através de movimentos sociais, ONGs e do exercício pleno da cidadania, sem se submeter aos interesses meramente econômicos de grupos dominantes (G-7, FMI, Bird, OMC) e sem cometer o isolacionismo com relação a intercâmbios já existentes e às possíveis aberturas de novas relações internacionais (Mercosul, ALCA, OEA, ONU).

Em primeiro lugar, é mister situar minha pesquisa dentro do vasto campo interdisciplinar da filosofia social, onde devem convergir não apenas as reflexões propriamente filosóficas acerca da ética e da justificativa da sociabilidade e instituições políticas, mas ainda os resultados de pesquisas empíricas e suas respectivas formulações teóricas em sociologia e ciência política. A tensão entre ética e política permanecerá sempre irresolúvel na medida em que a própria filosofia política continuamente desafia o que é simplesmente dado em práticas empíricas concretas, através da problematização permanente de *theoria* e *praxis*. A solução reside, todavia, na própria especificidade teórica da filosofia política, irredutível a uma ciência política e a qualquer princípio metafísico de fundamentação. É precisamente neste sentido de articulação entre uma teoria ideal e uma teoria não-ideal que autores como Rawls podem nos ajudar a melhor compreender os desafios normativos do complexo processo de globalização na medida em que extrapolam as matrizes econômicas e geopolíticas de uma nova ordem mundial. Através de seus trabalhos seminais em teoria política nos anos setenta, oitenta e noventa, Rawls contribuiu de maneira decisiva para corroborar uma teoria da democracia capaz de responder a tais desafios, tornando a globalização aceitável e até mesmo defensável na medida apenas em que coincide com a democratização. Assim como a democracia é um fenômeno político oriundo da civilização grega, a globalização deve ser entendida à luz da modernização e racionalização inerentes a processos de civilização ocidental, como já o mostraram Wallerstein, Braudel e Ianni.[1] Tanto Rawls quanto Habermas partem de pressupostos pragmáticos quanto à solidificação da democracia e processos de democratização em sociedades ocidentais: depois de vários séculos de conflitos e lutas pelo reconhecimento através de imperialismos e colonialismos, o mundo pós-guerra pode finalmente contemplar a possibilidade de uma coexistência pacífica na proporção em que um número cada vez maior de nações adere às regras do jogo democrático. Embora estejamos longe de realizar o sonho iluminista de uma paz perpétua (antecipado pelo Abbé de St. Pierre, Jean-Jacques Rousseau e Immanuel Kant), pudemos experienciar ainda no século passado a criação de uma Liga das Nações, em 1919, da Organização das Nações Unidas, em 1945, e de instituições econômicas visando o desenvolvimento na conferência de Bretton Woods, NH (1944, notavelmente o FMI, o Banco Mundial e a Organização Mundial do Comércio — sucedendo ao GATT) na tentativa de salvaguardar e estender a Declaração Universal dos Direitos Humanos a todos os povos.

Quando *A Theory of Justice* (TJ) foi publicada em Harvard em 1971, havia um tácito consenso entre os pensadores da filosofia política de que nenhuma obra monumental nesta área tinha sido publicada desde o início da chamada Guerra Fria. Além das importantes contribuições de neomarxistas como Antonio Gramsci, Georg Lukács e dos expoentes da primeira geração da Escola de Frankfurt (Theodor W. Adorno, Max Horkheimer, Herbert Marcuse, Walter Benjamin), a primeira metade do século XX assistiu ainda a algumas contribuições originais isoladas como os trabalhos de Carl Schmitt, Leo Strauss e Hannah Arendt. Assim, a publicação da obra-prima de Rawls em 1971 marca não apenas o renascimento do liberalismo político e do jusnaturalismo associados a contratualistas como Locke, Rousseau e Kant, mas ainda o início de um infindável debate entre racionalistas e culturalistas, universalistas e particularistas, liberais e comunitaristas, para além da polarização ideológica entre capitalistas e socialistas. *Uma teoria da justiça* deve ser lida, portanto, como uma obra seminal, em todos os sentidos, mas sobretudo pelo seu caráter de produzir discussões em torno de problemas clássicos de ética e filosofia política, que têm sido reformulados e provocado reflexões e problemáticas originais acerca da natureza e justificativa das instituições sociais, políticas e econômicas, em particular aquelas que viabilizam o chamado Estado democrático de direito. Como Rawls diria numa entrevista de 1998 (à revista liberal católica *Commonweal*), o problema central de sua reflexão ético-política desde *Uma teoria da justiça* até o seu *Liberalismo político* (1993) e *O direito dos povos* (1999) sempre foi o de oferecer argumentos razoáveis em defesa da democracia constitucional através de uma idéia de razão pública. A concepção de uma teoria da justiça como eqüidade (*justice as fairness*) foi apenas o marco inicial para um desafio normativo que continua até hoje, em plena globalização, nos impelindo ao pensamento ético-político: "Por que, afinal, defender a democracia como melhor forma de governo e sociabilidade?" O livro de Rawls foi erroneamente identificado com um manifesto do Estado de bem-estar social (*welfare state*), talvez por causa da dimensão igualitarista de seu liberalismo e da idéia de justiça distributiva inerente à sua teoria. A verdade é que Rawls já buscava então uma reconciliação entre as chamadas "liberdades dos antigos e dos modernos". Embora a formulação original de uma teoria da justiça como eqüidade tenha sido revista e reformulada pelo próprio Rawls ao longo de seus escritos tardios, o intento programático de justificar a coexistência pacífica de grupos sociais conflitantes numa mesma sociedade civil é preservado e radicalizado através de vários argumentos que retomam a questão diretriz da tolerância política: "Como tolerar o intolerante? Como reconciliar interesses incompatíveis através de uma concepção pública de bem comum?"[2] Esta é, de resto, a mais crucial problemática do contratualismo clássico, a saber, justificar a passagem de um estado hipotético de natureza a um estado de sociedade civil através de um contrato social. Todavia, seria errôneo, a meu ver, reduzir a teoria rawlsiana da justiça a um jusnaturalismo revisitado ou a um neocontratualismo. A proposta de Rawls é, com efeito, menos modesta do que possa parecer a uma primeira leitura, superficial e descuidada. A problematização do contratualismo pela idéia de uma "posição original" visa diferentes níveis de articulação entre ética e filosofia política, lidando com questões de antropologia filosófica, economia política, teoria da linguagem, epistemologia moral, sociologia política e psicologia moral. Trata-se, portanto, de uma interlocução profícua com diversos autores e correntes da ética e da filosofia política. O pensamento político-filosófico de Rawls pretende, em suma, argumentar por uma defesa racional da democracia liberal em termos de uma razão pública, i.e., com argumentos e critérios que possam ser pública e consensualmente estabelecidos na elaboração de uma sociedade mais justa. As nossas sociedades democráticas se aproximam de uma sociedade idealmente justa (uma sociedade bem ordenada) na medida em que subscrevemos a princípios que seriam escolhidos pelas partes contratantes numa posição original, onde se estabelece um processo eqüitativo para se chegar a uma idéia de justiça social. Trata-se de uma justiça procedimental pura e não perfeita (e.g., divisão perfeccionista do bolo) — sem termos conhecimento de vantagens ou privilégios particulares. Daí o procedimentalismo conseqüencialista e igualitarista de sua teoria.

A concepção rawlsiana da "posição original"[3] pode ser vista como ponto de partida da sua teoria da justiça como um todo (justiça como eqüidade), precisamente quando se tratava de resolvê-la nos termos de uma teoria da escolha racional. Com efeito, é nesse mesmo contexto conceitual que devemos entender a concepção de "equilíbrio reflexivo", quando Rawls a aproxima da justificação de princípios de inferência em Nelson Goodman e a afasta da neutralidade imparcial defendida por Thomas Nagel, calibrando de maneira interativa a teoria ideal com a teoria não-ideal.[4] A objetividade em questão, segundo Rawls, serve apenas para descartar as aporias opondo posicionamentos extremos de relativismos e objetivismos. E é ainda neste sentido preciso, que Rawls encontra no construtivismo kantiano uma terceira via entre concepções teleológicas (éticas das virtudes e utilitarismos) e intuicionistas da moral. Como observa Kenneth Baynes no seu estudo seminal sobre Kant, Rawls e Habermas[5], a formulação construtivista da filosofia prática sustentada por estes pensadores visa a "um procedimento capaz de avaliar criticamente a legitimidade de normas e instituições sociais pelo crivo de uma concepção normativa de razão prática".[6] Outrossim, ao explorar os argumentos centrais de tais versões de construtivismo, este se mostra uma defensável "elucidação dos fundamentos normativos" da crítica social, cuja justificação é "em última análise reflexiva ou recorrente, no sentido de não se poder mais apelar para alguma instância além da idéia do que pode ser racional e consensualmente aceito por pessoas livres e iguais".[7]

Todo o programa ético-político exposto na *Teoria da justiça* de 1971 foi continuamente revisado pelo autor, ao longo de três décadas, como atestam os seus *Collected Papers* (1999) e *Lectures on the History of Moral Philosophy* (2000). Podemos destacar três grandes problemas que permeiam sua teoria da justiça, sobretudo no desenvolvimento das teses centrais de sua trilogia (*Uma teoria da justiça*, 1971, *Liberalismo político*,1993, *O direito dos povos*, 1999), a saber:

1. O problema do procedimentalismo, em contraposição a modelos teleológicos e utilitaristas em ética e filosofia política;
2. o problema do universalismo, em contraposição a modelos comunitaristas ou particularistas;
3. o problema do igualitarismo, em contraposição ao individualismo possessivo.

Podemos situar no primeiro problema todas as questões referentes aos modelos de ética geral, como, por exemplo, de modelos eudaimonistas, de uma ética das virtudes (§§30, 67, 83), do utilitarismo clássico, utilitarismo de regra, utilitarismo de ato (§§5, 30, 50), da ética deontológica, ética do dever (§§6, 40), da teleologia (§§5, 7, 50, 85), do hedonismo (§§5, 84) e do perfeccionismo (§50). Assim, a questão do contrato social e de classificar a teoria rawlsiana como contratualismo ou jusnaturalismo (§§3, 6, 85), creio eu, também seria pensada neste grande campo temático, onde se configura ainda o problema do construtivismo (§§14, 47) e as questões correlatas do intuicionismo, falácia naturalista, realismo e anti-realismo (§§7, 39, 87), que seriam tematizadas em seus escritos dos anos 80 culminando com o *Liberalismo Político*. Sem dúvida, um título bastante instrutivo para esse primeiro conjunto de problemas afins seria o do §40 da *Teoria da justiça*, "A interpretação kantiana da justiça como eqüidade". A pretensão da teoria rawlsiana é a de contemplar todas as reivindicações de modelos já desenvolvidos, de forma a dar conta da tensão irresolúvel entre egoísmo e altruísmo (§§21, 30), como atestam os modelos elencados no §21 da TJ. Em uma palavra, a dimensão deontológica da teoria rawlsiana é apenas corroborada nos seus dois escritos mais importantes depois da TJ.

Em segundo lugar, temos a questão de contrapor um universalismo de inspiração kantiana (§§23, 29) a um comunitarismo de inspiração hegeliana (§§41-43). O comunitarismo abrange críticos de Rawls tão diversos quanto Alasdair MacIntyre, Charles Taylor, Michael Sandel e Michael Walzer. Autores como Amy Gutmann e Will Kymlicka mostraram as limitações de muitas das críticas comunitaristas na medida em que ainda pressupõem valores liberais de modelos universalistas. Otfried Höffe mostrou que seria problemática e equivocada a aproximação de tal corrente com um neo-aristotelianismo e Jürgen Habermas argumentou de maneira bastante convincente contra a identificação do comunitarismo com um republicanismo de inspiração rousseauniana.[8] Feitas estas duas ressalvas, o comunitarismo pode ser compreendido como uma reformulação teórico-política do ideal republicano da comunidade enquanto fundamento, princípio ou justificativa racional da sociabilidade e da justiça, numa rejeição explícita do ideal de autonomia individual. Assim como o contrato social e o princípio da universalizabilidade servem para fundamentar, balizar ou justificar modelos universalistas liberais (neocontratualistas), o ideal da comunidade e suas idéias correlatas (tradição, eticidade, língua, história, identidade cultural, étnica e religiosa) são evocados numa argumentação comunitarista recorrendo não mais ao ideal revolucionário marxiano mas à concepção hegeliana de comunidade (*Gemeinde, Gemeinschaft*) que permeia todas as relações e instituições sociais, integrando as esferas privadas e pública (família, sociedade civil-burguesa e Estado). Embora o termo "comunidade" não seja ele mesmo inequívoco ou isento de polissemia — um sociólogo americano distinguiu 94 sentidos diferentes para "*community*"[9] —, podemos aludir a cinco características fundamentais de forma a diferenciar a especificidade teórico-política do comunitarismo:

1. Toda comunidade pressupõe uma idéia de bem comum, seja através de interesses ou fins comuns, seja através de valores ou qualidades comuns, capazes de assegurar a coesão e integração de um grupo social qualquer — associações voluntárias, comunidades, estamentos, corporações.

2. Os ideais liberais de liberdade e igualdade implicam uma correlação fundamental com a fraternidade (*liberté, égalité, fraternité*) na medida em que a solidariedade e a intersubjetividade são pressupostas no próprio sentido de pertença (*appartenance, membership, Mitgliedschaft*) inerente a um grupo social.

3. Seguindo uma crítica famosa de Michael Sandel ao conceito rawlsiano de "eu" (self), para distinguirmos o "eu" de seus fins — que, segundo o modelo deontológico de Rawls, seriam sempre *a posteriori* ("*the self is prior to the ends which are affirmed by it*", TJ p. 560) —, é inevitável que incorramos em uma das duas situações antitéticas: a de um sujeito radicalmente situado ("*a radically situated subject*") ou a de um sujeito radicalmente desencarnado ("*a radically disembodied subject*"). Sandel e MacIntyre argumentam, contra a suposta neutralidade do liberalismo deontológico, que nossa identidade (social, cultural, étnica) é na verdade determinada por fins que não foram escolhidos por indivíduos isolados ou desinteressados, mas descobertos e desvelados pela nossa inserção num determinado contexto social — daí a fórmula lapidar do "*embedded self*", o eu arraigado, inserido, situado, contra o "*encumbered self*" (o eu desimpedido, isolado).

4. Sentimentos morais não podem ser adequadamente expressos em termos individuais, o que inviabilizaria a articulação deontológica entre uma justificação transcendental ou procedimental e uma aplicação moral empírica. Taylor argumenta contra o individualismo metodológico dos modelos contratualistas liberais precisamente pela negligência das práticas e crenças de pano-de-fundo ("*background beliefs and practices*"), num nível de normatividade tácita que perpassa os sentimentos morais na vida cotidiana e no senso comum.

5. A mediação se faz necessária para darmos conta das inter-relações entre indivíduos e sociedade, da intersubjetividade de toda relação humana e da própria individuação através da socialização. Somente pela eticidade (*Sittlichkeit*) podemos passar do ideal universalizável de uma moralidade particular à efetiva realização da sociabilidade, unindo direito e moral, ética e política.

Finalmente, no terceiro campo de problemas, temos a questão do igualitarismo, decorrente da própria formulação do princípio de eqüidade (*fairness*) (§§18, 58) e do princípio da diferença (§§13, 80), não apenas na idéia de igualdade eqüitativa de oportunidades mas ainda no primeiro princípio da justiça, da igual liberdade. A minha tese central é que o liberalismo político não pode se sustentar separadamente do igualitarismo, na medida em que articula liberdades básicas e o princípio liberal da tolerância (§§32-35) numa versão liberal de republicanismo democrático (vontade geral e igualdade política) (§17). Afinal, trata-se aqui de uma teoria da democracia liberal constitucional que visa promover a liberdade igual para todos e a igualdade eqüitativa de oportunidades, na medida em que as desigualdades são aceitáveis para os menos privilegiados. Ao contrário do individualismo possessivo do modelo hobbesiano e das diferentes versões de libertarianismo, a concepção rawlsiana de justiça como eqüidade retoma uma concepção de justiça como imparcialidade e não como decorrente de um regramento entre interesses conflitantes. Nada mais errôneo, portanto, do que aproximar o modelo rawlsiano de uma versão neoliberal ou libertária que defenda um Estado mínimo. Por outro lado, como já sugeri antes, a teoria da justiça em Rawls não defende tampouco um igualitarismo radical, como em modelos comunitaristas (sobretudo os de inspiração marxista) ou ainda em defesa irrestrita do Estado de bem-estar. O igualitarismo conseqüencialista de Rawls é corroborado pelos princípios liberais de tolerância e de reciprocidade, respectivamente elaborados no *Liberalismo político* e no *Direito dos povos.*

Em seu *Liberalismo político*, John Rawls observa de maneira um tanto instrutiva que Lutero e Calvino foram tão dogmáticos e intolerantes quanto a Igreja Católica Romana tinha sido antes deles.[10] Contudo, segundo Rawls, a Reforma do século XVI inaugurou de maneira definitiva o pluralismo religioso no mundo ocidental moderno. Se os gregos, assim como as religiões politeístas em geral, eram bem mais tolerantes do que os povos que adeririam a religiões monoteístas, em particular ao cristianismo depois da conversão de Constantino, só com a Reforma foi concretizado o problema do liberalismo político, a saber, "como é possível existir, ao longo do tempo, uma sociedade estável e justa de cidadãos livres e iguais, profundamente divididos por doutrinas religiosas, filosóficas e morais razoáveis". (*How is it possible that there may exist over time a stable and just society of free and equal citizens profoundly divided by reasonable religious, philosophical, and moral doctrines?*) De acordo com Rawls, a liberdade dos antigos se diferencia da dos modernos não apenas pela emergência de um novo paradigma de subjetividade (o indivíduo político, seus direitos civis e suas liberdades básicas) mas ainda — e de maneira mais fundamental — pela introdução deste "choque entre religiões salvacionistas, doutrinárias e expansionistas" e pela internalização de tal conflito "latente e irreconciliável": "A novidade em relação a esse choque" (*clash*), escreve Rawls, "é que ele introduz nas concepções de bem das pessoas um elemento transcendental que não admite conciliação. Esse elemento conduz forçosamente ou a um conflito mortal, moderado apenas pela circunstância e pela exaustão, ou a liberdades iguais de consciência e de pensamento. Exceto por essas últimas, firmemente arraigadas e publicamente reconhecidas, nenhuma concepção política razoável de justiça é possível". É neste sentido, portanto, que Rawls pode asserir, em tom de constatação, que "a origem histórica do liberalismo político e do liberalismo em geral está na Reforma e em suas conseqüências, com as longas controvérsias sobre a tolerância religiosa nos séculos XVI e XVII".[11] E Rawls ainda comenta, não sem ironia, que "como Hegel sabia muito bem, o pluralismo possibilitou a liberdade religiosa, algo que certamente não era a intenção de Lutero, nem de Calvino", fazendo alusão ao parágrafo

270 das *Grundlinien der Philosophie des Rechts* de 1821.[12] Decerto, toda a filosofia política da tolerância que seria desenvolvida de John Locke, no final do século XVII, até John Stuart Mill, em meados do século XIX, marcaria uma evolução notável na aplicação de conceitos fundamentais como justiça, liberdade e igualdade a esferas cada vez mais abrangentes do tecido social e das instituições sociais, econômicas e políticas. Basta lembrar que um autor como Hobbes, apesar de suas críticas veementes à Igreja e de ter sido aparentemente indiferente à religião, se opôs taxativamente à tolerância religiosa e não tolerou os calvinistas e membros de outras seitas protestantes. De resto, as guerras religiosas e as grandes insurreições, rebeliões e guerras civis nos séculos XVI e XVII pareciam solapar a estabilidade do estado de direito. Os modelos jusnaturalistas procurariam, portanto, estabelecer de maneira definitiva uma justificação coerente do poder instituído — que, em última análise, mesmo sem recorrer ao direito divino dos reis era também representado na vida religiosa do povo e seus líderes espirituais. O problema de tolerar diferentes concepções do divino, sob a ameaça constante de grandes heresias, apostasias e cisões, inevitavelmente nos remeteria, numa situação extrema, ao problema de até que ponto pode-se tolerar o intolerante.[13] Rawls observa que antes da prática pacífica e bem-sucedida da tolerância em sociedades com instituições liberais, não havia como saber da existência da possibilidade de uma sociedade pluralista estável e razoavelmente harmoniosa. Por isso, a intolerância foi aceita durante tantas décadas, mesmo depois da Reforma, como uma condição da ordem e estabilidade sociais. Certamente a secularização — e este foi um processo que se desenvolveu paulatinamente a partir de concepções liberais em círculos teológicos — viria a coroar de vez a especificidade do liberalismo político, autodiferenciado do problema do bem supremo. Como Rawls observa, para os modernos, o bem se dava a conhecer em sua religião; com suas divisões profundas, o mesmo não se verificava em relação às condições essenciais de uma sociedade viável e justa. Assim as diferenciações das esferas do político, do social e do econômico seguem organicamente a separação pós-luterana entre a esfera eclesiástica e a esfera civil.

Segundo John Rawls, a característica mais fundamental e permanente de uma cultura política democrática, pública, é precisamente o que ele denomina o "fato do pluralismo razoável". De acordo com o *Liberalismo político*, tal "cultura pública compreende as instituições políticas de um regime constitucional e as tradições públicas de sua interpretação (*inclusive as do judiciário*) [sem grifos no original].[14] Além de ser uma concepção moral especificamente política — na medida em que se aplica à "estrutura básica da sociedade", i.e., às instituições políticas, sociais e econômicas de uma democracia constitucional moderna — e de ser apresentada como uma "visão auto-suficiente" (*free-*

standing view) — diferenciada, portanto, em sua especificidade política de doutrinas abrangentes (*comprehensive doctrines*) morais, religiosas e filosóficas —, a "justiça como eqüidade" parte de "uma certa tradição política", assumindo como sua idéia fundamental a da "sociedade como um sistema eqüitativo de cooperação ao longo do tempo, de uma geração até a seguinte". E Rawls acrescenta:

> Essa idéia organizadora central corre paralela a duas outras, fundamentais, que são suas companheiras inseparáveis: a de que os cidadãos (aqueles envolvidos na cooperação) são pessoas livres e iguais (§§3.3 e 5); e a de que uma sociedade bem ordenada é efetivamente regulada por uma concepção política de justiça (§6). Supomos também que essas idéias podem ser trabalhadas numa concepção política de justiça capaz de conquistar o apoio de um consenso sobreposto [*overlapping consensus*].[15]

Creio que uma outra maneira de abordarmos esta problemática pode se dar através da própria concepção política da tolerância enquanto princípio liberal que permeia e guia toda construção do pluralismo razoável. Como o sugeriram independentemente os estudos de Paulo Krischke e Álvaro de Vita, uma cultura política como a brasileira — longe de ser uma "sociedade bem ordenada", mas em via de superar suas desigualdades e hierarquias estruturais — deve ser democratizada pela idéia liberal da tolerância, estendida a todos os segmentos da vida social, política e econômica.[16] Afinal, uma cultura política que se encontra em transição para a democracia, que ainda experiencia a consolidação da democracia sem ter jamais realizado uma revolução nacional ou uma longa e durável experiência da democracia liberal, só poderá atingir um patamar mínimo de publicidade e pluralismo na medida em que seus cidadãos efetivamente conquistarem os próprios direitos que reivindicam através de movimentos sociais, militância partidária e mobilizações junto a associações voluntárias e organizações não-governamentais. De resto, "cultura política" não pode ser tomada como um conceito científico definitivo, como bem o mostrou Steve Chilton em seu estudo sistemático sobre desenvolvimento político.[17] Se os indivíduos são socializados em suas respectivas culturas (valores normativos como religião, moral e opção partidária), eles também são catalisadores da mesma cultura que ajudam a produzir e reproduzir. Portanto, há sempre uma defasagem entre a cultura e o político, com interação nos dois sentidos: assim como não se procede mais a uma mera hipóstase superestrutural, as diferenciações nas esferas da ciência, do direito e da arte não poderiam ser tampouco superadas por uma metacrítica que resgatasse o sentido unificador da modernidade, tornado hoje problemático e desacreditado. As contribuições de autores como Rawls e Habermas mostram sobretudo que tal conceito deve ser complementado pela idéia normativa de uma razão pública concebida em termos democrático-constitucionais. Mesmo que se idealizasse uma concepção universalizável de cultura política, o que temos hoje é uma proposta democrático-liberal que, apesar de todas as deficiências em sua gênese histórico-conceitual (colonialismo e pós-colonialismo), ainda se apresenta como a mais viável para todas as nações, inclusive para as que ainda não têm valores democráticos sedimentados em seu *ethos* sociopolítico. Assim, as liberdades básicas e os direitos fundamentais — a começar pelo direito a saúde, educação e trabalho —, apesar de "garantidos" pela Constituição de muitos países como o nosso, devem ser efetivamente reivindicados pela sociedade civil, mesmo em se tratando de questões que envolvem discussões técnicas, especificamente pertinentes ao governo e aos três poderes em seus variados níveis de representatividade.

A questão brasileira da transição para a democracia foi sistemática e incisivamente debatida por pesquisadores, historiadores, intelectuais e cientistas sociais ligados ao Cebrap e às universidades de Yale e Columbia, entre 1983 e 1987, resultando na confecção de um volume, *Democratizing Brazil*, editado pelo "brasilianista" Alfred Stepan (Stepan, 1989) Na verdade, o volume dá continuidade a uma análise aprofundada dos problemas sociais, políticos e econômicos que assolaram o Brasil durante a ditadura militar, traduzida pela elaboração de um outro volume, *Authoritarian Brazil*, entre 1971 e 1972, no zênite do autoritarismo.[18] A passagem do regime militar a um regime civil presidencialista em março de 1985, depois de 21 anos de ditadura, assinalou o início de um verdadeiro processo de democratização, para além dos jargões da longa era ideológica da Guerra Fria — mas no interior da qual toda análise discursiva deveria ser empreendida. É muito oportuno lembrar aqui que o discurso liberacionista — não apenas das chamadas teologias da libertação, mas ainda dos movimentos estudantis e das transformações socioculturais dos anos 60 e 70 — foi elaborado como uma resposta crítica e alternativa à doutrina liberal e capitalista do desenvolvimentalismo, segundo a qual seria apenas uma questão de tempo para que alguns países do chamado Terceiro Mundo "decolassem" (*take off*) em rumo definitivo ao desenvolvimento (*desarollo*) — daí a terminologia dos *developping countries*, "países em desenvolvimento". Com a emergência da teoria rawlsiana da justiça em 1971 — mesmo ano em que Gustavo Gutiérrez publica sua *Teología de la Liberación* —, podemos argumentar em favor do princípio liberal da tolerância como alternativa às limitações de modelos desenvolvimentistas e liberacionistas para tratar da democratização em sociedades ditas "emergentes".

Segundo a mais recente terminologia do "desenvolvimento sustentável", num mundo cada vez mais globalizado, uma *transition to democracy* deixa de ser apenas um fenômeno inevitável mas torna-se agora uma questão de sobrevivência. Para além dos debates e dos programas pautados por megaeventos internacionais, apoiados pela ONU e por ONGs do mundo inteiro, questões de direitos humanos e problemas afins entram definitivamente na agenda de processos decisórios que visam à implementação de políticas econômicas, em particular políticas públicas que lidam com questões referentes ao combate sistêmico de mecanismos de exclusão social. Por exemplo, as reivindicações de movimentos negros e feministas, grupos ecológicos, movimentos gay, grupos indígenas e outros atestam hoje a inevitabilidade de se aprofundar as relações de solidariedade e alteridade para o pleno exercício da cidadania: o igualitarismo se manifesta cada vez mais pela diversidade do pluralismo democrático. E isso também se dá, paradoxalmente, nas relações entre culturas de países diferenciados econômica e socialmente. Assim, a própria concepção de "justiça global", correlata imediata da democratização num mundo globalizado, surge como uma proposta capaz de responder aos anseios de teorias liberacionistas, como a teoria da dependência de Cardoso-Faleto, na medida em que denuncia a colonização sistêmica do mundo da vida, sobretudo pelos monopólios do poder e do dinheiro (por exemplo, na política externa americana e nos efeitos nefastos do mercado financeiro) ou defende a transparência pública dos meios de acesso social à justiça pública estatal.[19] Na *Teoria da Justiça*, os dois princípios devem ser, portanto, concebidos segundo um modelo de jogo democrático na medida em que articulam uma liberdade igual e uma eqüitativa igualdade de oportunidades, de forma a viabilizar uma sociedade cada vez mais justa, *fair*, cujas desigualdades são aceitáveis por estabelecerem critérios públicos de justiça, iguais para todos. A primazia do justo sobre o bem, ao contrário do utilitarismo, não permite o sacrifício de indivíduos em suas aspirações racionais, mas assegura que cada um (ou grupo de indivíduos) busque a realização de suas concepções do bem (diferentes e muitas vezes incompatíveis entre si) ao mesmo tempo em que todos compartilham um certo senso de justiça, o mínimo exigido para manter os termos razoáveis de uma cooperação social. Rawls concebe seu modelo de justiça como eqüidade precisamente para organizar as idéias e os princípios capazes de expressar a própria sociabilidade em termos desses critérios públicos, ou seja, a sociedade passa a ser "concebida como um sistema eqüitativo de cooperação social entre pessoas livres e iguais, vistas como membros plenamente cooperativos da sociedade ao longo de toda a vida".[20]

Na medida em que a razão política é compartilhada por todos, publicamente, pode-se falar de uma democracia que se mostra como a melhor forma de governo do povo, pelo povo e para o povo. Políticas econômicas contemplariam, segundo Rawls, os mesmos requisitos inerentes ao utilitarismo. Na sua interlocução com Amartya Sen, seu colega de Harvard e Nobel de Economia, Rawls mostra que se há conseqüencialismo (*maximin* enquanto princípio de utilidade), este deve ser entendido em termos contratuais, procedimentais — como seria inclusive possível de ser formulado no próprio procedimento de representações práticas do imperativo categórico de Kant. De acordo com Sen, o utilitarismo pode ser considerado à luz da combinação dos três requisitos:

1. "*welfarismo*" [*welfarism*], requerendo que a bondade de um estado de coisas seja função apenas das informações sobre utilidade relativas a esse estado.

2. "*ranking pela soma*" [*sum-ranking*], requerendo que as informações sobre utilidade relativas a qualquer estado sejam avaliadas considerando apenas o somatório de todas as utilidades desse estado.

3. "*conseqüencialismo*" [*consequentialism*], requerendo que toda escolha — de ações, instituições, motivações, regras etc. — seja em última análise determinada pela bondade dos estados de coisas decorrentes.[21]

A reformulação rawlsiana do seu liberalismo político procura manter a idéia diretriz da primazia do justo sobre o bem de forma a satisfazer parcialmente esses requisitos e de maneira incisiva realizar os requisitos inerentes a um conseqüencialismo contratual, igualitarista. Além da prioridade do justo *vis à vis* das idéias do bem (Conferência V), as outras duas idéias centrais do *Liberalismo político* são o consenso sobreposto e a razão pública, respectivamente tematizadas nas Conferências IV e VI. Questões de reformas administrativas, constitucionais e do Judiciário nos remetem ao problema da passagem de um consenso constitucional a um consenso sobreposto (§§6, 7). No consenso constitucional, assegura Rawls, "uma constituição que satisfaz certos princípios básicos estabelece procedimentos eleitorais democráticos para moderar a rivalidade política no interior da sociedade".[22] Princípios liberais de justiça, assim como o princípio da tolerância e as regras do jogo democrático, são endossados paulatinamente como *modus vivendi*, a partir do momento em que são adotados por uma constituição e passam a influenciar as próprias doutrinas abrangentes dos cidadãos em direção a um pluralismo razoável. Pelas reformas judiciais e emendas fundamentais, um consenso constitucional pode aprofundar os princípios liberais, viabilizando uma adesão generalizada — mesmo que inicialmente seja motivada por interesses pessoais, costumes ou tradições de doutrinas abrangentes (religiosas, morais e outras) — e tornando um simples pluralismo em um pluralismo razoável, capaz de permitir a passagem para o consenso sobreposto. Rawls assume, portanto, que as doutrinas abrangentes sempre admitem "um espaço para o desenvolvimento de uma adesão independente à concepção política que ajuda a criar um consenso".[23] O grande problema de posicionamentos intransigentes (por exemplo, de fundamentalistas e radicais) é o de não permitir a emergência de um consenso que viabilize a coexistência pacífica de interesses diferenciados, essencial para o processo democrático. Daí o papel fundamental da revisão judicial ou "revisão conduzida por um outro órgão" para que "juízes, ou as autoridades em questão, desenvolvam uma concepção política de justiça à luz da qual a constituição, de acordo com sua visão, seja interpretada, e casos importantes sejam decididos". E Rawls acrescenta: "Somente então as leis promulgadas pelo legislativo podem ser declaradas constitucionais ou inconstitucionais; e somente então os juízes têm uma base razoável para interpretar os valores e critérios que a constituição incorpora ostensivamente. É claro que essas concepções terão um papel importante na política dos debates constitucionais."[24]

Rawls tematiza, assim, o problema de como sair do mero *modus vivendi*, por exemplo, da tolerância liberal, em direção a um consenso constitucional onde tais princípios são efetivamente endossados e, posteriormente, encarnar o ideal de razão pública em práticas cotidianas que nos remetem ao consenso sobreposto, dentro do "império da lei" (*rule of law*) ou do chamado "estado democrático de direito" (*demokratische Rechtsstaat*).[25] É neste sentido, que Rawls identifica, no §6, o supremo tribunal como exemplo de razão pública, mas com os devidos limites impostos pela constituição democrática e pela vontade geral: "... o poder supremo de um governo constitucional não pode caber ao legislativo, nem mesmo ao supremo tribunal, que é apenas o melhor intérprete judicial da constituição. O poder supremo é detido pelos três poderes, numa relação devidamente especificada de uns com os outros e sendo cada qual responsável perante o povo."[26]

Assim como o direito nos Estados emergentes se mostra cada vez mais politizado, os desafios do fenômeno da economia globalizada se estendem à atuação decisiva do judiciário na vida política dos países ditos desenvolvidos. Assim como a racionalidade jurídica é colocada em xeque nessas relações políticas, as políticas públicas exigem cada vez mais da função judicial e da efetividade normativa do direito nas relações entre o público e o privado. Apesar de sua autonomia e da não-subordinação do direito à moral segundo os parâmetros do contratualismo clássico (de Hobbes a Kant), a responsabilidade social da função judicial nos remete inevitavelmente à questão da ética na política. A impunidade e a corrupção que marcaram todo o desenvolvimento de nossa história política, através das diferentes experiências de nos afirmarmos como um regime constitucional, infelizmente não eximem os supostos defensores da justiça, do direito e da lei em nosso país. Por trás de quase todos os golpes e esquemas de abuso do poder e da coisa pública, encontramos o recurso à lei e o apoio legal para infringi-la — por mais paradoxal que pareça. Esta já seria, de resto, uma razão pragmática para endossarmos modelos contratualistas, em contraposição a modelos sistêmicos, empiristas e positivistas que tendem a questionar a fundamentação moral do judiciário e do político. Afinal, na medida em que fazemos depender da moral uma concepção de direito ou justiça estaríamos solapando a própria idealização de uma distribuição eqüitativa de bens primários, como se tratasse, em última análise, de uma aplicação extensiva da lei do talião ou de uma secularização formal da teologia retributiva (crime e castigo). Por um lado, pode-se questionar que contrapor a justiça distributiva tal como ela é reformulada por Rawls a versões tradicionais de justiça retributiva seja um "falso dilema contemporâneo" precisamente porque a concepção política de *justice as fairness* se propõe, acima de tudo, a dar conta do *cuique suum*, ou seja, a justificar em que medida deve-se exigir que a cada um seja dado (ou retribuído) o que é seu, o que lhe é próprio, de direito. Por outro lado, numa formulação alternativa extrema, no outro pólo do espectro das teorias da justiça (não-cognitivas, pós-modernas), poderíamos aludir à impossibilidade de justiça, como o sugere Jacques Derrida, precisamente por não haver uma tal medida transcendental de propriedade, propriação (enquanto apropriação e expropriação, no sentido heideggeriano): "desconstrução é justiça", na medida em que "todo outro é totalmente outro" (*tout autre est tout autre*) e seria portanto impossível dizer ou pensar a justiça sem incorrer na aporia de não fazer jus ao Outro, ao que lhe é próprio, *de jure*.[27] Em ambos os casos, voltamos à questão do profetismo social: "Como devemos, então, viver?"[28]

A proposta de Rawls é que procuremos resolver questões de justiça social, hoje, através do modelo paradigmático da filosofia política moderna — o contratualismo — com sua correlação diretriz entre liberdade e igualdade. Assim como Locke e Rousseau foram capazes de desenvolver uma versão mais elaborada do contrato social a partir de suas críticas ao absolutismo e racionalismo de Hobbes, também Rawls se apropria daqueles autores segundo uma "interpretação kantiana" capaz de reconciliar as liberdades dos modernos e dos antigos, os ideais liberais (como a tolerância e as liberdades fundamentais) com os republicanos (tais como a participação e a soberania popular).[29] A fim de não incorrermos em moralismo, proselitismo religioso ou fundacionalismo metafísico, somos levados a buscar uma concepção especificamente política de justiça, de forma a viabilizar a convivência de doutrinas abrangentes incompatíveis.

Embora outros autores, particularmente Habermas, tenham apresentado outros modelos alternativos (por exemplo, uma "terceira via" com relação a universalistas e comunitaristas, liberais e socialistas, ou uma "teoria deliberativo-participativa da democracia"), a contribuição de Rawls se mantém como uma das mais originais e instrutivas, tendo servido inclusive para motivar críticas imanentes (ou *family feuds* como a que envolveu Habermas e seus epígonos) e críticas radicalmente opostas (como a de neomarxistas e neo-hegelianos) ao seu liberalismo político. A idéia central do modelo rawlsiano é que sociedades democráticas, onde coexistem doutrinas abrangentes razoáveis, podem endossar uma teoria da justiça como eqüidade.[30] Uma tal teoria é, portanto, liberal e especificamente política na medida em que é auto-suficiente (*freestanding*, segundo Rawls, ao contrário da teoria habermasiana do agir comunicativo), isto é, em que se limita à categoria do político sem adentrar em questões propriamente metafísicas ou teórico-filosóficas (*The central idea is that political liberalism moves within the category of the political and leaves philosophy as it is*).

Rawls concorda plenamente com Habermas no que diz respeito à correlação entre democracia e direito constitucional: não há sociedade justa sem uma constituição justa. Portanto, o equilíbrio reflexivo nos remete inevitavelmente a convenções e instâncias de reformas constitucionais, reformas do judiciário e do Estado democrático de direito. Num certo sentido, nós somos sempre em via de nos democratizar, em plena prática cotidiana da democratização, assim como a força normativa do procedimentalismo reside na busca incansável da sociedade bem ordenada através da estabilização de sua estrutura básica. Tanto liberais quanto socialistas do chamado mundo civilizado defendem hoje a democratização, em nível regional e mundial, das instituições econômicas, sociais, políticas e jurídicas como única forma viável de garantir efetivamente a coexistência pacífica entre os povos. Embora o realismo político das relações internacionais nos impeça de acatar a *pax americana* sem ceticismo ou suspeita, o recente ataque terrorista aos EUA renovou trágica e paradoxalmente as possibilidades de uma humanidade mais unida, pelo menos quanto à sua autopreservação. Num mundo cada vez mais globalizado, a democracia deixa de ser apenas um fenômeno eurocêntrico mas torna-se, agora mais do que nunca, uma questão de sobrevivência para todos.

Assim como o liberalismo político recorre a uma concepção política de justiça, subjacente a um consenso sobreposto entre seguidores de visões religiosas, filosóficas e morais incompatíveis, Rawls estende a teoria da justiça a uma sociedade dos povos — liberais e não-liberais (mas decentes) — que subscrevem a princípios internacionais da razão pública, tais como a autodeterminação, não-intervenção, autodefesa, direitos humanos, conduta na guerra e assistência a outros povos vivendo sob condições desfavoráveis. Os ideais da paz perpétua advogada por Saint-Pierre, Rousseau e Kant são resgatados por Rawls no que ele denomina de uma "utopia realista", enquanto alternativa concreta a uma *pax americana* que, assim como a *pax romana* há dois milênios, carece de fundamentos normativos pela própria imposição de interesses econômicos particulares. Rawls é implacável nas suas críticas à política externa americana, desde o uso de bombas atômicas contra a população civil de Hiroshima e Nagasaki até a intervenção desastrosa contra regimes democráticos, como o de Allende, por interesses econômicos e ideológicos de "segurança nacional". Rawls também não hesita em vincular o Holocausto ao anti-semitismo cristão para mostrar que o problema das guerras de intolerância, reproduzido na Irlanda do Norte e no conflito palestino-israelense, continua sendo o maior desafio para a normatividade ético-política moderna, a saber, como diferentes doutrinas abrangentes (religiosas, morais, ideológicas etc.), incompatíveis entre si, podem conviver pacificamente de forma a viabilizar a sociabilidade? O modelo procedimentalista de Rawls nos parece, portanto, apropriado para uma sociedade emergente como a brasileira, de forma a garantir uma cultura política pública num estado democrático de direito que viabilize o pluralismo razoável, na medida em que consolidamos nossa transição para a democracia, depois de vários séculos de colonialismo e autoritarismo. Não nos surpreende, outrossim, que petistas e tucanos no Brasil recorram a Rawls quando procuram embasar seus projetos de justiça social numa teoria coerente defensável.

Referências bibliográficas

Baynes, K., *The Normative Grounds of Social Criticism: Kant, Rawls, Habermas*, Albany, SUNY, 1992.

Braudel, F., *La Méditerranée et le monde méditerranéen à l'époque de Philippe II*, Paris, Armand Colin, 1949.

Chilton, S. *Grounding Political Development*, Boulder, Lynne Rienner, 1991.

Derrida, J., "Force of Law: 'The Mystical Foundation of Authority'", in M. Rosenfeld et al., *Deconstruction and the Possibility of Justice*, Nova York, Routledge, 1992.

_____. *"Donner la mort". L'éthique du don*, Paris, Métailié-Transition, 1992.

Dworkin, Ronald. *Law's Empire*. Cambridge, Massachusetts, Harvard UP, 1986.

Fowler, R.B., *The Dance with Community: The Contemporary Debate in American Political Thought*, Lawrence, University of Kansas Press, 1991.

Habermas, J., *Between Facts and Norms: Contributions to a Discourse Theory of Law and Democracy*. Boston, MIT Press, 1998.

Höffe, O., *Vernunft und Recht: Bausteine zu einem interkulturellen Rechtsdiskurs*, Frankfurt, Suhrkamp, 1996.

Ianni, O., *Teorias da globalização*, Rio de Janeiro, Civilização Brasileira, 2001.

Krischke, P.J., "A cultura política pública em John Rawls: contribuições e desafios à democratização", *Revista de Filosofia Política* (Nova Série 2), 1998, p.85-97.
Oliveira, N.F. de, *Tractatus ethico-politicus*, Porto Alegre, PUCRS, 1999.
Pogge, T.W., *Realizing Rawls*, Ithaca, Cornell UP, 1989.
Rawls, J., *O liberalismo político*, São Paulo, Ática, 2ªed. 2000.
_____. *Political Liberalism*, Nova York, Columbia UP, 1996.
_____. *A Theory of Justice*, Cambridge, Mass., Harvard UP, 1971.
Sen, A., *Sobre ética e economia*, São Paulo, Companhia das Letras, 1999.
Stepan, A. (org.), *Democratizing Brazil: Problems of Transition and Consolidation*, Nova York, Oxford UP, 1989.
_____. *Authoritarian Brazil: Origins, Policies and Future*, New Haven, Yale UP, 1973.
Vita, A. de, *A justiça igualitária e seus críticos*, São Paulo, UNESP, 2000.
Wallerstein, I. *The Modern World-System*, Nova York, Academic Press, 1979.

Notas

1. Cf. I. Wallerstein, *The Modern World-System*; F. Braudel, *La Méditerranée et le monde méditerranéen à l'époque de Philippe II*; O. Ianni, *Teorias da globalização*.
2. J. Rawls, *A Theory of Justice*, §§34-35.
3. Ibid., §4.
4. Em *A Theory of Justice* 20 n.7, Rawls nos remete ao clássico de Goodman de 1955, *Fact, Fiction, and Forecast*; a crítica ao "observador impessoal" e ao "ponto de vista impessoal" de Nagel (*The View from Nowhere*) encontra-se em *Theory of Justice* 184-92) e em *Political Liberalism*, 116 n.19.
5. K. Baynes, *The Normative Grounds of Social Criticism: Kant, Rawls, Habermas*. Doravante *NG*.
6. Ibid., 8.
7. Ibid., 2.
8. Cf. O. Höffe, *Justiça política*; J. Habermas, *Between Facts and Norms*.
9. R.B. Fowler, *The Dance with Community*.
10. J. Rawls, *Political Liberalism*, p.xxv.
11. J. Rawls, *O liberalismo político*, p.32.
12. Ibid., p.32.
13. J. Rawls, *A Theory of Justice*, §35.
14. J. Rawls, *O liberalismo político*, p.54.
15. Ibid., p.57.
16. Ver P.J. Krischke, "A cultura política pública em John Rawls", e A. de Vita, *A justiça igualitária e seus críticos*.
17. Ver S. Chilton, *Grounding Political Development*.
18. A. Stepan (org.), *Democratizing Brazil*.
19. Ver T.W. Pogge, *Realizing Rawls*, e O. Höffe, *Vernunft und Recht*.
20. J. Rawls, *O liberalismo político*, p.51.
21. A. Sen, *Sobre ética e economia*, p.55.
22. J. Rawls, *O liberalismo político*, p.205.
23. Ibid., p.215.

24. Ibid., p.213.
25. Ibid., p.263s.
26. Ibid., p.283.
27. J. Derrida, "Force of Law: 'The Mystical Foundation of Authority'" e "*Donner la mort*".
28. Ezequiel 33:10.
29. J. Rawls, *A Theory of Justice*, §40; *O liberalismo político*, viii.
30. J. Rawls, *Political Liberalism*, p.375.

SOLIDARIEDADE E BARBÁRIE

Chantal Delsol
Université de Marne-la-Vallée

O tema da solidariedade desempenha aqui um papel exemplar para mostrar de que modo a barbárie dos civilizados não é uma negação dos valores, mas uma subversão dos valores da civilização. Esses valores permanecem, mas são revistos segundo sua legitimidade, utilizados para outros fins e, por assim dizer, fixados em outros domicílios. A opinião comum se tranqüiliza por constatar sua presença, porém, os valores não possuem mais a mesma significação: apesar de muitos, eles jogam, desde então, no campo da barbárie. O exemplo da solidariedade fala por si mesmo: não seria esta uma referência que acreditamos tipicamente ligada à civilização? Eu gostaria de tentar mostrar como o nosso século produz dois tipos de solidariedade bárbara.

Solidariedade abstrata ou a justiça sem amor

O que significa, com efeito, a solidariedade para a razão moderna? O triunfo da racionalidade moderna acaba por identificar a solidariedade a uma divisão radical, visando a igualdade matemática. Desde as utopias antigas (Platão, Campanella) se propõe suprimir a família como lugar de uma solidariedade imperfeita, infamada de sentimentos e limitada previamente ao círculo dos próximos. De fato, a divisão ligada ao amor era considerada como egoísta, pois não se pode, é evidente, amar todo mundo igualmente.

O projeto social que vai de Babeuf a Lenin é o de uma *justiça sem amor*, invenção característica da modernidade. A divisão da solidariedade encontra-se extraída da atmosfera da vida humana, para ser planificada pela seca racionalidade. Ou para retomar as reflexões de Hannah Arendt, de *praxis* torna-se *poiesis*. Ou seja, ela deixa de ser um agir no mundo humano para tornar-se uma *obra* de recriação do mundo humano. A repartição eqüitativa substitui a solidariedade.

Todavia, o funcionamento do socialismo real — para além do arquivo histórico abandonado à memória das gerações — nos interessa, sobretudo, pela influência que ele exerce ainda hoje sobre nossos hábitos mentais. Com efeito, no domínio que aqui nos preocupa como em tantos outros, o europeu da modernidade tardia continua moldado sem o saber pelo improvável sonho de uma solidariedade desembaraçada das escórias humanas, o sonho de uma justiça racional e sem amor — visto que o amor é tão imperfeito. O Estado de bem-estar social francês, que organiza a solidariedade pelo viés único do imposto anônimo e pela mão do funcionário anônimo, visa assim a uma repartição eqüitativa, liberta da irracionalidade e do capricho da divisão individual. O cidadão paga ao fisco impostos importantes graças aos quais o Estado se ocupa inteiramente de todos os desfavorecidos. Embora o seu vizinho infeliz atraia cada vez menos sua simpatia, juntando o gesto ao olhar, pois ele o socorre diretamente, o cidadão fica com a impressão de ser um imbecil que paga duas vezes. Deste modo se encontram erradicadas — e é este o objetivo procurado — os miasmas da compaixão/piedade, as preferências individuais, a obrigação do reconhecimento e a atmosfera de dívida impagável na qual habita uma solidariedade propriamente humana — demasiadamente humana.

É assim que as sociedades presentes se organizam em coletivos ou em corporativismos identitários, regidos pelo sistema da repartição eqüitativa e das cotas, e preocupadas com uma redistribuição a mais racional possível. Trata-se aqui de uma "solidariedade" bárbara, abrigando a indiferença, o egoísmo e até o ódio. Visto que a divisão é compreendida como a reparação mecânica de uma injustiça, o indivíduo se acredita auto-suficiente e reivindica sua parte dos bens sociais suscetíveis de o estabelecer concretamente em sua, digamos assim, auto-suficiência ontológica. O indivíduo pós-moderno é a este respeito herdeiro do indivíduo que noutros tempos sucumbiu à massificação totalitária.

Na justiça sem amor, que é o igualitarismo totalitário ou a redistribuição anônima do Estado-providência moderno, a divisão foi conservada sem sua significação, ou antes, ele é para si mesmo a sua própria significação: é a igualdade que é a meta, não a solidariedade. Atribui-se à divisão um objetivo preciso e concreto que consiste em restabelecer a igualdade julgada natural. Enquanto a verdadeira solidariedade é uma *vida na divisão*: não para realizar uma justiça que colocaria enfim o mundo no lugar, mas para assumir juntamente a finitude humana. Não é a divisão dos bens que faz a solidariedade, divisão operada por uma mão anônima. Mas o face a face no qual se dá a divisão e que lhe dá sentido.

O modo de vida burguês, que calcula os sentimentos e conta até o incontável, desempenhou, nos dois últimos séculos no Ocidente, um papel essencial na desespiritualização, por conseguinte, na derrocada da solidariedade. Por um paradoxo muito corrente na história, o socialismo real persegue a obra do adversário que ele acredita destruir, ele herda do burguês que mata o espírito em benefício do cálculo e pesa o peso do amor — o que é o melhor meio de oprimir. O resultado da solidariedade conta, sem dúvida, menos do que a atmosfera no qual ela se desdobra. Ela não é uma técnica estabelecida, mas uma maneira de existir, ela não se quantifica. O erro deste século foi acreditar que sob os golpes de uma repartição eqüitativa dos salários, a divisão de apartamentos em parcelas, da distribuição do dinheiro, se poderia inventar uma sociedade solidária. A todas estas divisões técnicas falta a alma, que não é a cereja do bolo, o sorriso a mais, porém, a essência mesma.

A solidariedade instintiva ou o homem reduzido à sua biologia

Vejamos agora o que é a solidariedade para a razão pós-moderna. Se a solidariedade foi ao longo do século desnaturada em sua acepção, ela sofreu recentemente uma outra subversão. Desta vez, pelas raízes: ela se concede novos fundamentos que lhe conferem um rosto ainda mais diferente.

As ideologias precedentes representavam sistemas portadores de verdade absoluta. O espírito da modernidade tardia rejeita, ao contrário, toda a verdade no sentido de uma representação comum da realidade. O segundo aparece naturalmente como a conseqüência dos primeiros, sua reprovação e finalmente seu inverso aterrador. O absoluto demiúrgico dos totalitarismos não tem herdeiros, sobre suas ruínas ele deixa emergir seu contrário, uma nova forma de niilismo, bem diferente daquele do século XIX, não mais o niilismo da libertação, entretanto, um niilismo do terror. Toda verdade torna-se monstruosa.

É apaixonante ver o que se torna solidariedade no cadinho desta evolução. As ideologias demiúrgicas se dão por meta realizar a justiça ou a igualdade perfeitas, quer dizer, abolir a solidariedade como valor ao realizá-la, tornando a sociedade tão eminentemente solidária que a própria idéia de solidariedade desapareceu. O espírito da modernidade tardia no seu relativismo ligado ao medo da verdade deveria, em boa lógica, apagar a solidariedade como referência de um mundo comum, ele mesmo apagado: se cada um dá a si mesmo seus próprios valores, a solidariedade torna-se uma preferência subjetiva e individual, nem mais nem menos importante que o gosto arbitrário por um queijo. Ora, produz-se exatamente outra coisa. Se nós formos procurar no pensamento pós-moderno onde ele se exprime com maior nitidez e difunde uma clara influência, constatamos que Richard Rorty, o papa do relativismo (chamado por ele "pragmatismo"), escolhe salvar, em meio ao niilismo, um único valor universal: a solidariedade.

Não seria preciso ver nisso um tropismo particular ao pensamento de Rorty. Mais profundamente: isso significa que o niilismo não é viável, que seu cinismo conseqüente não pode nos satisfazer. A necessidade de conivência entre os humanos, portanto, de comparação e de divisão se impõe alheia à nossa vontade.

Entretanto, a solidariedade pós-moderna não possui mais fundamento nem justificação, uma vez que os "grandes relatos" da verdade foram abolidos. Mais precisamente, Rorty e uma parte dos pós-modernos recusam que o valor da solidariedade se apóie em certezas comuns a um grupo, a mundos culturais comuns. Pois estes supõem maneiras particulares de definir o bem humano, fundam-se sobre saberes, sobre "relatos", que se excluem mutuamente. Uma solidariedade fundada em saberes ou em crenças — novas ideologias, visões de mundo, religiões —, nos traria de volta à era que precede as ideologias modernas.

É por isso, para Rorty, que a solidariedade não concerniria uma cumplicidade e uma partilha entre os membros de uma sociedade ou de um grupo humano, porém, somente entre todos os homens. Porque ela é desprovida de raiz cultural, a solidariedade concerne apenas à humanidade. Desde logo, quais são suas raízes justificantes? Por medo de ver a solidariedade enraizar-se em uma cultura particular, e pela impossibilidade de definir uma cultura da humanidade, a pós-modernidade legitima a solidariedade, por assim dizer, por baixo: pela biologia. O espírito contemporâneo vai desconsiderar a compaixão humana da empatia animal até as identificar. A solidariedade despojada e liberta de seus fundamentos metafísicos, religiosos, éticos torna-se, ao mesmo tempo, instintiva e abstrata. Uma ética sem mediações e sem enraizamento em um conhecimento, reduz-se ao que, na animalidade, lhe assemelha.

De onde vem o interesse de nosso tempo pela primatologia. Os macacos superiores têm uma moral, dizem-nos os zoólogos. Eles são capazes de empatia, quer dizer, de uma forma de solidariedade e desse modo, "que diferenças existiriam, pergunta o célebre primatologista Frans de Wall, entre a atitude do chimpanzé que acaricia seu companheiro vítima de uma agressão, ou que reparte seu alimento com outro esfomeado, e a de um ser humano que toma em seus braços uma criança chorando ou que benevolamente participa na distribuição da sopa popular?"[1] E o autor conclui: "parece que nós estamos no ponto em que os pesquisadores adquiriram conhecimento suficiente para arrancar a moral das mãos dos filósofos... o senso moral emana de certas regiões do cérebro."[2] Desde alguns anos, nas revistas científicas e filosóficas transbordam análises desta espécie.

Deste modo, a primatologia vem a legitimar uma solidariedade puramente emotiva, mais ligada às *tripas* do que ao coração. Depois de ser tomado por um Demiurgo, o homem desiludido da virada do século se toma por um animal.

Ora, a solidariedade instintiva, ignorando todo o argumento que a justifica, não saberia convencer ninguém a imitá-la. Pois a emoção não é um argumento e não é automaticamente dividida. O que eu faria diante de alguém que afirma que a solidariedade é uma estupidez e que constrói diante de mim uma apologia do cinismo? Não sabendo como persuadi-lo — pois estou sem argumento nem critério de julgamento —, eu não posso lhe decretar guerra, até porque me repugna a violência, ou mesmo o ostracizar. Uma moral que empoleira sobre o instinto desconhece a palavra que a insulta. Ela não passa de um sucedâneo da moral, sem fim balançando a frivolidade e a guerra.

Esta última figura da solidariedade responde ao fenômeno mais geral da ética da emoção que floresce sobre a recusa das certezas. A ética não desaparece — tão humana —, ela se apóia no único critério da emoção. Nossos contemporâneos não são cínicos. Eles querem o bem de seus semelhantes, porém, no recuo dos critérios que permitiriam discernir o bem do mal, designam o mal pela indignação que ele suscita e o bem pela piedade. Indignação e piedade são emoções instintivas e erráticas, que só valem no momento e não se ligam a nenhuma hierarquia de valores, a nenhum *julgamento* moral. Trata-se de uma moral das *tripas*. É porque ela goteja, se expõe e pranteia tão facilmente. Voluntariamente destacada de toda a cultura, esta figura desvigorada da solidariedade é ainda uma figura bárbara.

A solidariedade civilizada ou solidariedade dos desvalidos

A solidariedade não é a empatia dos animais. Mas também não consiste em liberar inteiramente os humanos das desigualdades. Ela aparece *neste animal* que reconhece sua finitude, o homem. Ela significa que os homens são irmãos nas desgraças, noção analógica do que Jan Patocka chama, falando mais precisamente sobre os povos históricos, a *solidariedade dos desvalidos*. Só existe solidariedade na insuficiência e na *finitude* reconhecidas e aceitas. O que nos reúne é a ferida, que não pode ser nem negada nem sanada. A solidariedade, porém, pode transformar a vulnerabilidade em glória.

Nós queremos ser solidários, não porque semelhantes pela ferida — o que é a empatia animal ou a compaixão instintiva do ético da emoção —, mas porque cada um participa segundo seu papel para a construção de um sentido dado à ferida. A solidariedade não consiste somente em diminuir o sofrimento do outro porque eu poderia estar no seu lugar, ou sofrer com ele, a fim de tornar o sofrimento mais aceitável por ser comum, mas para elevar o amor acima do sofrimento, para demonstrar que a ferida do homem não está totalmente desamparada, sem recurso, ou seja, que esta não é o único nome do homem. A solidariedade não é somente o curativo da ferida ou sua compensação. É o amor que é a resposta à ferida, a relação de alteridade vivida em uma comunicação.

O que conta na solidariedade é tanto mais a atmosfera própria da divisão quanto o resultado da mesma. Ela não pode se quantificar nem ser avaliada na repartição-eqüitativa dos dólares e das toneladas. Ela é uma criação comum do sentido. Não podemos, portanto, desligá-la do mundo cultural, de um grupo humano que a vive. Como relação específica entre os homens, ela se fixa sempre numa cultura e se transmite no interior de uma cultura. O homem não existe enquanto tal, ser de relação, senão inscrito numa cultura. Pretender inventar uma solidariedade somente pan-humana, desligada dos modos culturais, portanto, de conhecimentos e de crenças compartilhadas, é continuar a pensar, com Rousseau, que o homem é melhor se ele se encontrar desembaraçado de sua cultura. Mas o homem sem cultura é antes um bárbaro, isto é, aquele que não tem linguagem e, assim, permanece privado de relação.

O século XXI terá necessidade de uma solidariedade encarnada: inscrita ao mesmo tempo na finitude e nas culturas que dão sentido, cada uma diferentemente, a essa finitude.

A encarnação da solidariedade face à solidariedade abstrata do século XX, engajará ao mesmo tempo e por um único movimento a redescoberta do espírito da divisão, face à quantificação da solidariedade. É este duplo movimento que é preciso definir em último lugar.

A palavra francesa "dividir" (*partager*) traduz duas significações quase contrárias: divide-se um bolo, dividem-se convicções. No primeiro caso, *partager* significa dividir, fatiar para dar a cada um uma parte. Assim, dividimos os frutos da crença: o indivíduo exige a sua parte do benefício social. No segundo caso, *partager* significa, ao contrário, ter parte ao mesmo tempo que o outro; em realidade, comunicar. Aqui o indivíduo sustenta certezas e projetos em relação aos outros, no que tudo isto supõe de complementaridade e disputas possíveis.

Quando se divide um bolo, ele diminui. Quando se dividem convicções elas se amplificam. Podemos ainda exprimir as coisas desta maneira. A economia divide, pois nunca há bens materiais suficientes para os desejos de cada um, enquanto a política e a religião reúnem, pois trata-se aqui de bens imateriais que crescem pela divisão. É assim que se pode compreender o simbolismo do pão e dos peixes no relato da multiplicação dos pães.

Temos de reconstituir as certezas comuns (políticas, religiosas) e os projetos comuns que elas concretizam, isso se nós quisermos que a solidariedade não se reduza a uma divisão puramente material do bem-estar, o qual é ao mesmo tempo necessário e insuficiente. Vivemos numa época em que os europeus têm medo das certezas comuns em função do possível fanatismo das certezas — e a história recente dá motivos para este medo. Toda verdade que procura se desdobrar é, hoje em dia, perseguida como sectária, e toda a defesa de uma cultura particular é identificada ao separatismo ou ao colonialismo. Mas se nós afastarmos tudo o que pode dar lugar a acessos, recusaremos a própria existência e faremos do homem um ser reduzido, exangue, limitado à sua biologia. Se o mundo cultural foi destruído pelo totalitarismo, de uma outra maneira ele é negado pela solidariedade da emoção, que pretende se colocar aquém de toda a cultura.

Para concluir, eu gostaria de fazer uma precisão que permita responder — de forma eficaz, acredito — à objeção essencial levantada contra o próprio conceito de barbárie. Com efeito, o conceito é discutível no sentido de que se é sempre o bárbaro de alguém, ou para colocar a questão de outra maneira: uma definição objetiva da barbárie é possível? Parece-me que a referência à solidariedade traz aqui um elemento de resposta positiva.

No seio da barbárie dos civilizados, essa barbárie por assim dizer secundária, os referentes da civilização não desaparecem, mas eles são desviados de seu sentido e utilizados em benefício de uma outra finalidade, mesmo que esta não seja consciente. Como compreender e interpretar este retorno? Qual é a passagem pela qual ele opera? Onde encontrar o ponto no qual as significações se desviam? Eu diria que esta passagem, este ponto, concerne sempre, de uma maneira ou outra, ao tecido, ao laço ou ao texto — no sentido de que o tecido social é textura, que o texto é a palavra da cultura. A barbárie aparece quando as coisas se desfazem, ela aparece na "ne-gligência" (caso se retome a palavra latina), a começar pela linguagem indo até as relações humanas mais íntimas. Por isso, sem dúvida, a solidariedade desnaturada representa um dos exemplos mais significativos da passagem da civilização à barbárie civilizada.

Numa primeira abordagem, vê-se o bárbaro como violento e agressivo. Ele está primeiramente só. E é por isso que ele privilegia a violência como relação possível, conseqüência e não característica principal. A barbárie é o des-tecer do texto cultural e da textura social. Ou seja, ao contrário da própria solidariedade, tal como acabamos de descrever.

Se nós podemos entrar de acordo em dizer que não existe humanidade civilizada sem ter sido social, então, a desnaturalização da solidariedade representa uma espécie de indicativo objetivo da barbárie dos civilizados.

Isto coloca em questão muito dos preconceitos modernos e contemporâneos, pois a religião da igualdade, à época da Revolução Francesa mesmo se os preâmbulos se fizeram sentir bem antes, marca a vontade de cesura. Tocqueville havia mostrado muito cedo que os iguais, os semelhantes, perdem, ao mesmo tempo, a necessidade da relação. Contrariamente a todos os preconceitos, a igualdade é o contrário da solidariedade, o que significa que cada um tem necessidade do outro. É por isso, como lembra Jean-François Mattéi, a partir da palavra de Goethe em *A barbárie interior*[3], que podemos também identificar a barbárie com o desprezo da "excelência": esta exige uma comparação, e os iguais não se comparam, ou antes só avaliam as diferenças para restringi-las. A sociedade da repartição-eqüitativa abstrata só pode separar, pois cada um se vai com a sua parte, não devendo nada a ninguém, visto que esta parte é considerada como devida, não solicita nada a ninguém. A sociedade da divisão solidária é um tecido de palavras, de dons e contradons, o que supõe as diferenças e, por conseguinte, desigualdades assumidas. A barbárie se exprime pela solidão reivindicada, no sentido da auto-suficiência.

Tradução: Sônia Amaral Martins e *Marcelo de Andrade Pereira*

Notas

1. *Le bon singe*, Bayard, 1997, p.264.
2. Ibid., p.273.
3. *La barbarie intérieure*, Paris, PUF, 1999, p.19.

OS DILEMAS CIVILIZATÓRIOS DA GLOBALIZAÇÃO FRENTE AO TERRORISMO FUNDAMENTALISTA

Eduardo Viola
Universidade de Brasília
Héctor Ricardo Leis
Universidade Federal de Santa Catarina

Este artigo baseia sua análise na polaridade conceptual civilização/barbárie, a qual está sendo utilizada com sentidos múltiplos, por atores políticos e analistas, para estudar a realidade mundial pós-11 de setembro. Para isto argumenta sobre a validade no mundo atual da distinção original produzida pelos gregos. O argumento central do artigo é que o terrorismo fundamentalista islâmico implica atos de violência pura que se situam definidamente fora do mundo da política e no plano da barbárie extrema. Um segundo argumento é que a civilização ocidental globalizada está enfrentando vários dilemas para lidar com a barbárie do terrorismo fundamentalista, em parte devido a questões mal resolvidas nas batalhas vitoriosas desenvolvidas pelas democracias do século XX contra os totalitarismos fascista e comunista.

I

O caráter distintivo da categoria de barbárie reside na oposição que marca a relação entre dois (ou mais) grupos humanos envolvidos de alguma forma num cenário comum. A primeira oposição deste tipo surge historicamente com os antigos gregos, que em algum momento entre a Guerra de Tróia e as Guerras Medas começam a dividir o mundo entre gregos e bárbaros (que, etimologicamente, denota aqueles que falam de maneira ininteligível). Devemos observar que não todos os gregos imaginaram essa diferença como natural.[1] Para muitos, as necessidades e faculdades próprias da natureza humana eram exatamente as mesmas, tanto nos gregos como nos bárbaros. Portanto, já nas suas origens, os campos opostos que surgem implicitamente com a introdução da categoria de bárbaro são percebidos de forma complexa, como separados por fronteiras fixas e/ou definitivas, ou como imersos em hierarquias dinâmicas. Numa primeira aproximação ao tema pode ser dito, então, que ver a um outro como bárbaro não supõe necessariamente um erro de avaliação subjetiva, mas a comprovação da distância civilizatória existente entre dois grupos humanos. Distância que, no caso dos gregos, ainda quando muitas vezes implicava um certo etnocentrismo, não necessariamente apontava a eliminar ao bárbaro mas a mostrar-lhe um caminho. Seguindo a Bárbara Cassin (op. cit., ver nota 1), verificamos que são numerosos os exemplos que confirmam esta interpretação. Entre outros, podemos recorrer ao *Orestes* de Eurípides, onde se encontra algo mais que um simples registro do etnocentrismo grego, definindo o grego não apenas pela origem racial ou geográfica, mas muito especialmente pelo seu respeito às leis.[2] Em conseqüência, se verifica que naquele momento existiam no helenismo duas concepções de barbárie parcialmente contrapostas, uma legalista e outra naturalista. Deste modo, nos parece claro que a oposição entre civilização e barbárie, se quiser ser bem entendida, não deveria ser enxergada com os olhos dos muitos doutrinarismos contemporâneos que circulam no interior das ciências humanas (multiculturalismo, pós-modernismo, neo-socialismo, neoliberalismo etc.). Pensamos, pelo contrário, que esta oposição é constitutiva do Ocidente, ao mesmo tempo que coloca em evidência a hierarquia civilizatória do projeto ocidental. Em termos conceituais, o dilema entre civilização e barbárie nasce na pretensão grega de marcar a diferença existente entre dois tipos de universal, entre um universal (civilizatório) público e comum a todos, que transcende os particularismos, e um universal (bárbaro) concebido como uma repetição e uma extensão da esfera do privado. Assim, contra o senso comum imperante, pensamos que o dilema entre civilização e barbárie deve ser colocado fora das armadilhas de qualquer relativismo cultural. Do ponto de vista histórico-conceitual, a barbárie não é uma ilusão etnocêntrica (ainda que em alguns casos históricos também possa sê-lo), ela existe e se constitui basicamente como uma consciência e prática social imperfeita do universal.

Enquanto o universal civilizatório lança os seres humanos na aventura cultural, científica e tecnológica da história, o universal "bárbaro" os submerge na repetição cada vez mais apagada do passado. Portanto, a condição do futuro não poderá nunca ser uma utopia (seja esta materialista ou religiosa) que pretenda colocar a determinados homens e mulheres fora da história universal e acima da universalidade da lei. Porém, se na Antiga Grécia (igual ao que acontece hoje no mundo moderno) se podia ser bárbaro, ainda sendo grego de nascimento (assim como, inversamente, nada impedia a um persa ser civilizado), deve-se concluir que isto contraria o senso comum em mais de um sentido. A rigor, a condição para ser civilizado não é natural, mas também não é estritamente social ou cultural. A condição para ser civilizado é eminentemente política. Em contrapartida, a condição para ser bárbaro não é natural nem política, ela está enquadrada basicamente por elementos sociais e culturais (ou doutrinais). Bárbaros são aqueles que se relacionam antes com a idiossincrasia dos hábitos e das crenças, do que com um direito englobante para todos os humanos. Os antigos gregos associaram intimamente o dilema civilização-barbárie ao domínio da vida social e cultural por uma esfera política de caráter universalista (portanto racional e legal), não vemos nada no horizonte da contemporaneidade que nos demande mudar essa genial intuição dos gregos.

II

Mas como pensar hoje a dialética entre civilização e barbárie? No século XX se constituiu uma forte tradição de pensamento preocupada com o lado bárbaro da modernidade. Certamente, se o comunismo e o nazismo são considerados experiências políticas associadas a valores da modernidade, existem boas razões para justificar essa preocupação. Porém, autores da Escola de Frankfurt (dados aqui como exemplos de muitos outros de diversas correntes), radicalizaram suas posições ao ponto de afirmar que é a própria razão iluminista que nos conduz para a barbárie, por causa de sua pretensão universalista.[3] E Walter Benjamin, numa linha de perigosa aproximação com aqueles que o fizeram fugir da Alemanha na direção de seu suicídio, diz na sua Tese VII de Filosofia da História: "Não existe documento de civilização que não seja ao mesmo tempo documento de barbárie."[4] Não podemos aqui discutir em profundidade esse tipo de pensamento, mas basta dizer que padece de um forte etnocentrismo (negativo) que cega a seus autores para os problemas civilizatórios mais amplos, nos quais a modernidade está inserida. Se a razão moderna é totalitária, se os totalitarismos modernos (comunismo e nazismo) são simples provas da perversidade contida na razão moderna, nos parece que por esse caminho se subjetiva o problema civilizatório, esvaziando perigosamente a análise da realidade dos elementos que sustentam a luta política pela universalidade do direito. As imperfeições da modernidade podem ser admitidas sem que isto leve o analista a uma crítica generalizada e indiscriminada, a qual não apenas relativiza o amplo espectro das barbáries existentes, senão que coloca em seu centro a "barbárie" da modernidade, apresentando as restantes como subprodutos desta. Talvez o melhor exemplo desse qüiproquó sejam as críticas maximalistas da modernidade, realizadas por uma parte da *intelligentsia* da esquerda atual, que insistem em responsabilizar o capitalismo mundial por todos os males das sociedades nacionais periféricas, ou que transformam os atos terroristas de 11 de setembro em simples atos políticos contra o "império" americano (cuja responsabilidade, em última instância, cabe ao próprio estado americano, que "provocou" o resto do mundo com suas ambições hegemônicas). Além de confundir a realidade com o desejo, essas críticas maximalistas escondem o fato de que foi o lado bárbaro da modernidade que produziu a barbárie do nazismo e do comunismo, e que foi o lado civilizado da modernidade que derrotou essas barbáries, assim como continua lutando contra novas e antigas barbáries que ainda assolam nosso mundo. Essas críticas pretendem também esconder o fato, evidente por si mesmo, de que hoje as sociedades mais civilizadas são aquelas onde o capitalismo se encontra em seus estágios mais avançados.

Os comentários anteriores não supõem que o fator civilizatório deva ser identificado com a doutrina liberal, nem que os liberalismos (ou neoliberalismos) realmente existentes não estejam sujeitos a crítica. Mas sim indicam com clareza que foram as sociedades liberais anglo-saxãs, as que dentro da constelação de sociedades e movimentos históricos do século XX, se constituíram no equivalente das cidades-estados da Antiga Grécia no mundo antigo. O dilema civilização ou barbárie não é uma opção entre duas utopias de diferente tipo, como pretendem às vezes alguns intelectuais de esquerda ou de direita. O fator civilizatório não tem signo ideológico (nem cultural), nem é propriedade de um determinado grupo social, estado, nação ou tribo. O que impulsiona determinados grupos humanos (ao invés de outros) na direção da civilização é seu assentimento ao governo da lei, concebida como universal e racional, por cima de qualquer particularismo de sua vida social e cultural.[5] Especular sobre por que foram os gregos e os romanos e não os persas ou os chineses, os que possuíram este particular estado de espírito político na antigüidade, nos levaria a um debate bizantino. O importante é constatar que aqueles que possuíram a consciência e a prática da universalidade da lei foram os que conseguiram impulsionar melhor pelo mundo afora o desenvolvimento do espírito em todas as suas manifestações, desde a arte, a ciência e os esportes, até o direito, a guerra e a economia. O papel histórico do helenismo é um fato da mesma consistência que o papel histórico da modernidade anglo-saxã. Dizer que muitos atenienses acreditavam que os escravos tinham cérebro de criança, ou que muitos americanos são racistas, não nos impede de constatar que, num contexto comparativo (apesar de essas limitações e muitas outras), Atenas e os EUA encarnam o espírito civilizador mais avançado de suas respectivas épocas históricas.

III

As observações acima são hoje ainda mais decisivas para a condição humana do que na época de Sócrates. Com a globalização o mundo se transformou num campo único onde os diversos elementos de civilização e barbárie circulam e se entrecruzam intensamente por todas as partes. No mundo menos comprimido da modernidade dos séculos XVIII e XIX era possível pensar muitos dos diversos elementos de barbárie existentes como reações (às vezes até com um certo grau de legitimidade), ao choque civilizatório que o Ocidente imprimia nas diversas culturas com as quais tomava contato. Mas hoje, num mundo onde a compressão espaço-tempo vem crescendo exponencialmente (em particular, a partir da última década do século XX), resulta cada vez mais difícil imaginar que qualquer aspecto da realidade não tenha sido construído (ou reconstruído) de alguma forma dentro do processo geral da globalização. Roland Robertson comenta que a globalização é um processo cuja principal dinâmica envolve o duplo processo de particularização do universal e de universalização do particular, onde se valorizam globalmente identidades particulares, tanto como se questionam os valores globais dominantes.[6] Embora não seja esta a conclusão de Robertson, sua análise permite deduzir claramente que a globalização coloca sob pressão a todos os atores para definirem seu modo de envolvimento com o conjunto, seja de um modo positivo ou negativo, seja na direção da civilização ou da barbárie. Samuel Huntington, no início dos anos 90, imaginou uma nova era da política mundial marcada pelos choques entre civilizações.[7] Para muitos observadores da política mundial, os eventos de 11 de setembro pareceram confirmar suas hipóteses. Porém, sua análise ficou questionada no mesmo momento dos aviões baterem nas torres gêmeas do World Trade Center. A posição de Huntington supunha que as civilizações (entendidas como supersistemas de identidades culturais com centro nas religiões) são basicamente irredutíveis e que, por isso, a política mundial deve misturar-se o menos possível com elas. Mas os chamados choques entre civilizações, no atual contexto da intensificação da globalização, não apenas são inevitáveis como, a rigor, se transformam em uma coisa diferente do que eram até pouco tempo atrás. A intensificação do contato entre as diversas civilizações está obrigando-as a mudar, trazendo para o interior de cada uma das supostas civilizações elementos decisivos das outras. E, mais ainda, a globalização está ressignificando e hierarquizando as ditas civilizações em termos do dilema entre civilização e barbárie. Isto é, a globalização está construindo um espaço único ou civilização universal que deixa em evidência crescente os sintomas de barbárie de cada uma das oito "civilizações" comentadas por Huntington.[8] Contudo, cabe reconhecer que a abordagem de

Huntington, ao caracterizar a civilização islâmica como a mais tendente à violência no fim do século XX, tanto no interior dela (múltiplos conflitos entre variantes do islamismo associadas com diferentes particularidades étnicas ou nacionais) quanto entre ela e as outras civilizações (as fronteiras tintas de sangue da civilização islâmica desde a Argélia até o sul das Filipinas), nos ajuda muito a entender os problemas do islamismo contemporâneo.

IV

O terrorismo é um fenômeno tão antigo quanto a existência de lutas políticas pelo poder.[9] Mas a diferença entre um ato terrorista e um ato político não pode ser maior. Inclusive para qualquer pessoa comum, é difícil não perceber que os atos de 11 de setembro nos EUA nos aproximam perigosamente da banalidade do mal que Hannah Arendt encontrou nos campos de extermínio nazis.[10] Precisamente porque, no limite, entre a condição humana e a violência não existe nenhum ponto de contato. Certamente, não se pretende negar que a violência política escreveu páginas importantes da história humana, mas sim afirmar que os atos de terrorismo produzidos nos EUA não são atos políticos mas de pura violência, de barbárie extrema. Desde os tempos arcaicos, a política e a guerra sempre estiveram muito próximas. Mas, inclusive na guerra não se encontra o exercício de uma violência sem limite.[11] Michel Serres sugere que, talvez, o primeiro contrato social nasceu com a guerra.[12] Se a guerra pode ser chamada de motor da história, também deveria ser chamada de motor do direito. Neste sentido, violência sem freio é igual a violência sem lei. Serres lembra oportunamente que aqueles grupos humanos que se deixaram levar pela violência sem lei foram sempre apagados da superfície da Terra. Contrariando o famoso lema de Hobbes, Serres argumenta que não existe a "guerra de todos contra todos", entendida como um estágio pré-político, pois a guerra sempre supõe algum tipo de direito (e portanto a política). Quando a violência não se submete a nenhuma lei não há guerra, mas violência pura, sem qualquer fim político possível. Uma correta análise dos eventos de 11 de setembro exigem que se perceba claramente que, na sua carga explosiva, não existe qualquer finalidade política, nem qualquer norma universal ou direito dentro do qual possa ser encaixado o evento. A violência que destruiu numerosas vidas humanas inocentes nas torres do World Trade Center não tem qualquer outro objetivo que não seja demonstrar um sentimento de ódio e desejo de extermínio dirigido a todos os que não pensam e sentem da mesma forma que os autores do atentado. Para que o observador desses atos não deslize na direção das várias armadilhas colocadas pelas doutrinas e ideologias de turno é necessário manter coerência lógica e preservar a análise de qualquer sentimentalismo na hora de tirar conclusões.[13] Devemos então avisar que, apesar do grande número de vítimas, a condição de extrema barbárie do ato de 11 de setembro não se mede pelo número de vidas sacrificadas, mas pela pretensão de seus autores e do ato em si mesmo de colocar-se acima da lei e de qualquer norma que possa ser aplicada a todos os seres humanos por igual e, deste modo, dissolver na sua voragem a vida civilizada.

V

A rigor, a dinâmica da sociedade atual não precisava do terrorismo para ser adjetivada pela incerteza. A globalização aumentou a incerteza mais que nunca, em função da compressão espaço-tempo produzida pela velocidade vertiginosa do progresso tecnológico e da presença de poderosas forças de integração e de fragmentação agindo em escala global. Contudo, frente aos acontecimentos de 11 de setembro, cabe tecer considerações que nos ajudem a repensar o mundo contemporâneo, assim como a mapear as alterações do sistema mundial. A globalização foi extraordinariamente acelerada pelo fim da Guerra Fria e o colapso da União Soviética. A década de 1990 foi marcada simultaneamente pela intensificação da globalização econômica e pela erosão da governabilidade do mundo. Esta defasagem entre a dimensão econômica e a política da globalização parece ter atingido um ponto de inflexão no 11 de setembro. De acordo com a teoria da globalização multidimensional, elaborada por D. Held, A. McGrew, D. Goldbatt & J. Perraton,[14] a globalização não deve ser pensada como uma condição singular, mas como um processo ou conjunto de processos interconectados que se desenvolvem em varias dimensões (basicamente: econômica, política, militar, ecológica, social e cultural). Não surpreende então que em diversos momentos do processo essas dimensões adquiram relevância diferenciada. Assim como na década de 1990 se verificou que a ordem mundial girou, praticamente, em torno da economia, assumimos que agora está se produzindo uma reestruturação da ordem que levará as questões de segurança e governabilidade a comandar as relações internacionais.

Na última década do século XX, no mundo constituído pelos países desenvolvidos de renda alta e os países emergentes de renda média houve uma aceleração simultânea das quatro subdimensões da globalização econômica: comercial (grande crescimento do comércio internacional), financeira (grande expansão de mercados financeiros de escopo global), produtiva (transnacionalização crescente das cadeias produtivas intracorporativas e intercorporativas) e tecnológica (extraordinária onda de inovação tecnológica com grande crescimento da produtividade sistêmica da economia). A aceleração da globalização econômica manteve o alto nível de integração social das sociedades desenvolvidas. Nas sociedades de renda média (como Brasil e várias outras da América Latina), a aceleração da globalização tendeu a manter ou aumentar a marginalidade/exclusão de vastos setores da população. A maior parte dos países de renda baixa se mantiveram excluídos da globalização econômica, tendo havido neles um extraordinário crescimento do sofrimento humano.

Nos anos 90, simultaneamente com a intensificação da globalização econômica, houve uma significativa erosão da governabilidade no mundo produzida por uma combinação de sete fenômenos interligados, que destacaremos a seguir:

1) O fracasso ou colapso do estado nacional em vastas regiões, as quais passaram a constituir áreas de caos econômico, pobreza crescente e guerra civil (maior parte da África subsaariana, partes da Ásia Central, Colômbia, Haiti, Iugoslávia etc.).

2) A considerável erosão do estado nacional em áreas que sofreram significativo retrocesso econômico e social de suas populações (Rússia, Ucrânia, Bielo-Rússia, Bulgária, Romênia, Região Andina, grande parte da América Central, Indonésia, Paquistão etc.).

3) A expansão das redes criminais globais dedicadas ao tráfego de drogas, armas, migrantes, animais silvestres, prostituição e órgãos humanos. Essas redes criminais criaram meios efetivos de lavagem do dinheiro (vindo de suas atividades ilícitas) dentro da economia legal, seja através dos paraísos fiscais, seja no próprio coração da economia dos países desenvolvidos e emergentes. As redes criminais globais promoveram a expansão do crime entre as populações marginalizadas dos países de renda média e baixa, criando problemas gravíssimos de segurança pública nestes países.

4) O desenvolvimento de um novo tipo de estado totalitário que objetiva manter a legitimidade frente a suas populações e seu lugar no mundo com o desenvolvimento de armas de destruição em massa. Iraque e Coréia do Norte são os principais expoentes destes Estados. Irã, que se incluía nesta categoria no inicio da década de 1990, está tendo um importante processo de democratização desde 1996 que está mudando a caraterística do Estado. Irã é hoje uma sociedade e estado profundamente divididos, entre, de um lado, um presidente e um legislativo orientados para a democracia e a secularização (apoiados fundamentalmente pela população mais jovem), e, de outro lado, um Conselho Revolucionário e um Poder Judiciário controlados pelo clero que rejeitam fortemente a democracia e os valores ocidentais.

5) O crescimento de um sentimento antiamericano em vastos setores da população mundial, derivado do papel central dos EUA no sistema mundial.

Esta rejeição está misturada, muitas vezes, com sentimentos ambíguos de admiração e desejo de imitação. O perfil específico do sentimento antiamericano varia muito por países e setores sociais (dentro de cada país), mas podemos diferenciar pelo menos três "justificativas" associadas a este antiamericanismo: 1 — a riqueza e o sucesso americano são produto da exploração do resto do mundo; 2 — os EUA impõem seus valores e seu estilo de vida destruindo os de outras sociedades; e 3 — os EUA não assumem as responsabilidades globais derivadas de seu papel central no mundo. Mais recentemente, esses sentimentos foram acentuados pela política externa unilateralista iniciada pelo presidente Bush que levou a: retirada do Protocolo de Kyoto para redução das emissões de gases estufa; retirada do protocolo de verificação do tratado contra a proliferação de armas biológicas; retirada da conferência da ONU, em Durban, contra o racismo e a xenofobia; e disposição de denunciar o tratado ABM de proibição de mísseis antibalísticos. É evidente que a política do governo Bush levou ao reforçamento do já existente sentimento antiamericano, em graus variáveis de intensidade, em vastas regiões do mundo, com uma maior concentração no mundo islâmico, e inclusive à emergência onde antes quase não existia, como no caso da Europa.

6) A rápida expansão do fundamentalismo islâmico. Ainda quando continue sendo uma minoria no conjunto dos mais de um bilhão de adeptos da religião islâmica, o fundamentalismo islâmico tem crescido no último quarto do século XX devido a seis fatores: 1 — expansão do capitalismo e da democracia no mundo (o setor do islamismo mais conectado com as origens medievais se sente extremamente ameaçado pela modernidade ocidental, em geral, e o liberalismo, em particular); 2 — apoio de potências ocidentais a regimes economicamente conservadores e corruptos no mundo árabe; 3 — apoio incondicional dos EUA ao Estado de Israel; 4 — revolução islâmica radical no Irã em 1979; 5 — presença ostensiva de vasto contingente de forças armadas americanas na região do Golfo Pérsico desde 1990; e 6 — regime de sanções econômicas contra o Iraque (desde 1991), que tem contribuído muito para agravar o sofrimento do povo iraquiano e servido pouco para combater o regime de Saddam Hussein. Deve ser observado que, no momento do 11 de setembro, o fundamentalismo islâmico era muito poderoso em vários países: Afeganistão, Paquistão, Sudão, Egito, Argélia, Palestina, Irã, Líbano, Síria, Iêmen, Arábia Saudita. Em alguns destes países, como Egito e Arábia Saudita, regimes autoritários pró-americanos encontram-se ameaçados de ser derrubados pelo fundamentalismo islâmico. De outro lado, como uma mostra de que não existe incompatibilidade entre islamismo e democracia, a Turquia é um país islâmico que tem hoje um regime democrático relativamente estável, e Indonésia, Bangladesh, Albânia e Senegal são países islâmicos com regimes democráticos incipientes.

7) Por último, intimamente vinculado ao fator anterior, temos o nascimento e desenvolvimento de redes terroristas globais predominantemente ligadas ao fundamentalismo islâmico e objetivando combater as democracias ocidentais (principalmente Israel e EUA). A principal rede terrorista global ainda é a Al Qaeda de Bin Laden, que tinha como principal base territorial o Afeganistão do regime talibã (um dos mais totalitários e repressivos do século XX), irradia-se por vários países islâmicos tolerantes com o fundamentalismo e chega a atingir vários países ocidentais (no total está presente em aproximadamente 30 países). A Al Qaeda foi escalando os seus objetivos de guerra, indo primeiro contra as forças armadas americanas, depois contra o conjunto da população americana e, finalmente, contra a civilização judaico-cristã. As várias redes de terrorismo global procuram maximizar seu poder produzindo eventos de terrorismo catastrófico, como o de 11 de setembro, ou eventos de terrorismo biológico, nuclear ou químico. A vulnerabilidade da humanidade frente a eventos de terrorismo biológico é altíssima e sua probabilidade é de alguma significação.

VI

Balançando muito parcialmente a macrotendência de erosão da governabilidade (acima apresentada), encontramos uma contratendência constituída basicamente pelos seguintes dois fatores:

1) A ascensão do presidente Putin ao poder na Rússia. Em um ano e meio, Putin tem conseguido reconstruir o estado nacional na Rússia através de cinco vetores fundamentais: combate severo ao separatismo chechênio (imbricado com o terrorismo e o crime global), ainda que incorrendo em graves violações dos direitos humanos; combate às tendências centrífugas e corruptas dos governos provinciais; aumento da capacidade de taxação do Estado e estabelecimento do princípio de equilíbrio fiscal; combate ao crime; definição de uma política externa que procura uma parceria com o Ocidente depois das tentativas erráticas de confronto da fase final do governo Yeltsin.

2) O aprofundamento da integração da China no capitalismo globalizado: entrada na OMC; atração gigantesca de investimentos estrangeiros; legitimação do papel dos empresários dentro do Partido Comunista (o que abre caminho para um incremento administrado do pluralismo político); incapacidade dos militares de utilizar em seu favor o bombardeio da embaixada de Belgrado em 1999 e o incidente do avião espião no mar da China Meridional em 2001; assinatura do tratado de Xangai com a Rússia e governos de ex-repúblicas soviéticas da Ásia Central para combater o fundamentalismo islâmico.

VII

O ponto de inflexão da macrotendência de erosão da governabilidade e de sua contratendência é constituído pelos eventos de terrorismo de 11 de setembro. Além desses eventos demonstrarem o poder destrutivo do terrorismo global sobre vidas e bens nos EUA, eles afetam de modo geral as bases da governabilidade geral do sistema, comprometendo tanto o funcionamento da economia nos EUA como nas outras sociedades com governabilidade integrada na globalização (incluindo aqui: as outras democracias desenvolvidas; as democracias dos países de renda média da Ásia, América Latina e Europa; Índia; Rússia; e China). Mas os eventos de 11 de setembro constituem muito mais que um Pearl Harbor da globalização e da governabilidade, eles são um ato de barbárie que compromete o avanço da civilização no mundo como um todo. Esses atos são reveladores de algo mais profundo que a realização de uma intenção maldosa por parte de um pequeno número de terroristas, eles colocam à luz do dia algo impensável para a maior parte da humanidade até o dia anterior ao 11 de setembro. Esses atos revelam que na globalização os elementos de civilização e de barbárie estão muito mais confundidos do que antes era possível imaginar. Por assim dizer, a fonte do terrorismo de 11 de setembro não era uma simples barbárie motivada por supostas situações de pobreza, injustiça social ou opressão política, tal como o mundo estava acostumado a ver na Irlanda do Norte, no Oriente Médio, na Espanha e em alguns outros lugares. Esse terrorismo representava uma barbárie de um outro grau que a vista anteriormente. Os autores dos atos de 11 de setembro não pediram nada em particular (não deixaram nenhuma mensagem que explicasse seus atos); eles simplesmente convocaram a humanidade para a barbárie, demonstrando que não existe lei comum possível que inclua toda a humanidade. Um fator agravante do apelo à barbárie desses atos é que eles foram recebidos com uma relativa aceitação e/ou simpatia por parte de expressivos setores (ainda que minoritários) da opinião pública mundial. Aceitação que, paradoxalmente, vinha não apenas dos países islâmicos, mas também de alguns países claramente inseridos no Ocidente (como é o caso do Brasil, por exemplo). O ataque às torres gêmeas do World Trade Center colocou em evidência que esse atentado tinha raízes muito mais profundas que o simples desgosto de um bando de islâmicos lunáticos ou mesmo um suposto choque de civilizações. O 11 de setembro trouxe para o centro do palco do mundo contemporâneo importantes anomalias do atual processo civilizatório.

De uma ou outra forma, o 11 de setembro se constitui, portanto, num desafio civilizatório para indivíduos e sociedades por igual, particularmente para os países desenvolvidos mas também para os países médios. Num primeiro momento, por exemplo, foi possível temer uma reação de vingança imediatista e descontrolada por parte dos EUA, que derivasse num conflito que aumentasse a dose de barbárie já existente. Felizmente, a guerra no Afeganistão mostrou claramente, não apenas a competência das forças armadas dos EUA, Inglaterra e outros países da OTAN, mas também o grande cuidado das mesmas na preservação de vidas inocentes, num território que se supunha, com justa razão, ser o principal ninho do terrorismo. Embora possam ter havido algumas vacilações iniciais na elite americana (lembremos a conotação fundamentalista do primeiro nome que foi dado à campanha militar no Afeganistão: "Justiça Infinita"), hoje existe pleno consenso nos principais setores de poder americano que as respostas ao terrorismo devem ser tanto políticas como militares, e que ambas implicam tomar decisões de caráter global e de longo prazo que aumentem a governabilidade global. Nos poucos meses transcorridos desde o ataque de 11 de setembro foi construída uma vasta e poderosa coalizão de quase todos os países do mundo (com papel central para os países com efetiva governabilidade nacional e integrada na globalização) contra o terrorismo global. Nas palavras do primeiro-ministro inglês Tony Blair e de Colin Powell, responsável pela diplomacia americana, trata-se de uma vasta aliança para uma guerra da civilização contra o terrorismo. Assim o perigo de enquadramento das ações contra o terrorismo, como guerra entre o Ocidente e o Islamismo, que procura tanto o fundamentalismo islâmico como a extrema direita americana (em grande parte ligada ao fundamentalismo cristão) e israelense (ligada ao fundamentalismo judaico), está sendo afastado definitivamente.

A aliança contra o terrorismo tem um limitado caráter multilateral, de fato ela é muito mais um conjunto de alianças bilaterais/setoriais promovidas pelos EUA desde uma posição central, que um elaborado acordo multilateral (por isso o papel da ONU tem sido muito restrito no processo pós-11 de setembro). Essas alianças setoriais envolvem uma combinação variada de elementos políticos, diplomáticos, militares, policiais e econômicos. Ditas alianças são definidas pelos EUA como objetivando a destruição de dois inimigos: 1 — redes terroristas globais; e 2 — regimes extremistas que produzem armas de destruição em massa e procuram realizar chantagem aos EUA e à comunidade internacional com a ameaça do seu uso. Os EUA conseguiram pleno apoio, em relação ao primeiro objetivo, e apenas parcial, em relação ao segundo objetivo. Entre as principais alianças setoriais dos EUA, cujo conjunto constitui a chamada aliança global contra o terrorismo, devemos destacar as seguintes: 1 — a aliança principal e mais profunda com o Reino Unido, que coloca este país na posição central de ser o único com capacidade de influir diretamente nas macrodecisões americanas; 2 — a aliança com a Alemanha, França,

Itália, Japão, Austrália e Turquia (que implicou no envolvimento direto de forças militares desses países no teatro de guerra do Afeganistão) e com os países da OTAN em geral, que implica uma forte cooperação nas áreas de inteligência, policial e bancária para desmantelar células terroristas; 3 — aliança com a Rússia, que sepulta definitivamente a herança da Guerra Fria e reconhece uma parceria estratégica para este país em relação à governabilidade do Leste Europeu, do Cáucaso e da Ásia Central; 4 — aliança com o Paquistão, que obrigou o governo de Musharraf a abandonar o apoio ao talibã e a combater parcialmente as bases de terrorismo islâmico dentro do Paquistão, sendo este o caso de maior mudança de um país com relação à situação prévia ao 11 de setembro; 5 — aliança com a Índia, que reconhece a este país a plena legitimidade para combater o terrorismo islâmico na Caxemira, fortemente apoiado pelo Paquistão até o atentado ao Parlamento indiano de dezembro de 2001; 6 — aliança com a China, que diminui a pressão ocidental com relação às violações dos direitos humanos neste país e reconhece o papel da China na governabilidade da Ásia Central; 7 — aliança com o Irã, que favoreceu a inclusão plena da muito importante etnia hazara na Aliança do Norte no Afeganistão; 8 — aliança com Israel, que permite a este país combater o terrorismo palestino sem os condicionamentos externos anteriores ao 11 de setembro; 9 — aliança com a maioria dos países islâmicos, que responsabiliza seus governos pelo combate às redes terroristas existentes em seus países. Chamamos a atenção para o fato de que este tipo de alianças setoriais corre o risco de acompanhar excessivamente as necessidades do momento, trazendo no meio ou longo prazo problemas para governabilidade global. Os EUA deveriam aprender da experiência passada e evitar apoiar governos ou fazer alianças casuísticas, baseadas exclusivamente nos interesses do momento, que depois são descontinuadas. O próprio Afeganistão é um bom exemplo: quando os mujahidim estavam combatendo a União Soviética foi feita uma aliança destinada a apoiar sua luta, mas depois da guerra e do colapso do comunismo soviético os EUA deixaram de manifestar interesse na região, produzindo assim um forte sentimento antiamericano armado, paradoxalmente, com armas americanas. O fato de que as alianças sejam motivadas pela luta contra o terrorismo não deve impedir que todas elas estejam norteadas na manutenção permanente de princípios civilizatórios claros, que impeçam à "criação" voltar-se contra o "criador". Caso contrário, acreditamos difícil que essa soma de alianças setoriais se potencialize de forma eficiente, servindo assim de suporte para uma verdadeira aliança global de efeitos civilizatórios no longo prazo.

Apesar da aliança contra o terrorismo ter tido uma decisiva vitória no Afeganistão (derrubada do regime talibã, destruição de parte importante do coração da Al-Qaeda, formação de um governo provisório no Afeganistão comprometido com a governabilidade global e a luta contra o terrorismo, e compromisso da maioria dos países desenvolvidos de contribuir na reconstrução do Afeganistão), o processo está longe de sua conclusão. A seguir destacamos os quatro principais fatores que ameaçam a governabilidade global no momento atual: 1 — redes terroristas ancoradas no fundamentalismo islâmico, que continuam existindo em muitos países islâmicos do Oriente Médio, Ásia e África (apesar de terem agora um ambiente mais hostil para desenvolver-se e operar); 2 — redes terroristas ancoradas no fundamentalismo islâmico, que continuam existindo dentro da diáspora islâmica em países não-islâmicos, principalmente na Europa e EUA (apesar da eficácia dos sistemas de inteligência e policiais que impediram até agora a realização de novos atentados, ainda quando houve a intenção declarada dos líderes da Al Qaeda de realizá-los); 3 — dois países com regimes políticos extremistas (Iraque e Coréia do Norte), que continuam rejeitando inspeções internacionais efetivas com relação à posse e fabricação de armas de destruição em massa; e 4 — os países pobres com Estados fracassados ou colapsados da África e Ásia estão infestados de redes criminais sub e transnacionais (ligados ao tráfico de drogas, armas, migrantes, animais silvestres, prostituição e órgãos humanos) que são sempre um terreno fértil para o nascimento e desenvolvimento de redes terroristas. Para resolver este último problema, os países desenvolvidos deverão assumir parte dos custos e responsabilidades de reconstruir a governabilidade nos Estados fracassados e colapsados. Somente enfrentando decisivamente esses quatro problemas o mundo poderá ficar livre do terrorismo.

Os três meses e meio que transcorreram, desde o 11 de setembro até a inauguração do novo governo no Afeganistão, em 22 de dezembro de 2001, mostram uma nova realidade do poder mundial. O desempenho das forças armadas americanas foi de uma extraordinária eficácia, muito superior ao previsto por todos os analistas, devido a uma nova combinação de três fatores: 1 – capacidade de bombardeio aéreo de longa distância (B52 vindos da ilha Diego Garcia e B2 vindos do território continental dos EUA) de alta precisão; 2 – forças especiais de alta mobilidade no teatro de operações sinalizando eletronicamente com o máximo de precisão, os alvos para os bombardeiros; e 3 – aviões não pilotados (Predator) em missões permanentes de monitoramento e ataque. Para perceber a importância da revolução tecnológica militar atual, basta comparar os dados sobre bombardeios de alta precisão em relação ao total, na última década: 10% na Guerra do Golfo; 30% em Kosovo; e 80% no Afeganistão. Depois da Guerra do Afeganistão, o poder militar global americano aumentou de tal forma que se aproxima da supremacia absoluta. Em virtude de sua capacidade de fogo aéreo, os EUA têm hoje um poder militar arrasador em qualquer região do mundo, sem necessidade de bases (próprias ou aliadas) próximas. Em função de esta superioridade quase absoluta do poderio militar americano, assiste-se ao nascimento de uma nova constelação de segurança, com centro nos EUA, que deixa para o Conselho de Segurança da ONU (órgão que reflete a estrutura de poder de um mundo que não existe mais, no qual a superioridade americana era menor, como foi durante a Guerra Fria ou durante o período 1989-2001) apenas um papel de legitimador simbólico de decisões processadas e tomadas na relação bilateral dos EUA com os outros países militarmente importantes.

O ano 2001 foi tão intenso no plano político-militar que implicou duas mudanças sucessivas na doutrina da segurança nacional americana. Com efeito, a doutrina de segurança nacional, vigente durante a presidência de Clinton, baseava-se na idéia de que os problemas de segurança nacional dos EUA eram significativamente menores do que na Guerra Fria e significativamente inferiores se comparados com as questões econômicas. A tradução militar desta doutrina implicava que as forças armadas deviam estar preparadas para ganhar duas guerras convencionais simultâneas, em teatros distantes do mundo. Com a chegada de Bush à Casa Branca, em janeiro de 2001, formula-se uma nova doutrina de segurança nacional concentrada na construção de uma estrutura de proteção militar (escudo antimíssil e estruturas antiterroristas internas) para o território americano e maior auto-suficiência energética dos EUA, com o objetivo de afastar as suas forças armadas do envolvimento direto nas áreas mais críticas do mundo. Depois do 11 de setembro, formula-se com bastante rapidez uma nova doutrina de segurança nacional, baseada no combate integral ao terrorismo global, que considera inimigo imediato e direto dos EUA todos os países que derem refúgio ou sejam tolerantes com as redes terroristas e aos países que pretendem desenvolver armas de destruição em massa. Diferentemente da doutrina anterior, que pretendia isolar os EUA da insegurança do mundo, esta doutrina globaliza a questão da segurança dos EUA e é um novo e extraordinário acelerador da globalização em geral, a partir da globalização militar. Tanto para a primeira quanto a segunda doutrina Bush, as questões de segurança são mais importantes que as questões econômicas para o Estado americano, embora de um modo diferente daquele durante a Guerra Fria. A segunda doutrina Bush implica também a construção de um escudo antimíssil, mas seu perfil tenderá a ser mais negociado com a União Européia e a Rússia. Um elemento decisivo, para o Estado americano poder enfatizar as questões de segurança, é a disposição de sua população para aceitar os custos de uma guerra em termos de perdas de tropas (disposição que era quase inexistente nos anos posteriores ao fracasso da

Somália, em 1993). Embora a questão do poderio militar seja decisiva, do ponto de vista de sua dinâmica funcional, na guerra contra o terrorismo estão em primeiro lugar as operações de inteligência, em segundo lugar as operações de *law enforcement* (de estruturas policiais e de estruturas destinadas a combater os ilícitos transnacionais) e em terceiro lugar as operações especificamente militares.

VIII

Os atos de 11 de setembro encontraram uma humanidade praticamente desapercebida da importância e atualidade do velho dilema entre civilização e barbárie; uma humanidade com crescente consciência do mundo como lugar único, porém caminhando na direção de uma globalização multidimensional de características basicamente sistêmicas, onde "as coisas corriam sozinhas". Entramos agora num processo de construção de uma globalização mais reflexiva e decisionista, onde os principais atores da ordem mundial não terão condições de evitar as conseqüências de seus atos em termos de uma contribuição maior para um lado ou outro do dilema existente entre a civilização e a barbárie, onde os indivíduos terão que fazer suas opções conscientes, do mesmo modo que os principais atores da política internacional terão que tomar decisões realistas destinadas a impor pela força normas de direito universal em países e lugares submersos na barbárie (portanto, esvaziados de tais normas).[15]

Um aspecto civilizatório fundamental para ser incorporado na ordem futura passa pela reversão parcial do altíssimo poder que os mercados tiveram para organizar as sociedades durante a década de 1990. Esta alternativa é possível e provável, mas demandará uma forte dose de decisionismo político a fim de impor uma estrutura de estados pós-westfalianos hierarquizados, agindo como agentes de segurança e justiça global. Essa estrutura de estados hierarquizados deverá ter no seu topo os EUA, em segundo lugar a União Européia, Japão, Rússia, China e Índia, e a seguir todos os outros Estados integrados na economia globalizada. Esse sistema de segurança e justiça global tenderá a ser predominantemente intergovernamental (incluindo componentes transgovernamentais) e estará baseado no poder real dos países no início do século XXI, expressado como uma combinação dos seguintes fatores: consolidação e projeção do estado de direito, tamanho e dinamismo da economia, intensidade do desenvolvimento científico-tecnológico, tamanho da população, recursos naturais disponíveis (terras agriculturáveis, água, biodiversidade, petróleo etc.), eficácia da governabilidade, recursos militares disponíveis e capacidade de projeção de poder. Esse enfraquecimento parcial dos mercados não implicará uma volta ao keynesianismo dominante até a década de 1980 (embora exista no curto prazo um novo intervencionismo para diminuir os efeitos da crise sobre os setores econômicos diretamente afetados pelos atentados, como as companhias aéreas), mas acarretará uma expansão da esfera estatal (aumento da proporção do setor segurança pública no conjunto da economia) e o desenvolvimento de uma arquitetura de governabilidade global orientada a aumentar a segurança dos indivíduos e das sociedades menos dependente dos mercados, como a existente hoje. A circulação global desenfreada de capitais especulativos que predominou na década de 1990 terá que sofrer freios significativos, instalando-se controles sobre a lavagem de dinheiro derivado dos ilícitos transnacionais (os atuais paraísos fiscais serão obrigados a mudar significativamente seu lugar na economia global). Vale a pena ressaltar que o Fundo Monetário Internacional não está à altura da complexidade da globalização financeira contemporânea. Em primeiro lugar, porque o FMI foi modelado por um sistema de fortes restrições à circulação internacional de capital privado predominante entre o fim da Segunda Guerra Mundial e o início da década de 1970, longe portanto da realidade, do início do século XXI, de gigantesca circulação global de capitais. Como a realidade financeira global mudou sem que mudasse significativamente a estrutura e missão do FMI, este perdeu caraterísticas de instituição voltada para a definição de políticas globais, para concentrar-se mais especificamente em problemas dos países em desenvolvimento da América Latina, Ásia e África, criando assim um vácuo em relação à governabilidade do sistema financeiro global, sendo que este vácuo foi preenchido apenas parcialmente pela coordenação dos bancos centrais dos G7 e pelo Banco de Compensações Internacionais da Basiléia. E, em segundo lugar, porque no mundo atual não se pode presumir que os países pobres com os quais o FMI se relaciona tenham condições de definir e assumir compromissos responsáveis no plano econômico e financeiro. A intensidade da globalização econômica gerou uma certa esquizofrenia, na medida que o Sistema Bretton Woods reconhece por um lado a autonomia e soberania dos estados para definirem suas estratégias econômicas nacionais mas, por outro, a atual dinâmica deixa os estados pobres (e às vezes também os estados médios) desprovidos de recursos para seguir outras alternativas que não sejam as definidas pelo FMI. Em outras palavras, hoje se tornou necessário redefinir o FMI dando-lhe poderes e atribuições globais, em condições de regular a circulação global de capitais e de coibir a lavagem de dinheiro derivada de atividades criminosas e a evasão fiscal internacionalizada (esta última afeta fundamentalmente os países emergentes, mas também os países desenvolvidos e os pobres).

Uma nova estruturação e missão do FMI permitiria garantir tanto a governabilidade global do sistema, quanto uma gestão adequada dos recursos dos países emergentes e pobres, que lhes evite ser sugados pelas forças especulativas do mercado mundial.

IX

Como conseqüência da luta contra o terrorismo global está havendo uma pequena diminuição das liberdades civis e políticas nas sociedades democráticas ocidentais, em função da necessidade de atender aos problemas de segurança. Entre outras, algumas áreas que estão sofrendo importantes transformações em todo o mundo são as relacionadas a: escuta telefônica, vigilância eletrônica, sigilo bancário, documentos de identificação, e controle para ingresso em aviões e em locais com multidões. Em paralelo a isso, existe um aumento da importância e do poder relativo das comunidades de segurança (militares, inteligência, polícia, indústria da segurança), tanto dentro como fora dos estados nacionais (já que estão aumentando sensivelmente os processos de coordenação internacional dos sistemas de inteligência, segurança e militares). O aumento na importância destas comunidades se define em comparação com a década de 1990, mas não existem evidências que permitam prever que alcancem uma importância equivalente à que tiveram durante a Guerra Fria. Tudo isto se constituirá, certamente, num claro dilema civilizatório para as sociedades ocidentais mais avançadas, especialmente em relação aos direitos humanos, e para o conjunto da comunidade internacional, em relação ao conceito de soberania nacional. Sem dúvida, tanto os direitos humanos como o direito de soberania nacional deverão ser redefinidos de modo mais realista e universalista do que vem sendo concebidos até o presente.

Até dezembro de 2001 o único acontecimento que ameaça erodir a democracia dentro do mundo ocidental é a ordem executiva do presidente Bush criando tribunais militares especiais, aptos para julgar sumariamente estrangeiros acusados de vínculos com o terrorismo. É claro que esta ordem executiva não afeta a democracia quando se trata de julgar combatentes da Al-Qaeda/talibã feitos prisioneiros na guerra do Afeganistão, mas sim afeta a democracia no caso de julgamento de estrangeiros detidos dentro dos EUA. A ordem executiva de Bush tem despertado uma forte crítica tanto nas democracias ocidentais quanto dentro dos EUA (movimentos de defesa dos direitos civis, importantes setores do Partido Democrata e até alguns setores republicanos) e por isso é provável que sua regulamentação (no caso de estrangeiros detidos nos EUA) seja bastante mais próxima dos procedimentos de um tribunal civil do que o intencionado originalmente pelo governo Bush. Fora do Ocidente, a aliança contra o terrorismo cria condições favoráveis para uma maior violação dos direitos humanos por parte de alguns regimes autoritários e totalitários.

X

No contexto de uma luta global contra um terrorismo ancorado no fundamentalismo islâmico, os países ocidentais (muito especialmente os Estados Unidos), assim como a sociedade civil mundial, terão que assumir e resolver adequadamente seu próprio dilema em relação aos países islâmicos e ao Estado de Israel. Esse dilema é particularmente difícil de enfrentar (e de entender) pelo alto grau de discordância da política e cultura ocidental com as regras das sociedades islâmicas, em particular, e fundamentalistas religiosas, em geral. O islamismo é uma religião que não abre espaço nem contempla a realização de um projeto político particular. Por assim dizer, a sensibilidade islâmica se concentra muito mais em valores simbólicos do que em aspectos concretos da realidade, em valores religiosos do que em valores políticos. A rigor, o analista do mundo islâmico deve ter a coragem suficiente para perguntar-se até que ponto os valores que conformam esse mundo lhe permitem uma realização eficiente do estado moderno. Durante o século XX, as principais potências ocidentais foram condicionadas por poderosas razões geopolíticas (primeiro, a ocupação da maior parte dos territórios do Oriente Médio, após a derrota do Império Otomano, e depois o controle das fontes de subministro de petróleo da região) e também por algum tipo de sentimento de culpa (por não terem feito grandes esforços para garantir o cumprimento da Resolução 181 da Assembléia Geral das Nações Unidas, de 11/11/1947, referida à partição da Palestina entre um estado judeu e outro árabe e à internacionalização da cidade de Jerusalém) para "tapar o sol com uma peneira", negando-se a ir a fundo na questão islâmica.

Tivemos que chegar até o ano 2001 para entender que existia um problema com o islamismo e não apenas com grupos de terroristas palestinos que reivindicavam os territórios ocupados por Israel. Mesmo um sintoma de tremenda barbárie, como a condenação à morte de um escritor considerado culpável de ter escrito "versos satânicos" (Salmon Rushdie), pareceu chamar a atenção do Ocidente apenas como um fato aberrante isolado. Não pretendemos confundir o islamismo com o fundamentalismo islâmico, mas também não podemos simplificar o problema dizendo que não existe uma carga de barbárie no primeiro. O islamismo já não é mais um tema exclusivo dos maometanos, o mundo atual não permite mais este exclusivismo. O prêmio

Nobel de Literatura de 2001, V.S. Naipaul, tinha provocado uma certa surpresa, em princípios dos anos 90, quando comentou numa palestra que no islamismo a fé abole o passado anterior à conversão e que isso tinha enormes conseqüências civilizatórias.[16] A explosão do pacífico Buda talhado na pedra da montanha pelo talibã, embora realizado por um regime fundamentalista, era um fato coerente e conseqüente com o islamismo. Essa fé que abole o passado e que coloca Deus a governar os assuntos humanos, ao mesmo tempo que facilita enormemente o crescimento das conversões nos países mais desenvolvidos do Ocidente no limite, é produtora desse tipo de barbárie que encontramos nos seqüestradores dos aviões usados nos atentados de 11 de setembro. Uma resolução adequada do dilema civilizatório atual em relação ao islamismo obriga a um esforço de compreensão, por parte dos países ocidentais da especificidade das sociedades islâmicas, assim como a definir relações muito mais íntimas e proativas entre o Ocidente e o islamismo, baseadas não exclusivamente nas tradicionais questões políticas e econômicas, mas também em questões religiosas, culturais e simbólicas, em geral. Nesse sentido, não parece existir uma questão de maior importância simbólica, incrustada no meio do terrorismo global contemporâneo, que o problema palestino. Assim como depois da Segunda Guerra Mundial o problema judeu foi "globalizado", isto é, contou com a intervenção ativa das potências ocidentais e da União Soviética para encontrar-lhe uma solução, o atual problema palestino também deve ser "globalizado" (no campo do direito e da política, porque já vimos que no campo do terrorismo está globalizado demais). Não se trata de alterar o caráter estratégico da aliança entre Estados Unidos e Israel na região, mas sim de que os Estados Unidos devem repensar sua política tradicional de apoiar incondicionalmente o Estado de Israel. Às já mencionadas dificuldades para entender o islamismo, devemos neste caso acrescentar as dificuldades que os Estados Unidos têm para definir uma política externa mais ou menos isenta em relação a Israel, frente ao poderoso peso político do lobby judaico americano. Mas o que está sendo colocado hoje em debate não é o mesmo que estava sendo colocado no dia anterior aos atentados, hoje temos detectado com clareza uma anomalia civilizatória da maior importância, que ontem mesmo permanecia oculta na escuridão, quase sem ninguém perceber.

XI

Obviamente, a luta contra o terrorismo global implica, a curto ou médio prazo, um reposicionamento das forças antiglobalização, seja nos países centrais ou nos países emergentes da América Latina e outras regiões do mundo, com processos de democratização progressiva em andamento. No mundo posterior ao 11 de setembro haverá cada vez menos espaço para compromissos ambíguos com o estado de direito (do tipo que foi evidenciado poucas semanas antes dos atentados terroristas, por exemplo, nos choques de uma minoria extremista dos manifestantes com a polícia, na cidade de Gênova). A nova situação obrigará muitos atores a revisar e/ou confrontar-se com as conseqüências de atos inspirados nos remanescentes ideológicos do totalitarismo de esquerda que ruiu com o bloco comunista no fim dos anos 80. Que ainda existem esses remanescentes fica comprovado na ambigüidade demonstrada por setores importantes da sociedade civil de numerosos países da comunidade internacional. Enquanto, por um lado, os governos da maioria dos países expressaram uma clara condenação dos atos de terrorismo (seja por convicção ou por conveniência) e se alinharam na luta contra o terrorismo, por outro lado, temos que a sociedade civil desses mesmos países muitas vezes ficou aquém de seus governos. No caso de tratar-se apenas de países islâmicos este fenômeno seria compreensível, mas chama a atenção que setores importantes da população de países não-islâmicos perderam menos tempo (e espaço nas suas declarações) em condenar os atentados e pedir o castigo dos culpáveis do que em justificar os acontecimentos a partir das injustiças cometidas pelos EUA pelo mundo afora. Esta conduta pode ser explicada, em parte, pelo estendido sentimento antiamericano que era prévio aos acontecimentos de 11 de setembro. Mas a rapidez com que esses setores passaram por cima de atos tão monstruosos para, a seguir, culpar a própria vítima pelo castigo recebido, denuncia a presença de algo mais que um simples sentimento antiamericano. Esse sentimento pode ser considerado óbvio nos países islâmicos, em função da identificação histórica dos EUA com Israel. Mas não é tão óbvio quando acontece em países emergentes do mundo ocidental. Nesse caso, devemos concluir que estamos frente a uma tentativa, consciente ou inconsciente, de politizar um ato que, a rigor, não pode ser politizado, por tratar-se de um ato de violência pura (que, como já comentamos, sua autoria nem sequer foi assumida ou teve suas causas explicadas pelos seus responsáveis). O caos ideológico que supõe esta atitude por parte de importantes setores da sociedade civil de muitos países só pode ser coerentemente explicado a partir da contaminação e confusão das críticas à globalização com utopias totalitárias de esquerda e direita. Por este motivo, acreditamos que a maioria das forças antiglobalização tenderá no futuro a ser bastante cuidadosa nos seus passos, para evitar ser confundida com o terrorismo. Mas esta questão não é tão simples como parece, embora não possua a mesma urgência que a anterior questão islâmica, a longo prazo ela se constituirá num dilema civilizatório vital. Primeiro, porque está dentro do Ocidente e tem suas raízes no próprio

Ocidente; e segundo, porque são forças que discutem a realidade apelando a valores ("religiosos") que pretendem estar acima de qualquer suspeita, inclusive da política e do direito. Aqui se manifesta o lado bárbaro do Ocidente, o qual não teve ainda um 11 de setembro que o trouxesse à luz.

XII

Certamente, uma análise pormenorizada da luta contra o terrorismo global e seus dilemas civilizatórios exigiria revisar em detalhe cada uma das principais regiões do mundo, analisando em particular seus entraves políticos e culturais. Ainda que não tenhamos espaço para tanto, gostaríamos de abordar brevemente o caso da América Latina. Embora esta seja um produto da civilização ocidental — o cientista político francês Alan Rouquie a definiu como "o extremo Ocidente" (Rouquie, 1987) — ela apresenta suficientes anomalias para ser-lhe atribuída uma forte singularidade (Huntington, 1997). Talvez o primeiro de muitos paradoxos que atormentam a região seja que o continente latino-americano nasceu com a época moderna, mas foi colonizado por monarquias católicas (Espanha e Portugal) imbuídas de um forte espírito pré-moderno. Ainda que em diversos graus em cada país, a região vive tensionada basicamente entre três grupos étnico-culturais bem diferenciados: indígenas (pertencentes a civilizações autóctones que não se encontram em nenhuma outra parte do mundo), negros (trazidos da África como escravos em grandes quantidades) e europeus (na condição de conquistadores primeiro e imigrantes depois). A América Latina poderia ser considerada uma subcivilização dentro da civilização ocidental, mas isso levaria a esconder a tremenda ambigüidade e ambivalência do latino-americano em relação ao Ocidente. Todas as civilizações padecem algum grau de ambigüidade em relação a suas origens e identidade atual, mas acreditamos no fato de que a América Latina possui, de longe, a maior de todas. Não estaríamos dizendo nenhuma novidade se descrevêssemos a América Latina como uma cultura e uma população eminentemente sincréticas. Mas ainda que isto seja certo em boa medida, não nos parece que resolva o problema, já que o sincretismo suporia a existência de uma identidade mais definida e menos ambígua que a existente. De qualquer forma, nos parece óbvio que, em qualquer caso, a América Latina tem ainda uma enorme tarefa pela frente. Os países latino-americanos podem manter-se numa ambigüidade sincrética em relação a suas origens, mas encontrarão cada vez mais dificuldades para avançar se não revisarem os fundamentos que sustentam sua ambigüidade em relação à globalização e ao Ocidente (tal como ficara evidente nas mostras de simpatia com "os motivos" que levaram aos atentados de 11 de setembro, por parte de importantes setores da opinião pública da região). Para situar melhor o problema, digamos que, independentemente de eventuais declarações de um ou outro país, no início do século XXI apenas Chile e Costa Rica assumem-se plenamente como globalizados e ocidentais de fato e de direito. Em particular, chamamos a atenção para dois elementos (paradoxalmente, ao mesmo tempo contraditórios e complementares entre si) que condicionam fortemente o "subconsciente" latino-americano na direção da barbárie: 1 — o populismo autoritário, com raízes comuns na colonização ibérica e nas civilizações indígenas, que tem conseguido se reproduzir ao longo do século XX endeusando ciclicamente diversos caudilhos (políticos ou militares, de esquerda ou direita), dificultando a consolidação do estado de direito, a democracia e a compreensão da importância suprema da lei acima de qualquer outra coisa; 2 — a utopia do igualitarismo, fruto (mais uma vez) da união paradoxal entre o catolicismo da colonização ibérica (especialmente daquele que vem da vertente pró-indigenista de Bartolomé de las Casas) e as ideologias revolucionárias que vinham da Europa (especialmente daquelas inspiradas no Contrato Social de Jean-Jacques Rousseau), que tende a anular as responsabilidades do indivíduo frente à sociedade, fazendo-o acreditar que as desigualdades de desempenho entre os indivíduos são fruto de desigualdades históricas marcadas pela injustiça. Obviamente, a crítica do igualitarismo não supõe legitimar o passado das sociedades latino-americanas, mas sim mostrar como o discurso do igualitarismo contra a injustiça, que no passado foi cometida contra classes ou grupos humanos, serve hoje para amparar o parasitismo e a irresponsabilidade social, impedindo o cumprimento de exigências básicas da sociedade moderna, como a correta avaliação dos méritos de cada indivíduo, e a correta aplicação da lei (já que, implicitamente, se pretende que o exercício da lei no presente abra exceções que contemplem as injustiças feitas no passado).

XIII

Vários dos dilemas enumerados acima poderão ter uma certa síntese, no tipo de atitude/comportamento que predomine, no meio prazo, nos países desenvolvidos em relação a assumir os custos e responsabilidades da governabilidade global e da produção de bens públicos globais (como mecanismos para um desenvolvimento econômico mais inclusivo e para enfrentar os problemas epidemiológicos e ambientais globais) e da reconstrução da governabilidade nos Estados fracassados e colapsados. Estes custos e responsabilidades estariam associados à emergência de uma atitude/comportamento de tipo Plano Marshall na população dos países desenvolvidos. Lembremos que o Plano Marshall implicou destinar aproximadamente 3% do PIB americano durante cinco anos (1948-52) para a reconstrução da Europa Ocidental e Japão. Dedicar uma proporção equivalente a 3% do PIB dos países desenvolvidos durante uma década teria um impacto gigantesco sobre a governabilidade do mundo sem impor um ônus significativo sobre suas populações. A realidade da última década tem sido exatamente o contrário das necessidades da governabilidade global: a proporção do PIB dos países desenvolvidos destinada à ajuda ao desenvolvimento caiu aproximadamente, de 0,4% do PIB em 1990 para 0,2% do PIB em 2000. A grande pergunta que fica hoje é até onde as atitudes/comportamentos da população dos países desenvolvidos foi impactada pelo 11 de setembro, em relação à sua disposição para assumir os custos e responsabilidades da governabilidade global. As evidências dos últimos quatro meses são muito limitadas e contraditórias. Apontando na direção da mudança, temos os compromissos já assumidos pela maioria dos países desenvolvidos de fornecer os recursos necessários para a reconstrução do Afeganistão e as concessões dos países desenvolvidos, na reunião da OMC em Catar, em relação aos direitos de patentes sobre medicamentos básicos para as populações pobres. Apontando na direção da continuidade do egoísmo predominante no período 1989-2001, temos as fortes resistências dos países desenvolvidos, na mesma reunião de Catar, para abrir plenamente seus mercados para as exportações de produtos agrícolas, alimentos, têxteis e calçados, vindos dos países pobres e emergentes. A ameaça do comunismo possibilitou no começo da guerra fria que os EUA fossem generosos em pagar parte do custo da reconstrução da Europa e Japão e essa decisão teve um impacto decisivo no sentido de propiciar a vitória da democracia sobre o comunismo na segunda metade do século XX. Será a ameaça do terrorismo um fator suficientemente forte para impulsar um similar comportamento generoso dos países desenvolvidos no início do século XXI? Surgirão na maioria dos países desenvolvidos líderes com visão e capacidade de mobilizar seus eleitorados para um comportamento generoso, como parece ser anunciado em vários discursos e atitudes de Tony Blair desde 11 de setembro?

XIV

Concluindo, o mundo mudou definitivamente em 11 de setembro de 2001, não apenas pelos efeitos deletérios dos atentados, mas porque todos amanhecemos esse dia num mundo que não reconhecíamos bem. Alguns autores da modernidade, nos anos 90, apostaram com otimismo no fim da história (e não apenas Francis Fukuyama), apostaram num mundo progressivamente homogêneo onde os fatores sistêmicos da globalização iriam resolvendo os problemas na medida que se apresentavam. Isto nunca foi assim, mas a diferença é que hoje ficou claro que não é assim. O principal desafio (e oportunidade) que enfrenta a humanidade no presente é a construção de uma civilização universal. Como foi dito mais acima, a sociedade contemporânea é desafiada a construir uma globalização mais reflexiva e decisionista, sabendo que por trás de todos os problemas colocados na agenda está sempre o velho dilema entre civilização e barbárie. Se dermos as respostas corretas à Esfinge, pela primeira vez na história estaremos em condições de aspirar a um estado de direito global.

Referências bibliográficas

Arendt, H., *Eichmann à Jérusalem*, Paris, Gallimard, 1966.

Benjamin, W., "Tesis de filosofía de la historia", in *Para una crítica de la violencia*, México, Premiá Editora, 1982.

Cassin, B., "'Barbarizar' e 'cidadanizar', ou Não se escapa de Antifonte", in Cassin, B. et al., *Gregos bárbaros, estrangeiros*, Rio de Janeiro, Editora 34, 1993.

Habermas, J., *Direito e democracia: entre facticidade e validade*, vol.II, Rio de Janeiro, Tempo Brasileiro, 1997.

Held, D. et al., *Global Transformations*, Cambridge, Polity Press, 1999.

Horkheimer, M. e T.W. Adorno, "Dialética do Iluminismo", in Benjamin, W. et al., *Textos escolhidos*, São Paulo, Abril Cultural, col.Pensadores, 1980.

Huntington, S.P., *O choque de civilizações*, Rio de Janeiro, Objetiva, 1997.

Keohane, R.O. e J.S. Nye, *Power and Interdependence*, Nova York, Longman, 3ª ed.ampl. 2001.

Laqueur, W., *The New Terrorism: Fanaticism and the Arms of Mass Destruction*, Oxford, Oxford UP, 1999.

Naipaul, V.S., "Nossa civilização universal", *no.com.br*, 25.11.2001.

Robertson, R., *Globalização: Teoria social e cultura global*, Petrópolis, Vozes, 2000.

Rouquie, A., *Amérique Latine: Introduction à l'Extrême-Occident*, Paris, Seuil, 1987.

Serres, M., *O contrato natural*, Rio de Janeiro, Nova Fronteira, 1991.

Schmitt, C., *Political Theology: Four Chapters on the Concept of Sovereignty*, Cambridge, MIT Press, 1988.

Notas

1. B. Cassin, "'Barbarizar' e 'cidadanizar', ou Não se escapa de Antifonte".
2. "Tíndaro — Tu barbarizas, por ter permanecido muito tempo com os bárbaros!
Menelau — É grego respeitar sempre quem tem a mesma origem.

Tíndaro — E quanto às leis, de qualquer modo, não querer estar acima delas." (Eurípides, *Orestes*, 485-487)

3. Horkheimer, M. e T.W. Adorno, "Dialética do Iluminismo".

4. W. Benjamin, *Para una crítica de la violencia*, p.11[illegible].

5. No contexto da modernidade, J. Habermas (cf. *Direito e democracia*) estabelece que são válidas aquelas normas de ação que podem receber o assentimento de todos os possíveis afetados, enquanto partícipes de discursos racionais. Esse princípio de validade é o filtro da razão que se torna necessário, precisamente, para retirar das normas a moral tradicional. Interessa destacar aqui que, para Habermas, a história da Europa e dos EUA na interpretação e realização dos direitos humanos indica um claro avanço da racionalidade no Ocidente.

6. R. Robertson, *Globalização: Teoria social e cultura global.*

7. S.P. Huntington, *O choque de civilizações.*

8. De acordo com a classificação de Huntington, essas civilizações são: ocidental, africana, islâmica, sínica, hindu, ortodoxa, latino-americana e japonesa.

9. W. Laqueur, *The New Terrorism.*

10. H. Arendt, *Eichmann à Jérusalem.*

11. De acordo com o registro de Homero, na Guerra de Tróia (episódio contemporâneo do surgimento da categoria de barbárie) já existiam regras que impediam qualquer uso arbitrário da violência. Um exemplo é Aquiles, que, possuído pela fúria, não conseguiu satisfazer seu desejo e foi obrigado a entregar o corpo de Heitor aos troianos para que estes dessem a seu herói um funeral apropriado.

12. M. Serres, *O contrato natural.*

13. Talvez um dos maiores exemplos dessas tristes armadilhas contra a lógica e o bom senso (que o leitor provavelmente já deve ter encontrado em seu caminho) seja a comparação que alguns "intelectuais" de meios de comunicação de massa fazem entre o número de vítimas do World Trade Center e o número de crianças que morrem de fome por dia na África (ou em qualquer outro lugar), para concluir a seguir que se está querendo dar mais importância do que merecem os atentados do 11 de setembro.

14. Ver D. Held et al., *Global Transformations*; ver também R.O. Keohane e J.S. Nye, *Power and Interdependence.*

15. Estamos aqui nos aproveitando livremente do conceito de decisionismo elaborado por Carl Schmitt (em *Political Theology*), aplicando-o à política mundial. Somos obrigados a reconhecer que o autor pensou esse conceito no marco do Estado-nação, porém sua preocupação com a política mundial sempre esteve no centro de suas preocupações. Na medida em que a essência do decisionismo não implica ausência e/ou anulação de valores ou normas de direito, mas a convicção de que em situações críticas os mesmos não podem ser escolhidos por meio de um processo de deliberação racional, ficando a decisão com o detentor do poder, acreditamos que é válido pensar (sobretudo depois do 11 de setembro) em alternativas decisionistas pró-civilizatórias, por parte dos EUA e dos países da OTAN.

16. Ver V.S. Naipaul, "Nossa civilização universal".

Civilização e barbárie

BARBÁRIE E CIVILIZAÇÃO

Oswaldo Giacoia Junior
Departamento de Filosofia/IFCH Unicamp

Para Nietzsche, o problema da passagem da barbárie à civilização e à cultura sempre constituiu, em todas as fases em que costuma se desmembrar a trajetória de sua filosofia *o* problema do homem, sua aventura de autoconstituição.

Embora os temas da moral e da crítica da religião tenham sido apontados, por boa parte dos comentadores, como constituindo os núcleos de aglutinação de seu pensamento, a questão da cultura é, segundo penso, o autêntico elemento de ligação entre os diferentes conjuntos de temas e problemas fundamentais, em torno dos quais se articula a reflexão de Nietzsche. Esta, com efeito, deve ser sobretudo compreendida como crítica da cultura.

É interessante observar que precisamente esta tendência não foi ignorada por uma das primeiras e, nesse sentido, isoladas recepções de sua obra, a saber, a avaliação de A. Riehl que, ainda durante a vida de Nietzsche, escrevia o seguinte:

> Nietzsche é o filósofo da cultura. A cultura é o problema central ao qual se relacionam todos os seus pensamentos mais essenciais. Essa tarefa não é alterada em função da mudança de suas concepções; ela interliga os períodos do seu pensamento e se encontra no centro de sua filosofia. De início, cultura é arte, a "unidade de estilo artístico em todas as manifestações da vida de um povo"; em seguida, cultura é *conhecimento*, finalmente tem como meta a "elevação do tipo homem". Também o problema da moral, o mais conhecido questionamento nietzschiano, se subordina em Nietzsche ao problema da cultura e por isso só pode ser corretamente compreendido se tomado em relação com este.[1]

Demarcando o emprego diferenciado dos termos "cultura", formação (*Bildung*) e "civilização", e com isso se inserindo numa tradição tipicamente alemã sobre esse tema, Nietzsche trata da civilização como um problema de *polícia*. Comentando o texto clássico de Friedrich August Wolf sobre cultura e civilização, Nietzsche observa:

> A razão pela qual Wolf não podia colocar egípcios, hebreus e persas numa mesma linha com os gregos e romanos: aqueles não se elevaram de modo algum, ou apenas poucos degraus sobre a espécie de formação que se deveria denominar *policiamento civil ou civilização*, em oposição à *autêntica cultura do espírito*. Ele a explica, logo na seqüência, como a cultura espiritual ou *literária*; num povo bem organizado, esta pode se iniciar já mais cedo, como ordenação e tranqüilidade da vida exterior (*Civilisation*). O extremo oriente da Ásia ("semelhantemente àqueles indivíduos que nada deixam faltar em limpeza, adestramento e conforto de habitações, vestimentas e meio ambiente, porém nunca sentem a necessidade de esclarecimento superior"), ele o coloca em contraposição aos *gregos* ("nos quais, mesmo entre os instruídos áticos, ocorria o contrário, quase até ao ponto da admiração, e se desconsiderava como insignificante aquilo que, em virtude de nosso amor pela ordem em geral, costumamos apreciar como o fundamento da nobreza espiritual").[2]

Policiamento da vida civil é, portanto, desde muito cedo, para Nietzsche, a meta conservadora da civilização. Esta tem como alvo a transformação do bicho homem em *zoon politikon* e, nesse sentido, a civilização pode ser entendida como aquilo que, em *Para a genealogia da moral*, Nietzsche denomina o 'autêntico trabalho do homem consigo mesmo', o processo de hominização, cujo grau zero consiste na criação de uma *memória da vontade*, que torna possível a faculdade de prometer, e com ela os mais rudimentares fundamentos do Direito. Nesse sentido, civilização significa a passagem da barbárie à ordenação regular de uma *praxis* humana, isto é, a constituição de um esquema praxeológico a que se dá o nome de *ethos*.

Dando prosseguimento àquela tradição de que a citação de Wolf dá eloqüente testemunho, Nietzsche retoma o *topos* do retorno aos gregos como paradigmas de cultura e civilização: estes

> jamais viveram em altiva intocabilidade: pelo contrário, seu "processo de formação" (*Bildung*) foi, por muito tempo, um caos de formas e conceitos estrangeiros, semíticos, babilônios, lídios, egípcios, e sua religião um verdadeiro combate dos deuses de todo o oriente: de modo semelhante a como agora "o processo de formação cultural alemão" (*deutsche Bildung*) é mais ou menos um conflituoso caos interno de todo [elemento, *OGJ*] estrangeiro, de todo passado. E, apesar disso, a cultura (*Cultur*) helênica não se tornou um agregado, graças àquela sentença apolínea. A pouco e pouco, os gregos

> aprenderam a organizar o caos, na medida em que eles, de acordo com o ensinamento délfico[3], retornaram reflexivamente sobre si mesmos, isto é, sobre suas autênticas necessidades, e deixaram perecer as necessidades aparentes. Desse modo, eles tomaram posse novamente de si mesmos; não permaneceram por mais tempo os herdeiros excessivamente cumulados e os epígonos do inteiro oriente; eles se tornaram até, depois de severos combates consigo mesmos, graças à interpretação prática daquela sentença, os mais afortunados enriquecedores e incrementadores do tesouro herdado e as primícias e modelos de todos os futuros povos culturais.[4]

Como podemos perceber, no interior do processo civilizatório, a tarefa da cultura consiste, portanto, na transfiguração do caos, ou seja, em dar-se a forma e o estilo que caracterizam a personalidade coletiva de um povo. Nesse sentido, cultura é pensada por Nietzsche como a "unidade do estilo artístico em todas as manifesfações da vida de um povo"[5].

Ao contrário do que ocorrerá mais tarde com a Metapsicologia de Freud, cultura não deve ser entendida aqui como sinônimo de civilização, mas como artifício e estimulante que transfigura aquele peso opressivo ínsito à tarefa da civilização como processo de interiorização dos impulsos, renúncia à satisfação pulsional.

Se a civilização é essencialmente repressiva, a cultura atua em sentido contrário, como estimulante, como véu de ilusão que incita a viver e superar formas e patamares já consolidados de poder e vida social, em direção a figuras mais variadas e complexas, nas quais a humanidade atinge uma espécie de justificação estética imanente para sua tormentosa epopéia de autoformação: "Toda espécie de cultura se inicia com a transfiguração de um conjunto de coisas. A vida em uma esfera pura e nobre e a ordenação dos impulsos mais comuns. A luta contra 'os sentidos' através da virtude é essencialmente de natureza estética"[6].

Todavia, a despeito desse viés estético que marca a reflexão inicial do jovem Nietzsche, a característica mais marcante da mesma é que, na origem do processo civilizatório, encontra-se sempre a barbárie dos instintos, não a racionalidade de um pacto fundante, mas a tirania das relações de poder e dominação; não os germes de uma espiritualidade que irradia seus primeiros albores, mas as marcas do sangue e a violência das relações de força.

É, antes de tudo, como superação da barbárie que Nietzsche entende a aristocracia. Esta é uma temática essencialmente vinculada, em sua filosofia, aos problemas da civilização e da cultura, entendidas como grandes empreendimentos e elevação do "animal homem": "Toda elevação do tipo 'homem' foi até hoje obra de uma sociedade aristocrática — e assim será sempre: de uma sociedade que acredita em uma longa escala de hierarquia e de diferença de valor entre um homem e outro homem e que, em certo sentido, necessita da escravidão"[7].

Ao vincular o tema da barbárie e da civilização àqueles de aristocracia e escravidão, Nietzsche tem como alvo estratégico de sua crítica da modernidade política um dos seus mais bem guardados artigos de fé.

Perseguindo esse objetivo, a crítica da cultura toma em Nietzsche deliberadamente a forma da mais autêntica provocação: aos ouvidos modernos, para os quais a igualdade democrática é valor em si, qualquer outra forma de valoração só pode se tornar audível pela estridência.

Portanto, *contra* a unanimidade a respeito da igualdade formal burguesa, Nietzsche lança seu *pathos da distância*. A crença na hierarquia e na diferença de valor constituem, para ele, o pressuposto para a elevação; a ausência delas, favorece a tendência para o nivelamento e auto-rebaixamento do homem moderno.

Também a referência à escravidão, associada ao tema da aristocracia, evoca proposições de Nietzsche sobre a civilização enquanto processo de adestramento e amansamento do "animal homem", ao longo do qual se cultiva nele aquilo que se configurará como sua consciência moral. A tese de Nietzsche é a de que a passagem da barbárie à civilização ocorre como processo de interiorização e espiritualização dos instintos, em cuja base se encontra a repressão de sua descarga externalizada.

> Todos os instintos que não se descarregam para fora *voltam-se para dentro* — é isto que eu denomino a *interiorização* do homem: é somente com isso que cresce no homem aquilo que mais tarde se denomina sua "alma". O inteiro mundo interior, originalmente delgado como algo retesado entre duas peles, separou-se e aumentou, adquiriu profundeza, largura, altura, na medida em que a descarga do homem para fora foi *obstruída*. Aqueles terríveis baluartes com que a organização estatal se protegia contra os velhos instintos da liberdade — os castigos fazem parte, antes de tudo, desses baluartes — acarretaram que todos aqueles instintos do homem selvagem, livre, errante, se voltassem para trás, *contra o homem mesmo*. A hostilidade, a crueldade, o gosto pela perseguição, pelo assalto, pela mudança, pela destruição — tudo isso se voltando contra os possuidores de tais instintos: *essa é* a origem da "má consciência".[8]

A transformação do hominídeo em animal social, que constitui o objetivo do processo civilizatório, é um empreendimento inexoravelmente ligado ao desprazer e à repressão, inevitáveis em função da renúncia à satisfação pulsional. Esse é o preço a ser pago pelo processo de adestramento e domestificação do homem.

Nesse sentido, seria possível admitir que "o *sentido de toda cultura* consistisse cabalmente em cultivar, a partir do animal de rapina 'homem' um animal manso e civilizado, um *animal doméstico*"[9].

Nessa tarefa, de acordo com Nietzsche, não se pode prescindir da escravidão, em algum sentido. E se resistimos a admitir francamente essa *pudenda origo*, isso ocorre principalmente pela força de nossa hipocrisia que, sob a forma da edulcoração romântica, denega a violência presente nos primórdios da civilização: À essência da cultura pertence, segundo Nietzsche, a escravidão: "Uma verdade que, com efeito, não deixa qualquer dúvida remanescente sobre o valor absoluto da existência. *Ela* é o abutre que devora o fígado do prometéico fomentador da cultura"[10].

Na gênese do processo civilizatório, o termo escravidão tem pelo menos dois sentidos: aquele evocativo do fenômeno histórico e social — como condição de possibilidade, na Antiguidade, por exemplo, do florescimento de uma cultura superior. E um sentido metafórico, ou espiritual: escravidão como distância entre as instâncias psíquicas, portanto como hierarquia no interior do próprio indivíduo.

Em geral, enfatiza-se o primeiro sentido e se apresenta Nietzsche como um pensador que teria procurado *legitimar* filosoficamente a escravidão. Em realidade, o aforismo 257, que citamos há pouco, é uma provocação que retoma motivos antigos, já presentes em *O nascimento da tragédia*: nossa moralidade cristã, laicizada em democracia e socialismo, concebe o trabalho, o rendimento e a produção, assim como a igualdade burguesa de direitos como *a* única modalidade de instituição de uma sociedade verdadeiramente humana, o que implica, ao menos no plano ideológico, uma condenação moral absoluta da escravidão e da diferença de valor entre homem e homem.

Entretanto, de acordo com a denúncia de Nietzsche, a modernidade política — ao privar o trabalhador do sentido de seu trabalho, ao transformá-lo em peça na engrenagem da produção e do consumo; ao promover a administração econômica global da terra e transformar o indivíduo e em *especimen* de uma coletividade degradada, que tem as características de um rebanho uniforme — *de facto* preserva uma modalidade de escravidão que ela mesma, genericamente proscreve de direito, com a mais inocente boa fé humanitária, inconsciente de sua má fé.

Para Nietzsche, a tarefa que hoje é realizada pela civilização "consiste em fazer o homem tanto quanto possível utilizável, e aproximá-lo, tanto quanto possível, de uma máquina infalível: para essa finalidade, ele tem que ser equipado com *virtudes de máquina* (ele tem que aprender a sentir os estados nos quais trabalha de maneira maquinalmente utilizável como os de mais elevado valor: para tanto é necessário que *os outros* [estados, OGJ] sejam tornados tanto quanto possível penosos para ele, tanto quanto possível perigosos e suspeitos...).

Aqui está a primeira pedra de tropeço, o *tédio*, a *uniformidade*, que traz consigo toda atividade maquinal. Aprender a suportar *isso* e não somente suportar mas aprender a ver o tédio envolto por um estímulo superior: essa foi até agora a tarefa de todo sistema de ensino mais elevado. Aprender algo que não interessa; reconhecer justamente aí seu "dever", nessa atividade "objetiva"; aprender a avaliar separados um do outro o prazer e o dever — essa é a inseparável tarefa e realização do sistema de ensino mais elevado. Por causa disso, o filólogo foi até agora o educador *em si*: porque sua atividade fornece o modelo de uma monotonia da atividade que atinge o grandioso: sob sua bandeira, o discípulo aprende a "trabalhar como um boi": primeira precondição para uma aptidão inicial para o maquinal cumprimento do dever (como funcionário do Estado, cônjuge, aprendiz de burocrata, leitor de jornais, soldado). Ainda mais que qualquer outra, tal existência necessita, talvez, de uma justificação filosófica e uma transfiguração: por parte de alguma infalível instância, os sentimentos *agradáveis* têm de ser, em geral, desvalorizados como sendo de nível inferior; o "dever em si" talvez até o *pathos* da reverência face a tudo o que é desagradável — e essa exigência falando imperativamente como além de toda utilidade, divertimento, finalidade. ... A forma da existência maquinal como a suprema, a mais digna de honra, idolatrando a si mesma (tipo Kant como fanático do conceito formal "tu deves")[11].

É nesse sentido metafórico, sobretudo, que se deve compreender a permanência da escravização no seio da civilização moderna. Como observa Erwin Hufnagel, a sociedade do trabalho e do desempenho maximizado "entronizada e consagrada pelo Esclarecimento como emancipação, e realizada passo a passo, pode ser profundamente desumana. A anelada libertação política ... pode terminar em escravidão mental. Nada de menor do que vê, mais tarde, a dialética do esclarecimento desenvolvida por Adorno e Horkheimer, vê Nietzsche como um problema de história da filosofia e de história mental"[12].

Compreende-se mal o inteiro sentido dessa crítica da cultura, quando se a interpreta, como aliás ocorre com alguma freqüência — justamente por causa de passagens como essa referentes à escravidão —, na chave de uma justificação filosófica da violência e da exploração.

Para ele, trata-se apenas de constatação. Num universo apreendido sob a ótica do conceito de vontade de poder, a violência e a exploração não são fenômenos característicos apenas de uma sociedade corrompida ou imperfeita e primitiva: elas fazem parte da *essência* do que é vivo, como função orgânica fundamental. "Supondo que isso, como teoria, seja uma inovação — como realidade é o *fato primordial* de toda história: sejamos, portanto, honestos conosco mesmos até esse ponto!"[13]

Gostaria de insistir em que considero esse sentido — o metafórico — da referência à escravidão como sendo o essencial. Isso pode ser comprovado pelo prosseguimento daquele aforismo 257 de *Para além de bem e mal*, que citamos há pouco:

> Sem o *pathos da distância*, tal como este surge da incorporada diferença entre os estamentos, do permanente olhar para longe e para baixo, dirigido pela casta dominante sobre os súditos e instrumentos, e de seu adestramento, do mesmo modo permanente, em obedecer e comandar, em manter os outros subjugados e distanciados, não poderia surgir tampouco, de modo algum, aquele outro *pathos* misterioso, aquela exigência de sempre novos alargamentos de distância no interior da própria alma, a configuração de estados sempre mais elevados, mais raros, mais remotos, mais largamente tensionados, mais abrangentes, em uma palavra, justamente a elevação do tipo "homem", a contínua "auto-superação do homem", para empregar em sentido extramoral uma fórmula moral[14].

Nietzsche emprega, pois, a dominação social como metáfora para a diferença anímica. Aqui a interiorização atua como meio para a aquisição de um tipo mais refinado de distanciamento e domínio: introjetada, ela torna possível a elevação e a hierarquia psíquica, ou espiritual.

Recorrendo a tais argumentos, Nietzsche insiste em denunciar a idealização romântica e moralista da natureza e da história. Sob influência de preconceitos morais, tentar subtrair da consideração da natureza e da história os investimentos da crueldade, a violência da exploração, as tirânicas imposições de vontades de poder, constitui, para Nietzsche, falta de honestidade intelectual.

Isso, porém, não tem o propósito de se apresentar como uma apologia da força bruta. Ao contrário, a intenção de Nietzsche é indicar as possibilidades infinitas de sublimação das energias humanas, principalmente das mais terríveis. Aquilo que está em jogo já aqui é a famosa (anti)tese, que será exposta em detalhes na Segunda Dissertação de *Para a genealogia da moral*, de acordo com a qual a história da cultura superior coincide com a história da interiorização e espiritualização da crueldade.

Já em *Para além de bem e mal*, no entanto, Nietzsche deixara estabelecido que "quase tudo o que denominamos 'cultura superior' se baseia na espiritualização e no aprofundamento da *crueldade* — tal é minha tese; aquele animal selvagem não foi morto, em absoluto, ele vive, prospera, unicamente — foi divinizado"[15]. Precisamente pela 'divinização' da crueldade, a saga humana na história conquistou seus momentos e configurações mais sublimes — assim em indivíduos como em culturas.

Vê-se, portanto, que aquilo que Nietzsche tem em vista não é a exploração, a dominação econômica, social ou política de uma classe sobre outra, mas aqueles refinados estados anímicos de tensão alargada, aquela distância no interior da alma, aquele domínio de *si mesmo* que, para ele, caracteriza uma forma espiritual de aristocracia e excelência.

Por essa razão, o final do aforismo 257 propõe que lancemos um olhar genealógico sobre o pressuposto daquele sentido primordial de elevação do tipo 'homem': sobre a história de surgimento (*Entstehungsgeschichte*) de uma sociedade aristocrática. Aos olhos do genealogista, toda cultura superior não poderia se furtar à confissão de sua origem iníqua. Ela não principia por um contrato, mas por um ato de rapinagem: "Homens com uma natureza ainda natural, bárbaros em todo terrível sentido da palavra, homens de rapina, ainda em posse de forças de vontade e desejos de poder intactos, lançaram-se sobre raças mais débeis, mais civilizadas, mais pacíficas, talvez dedicadas ao comércio e ao pastoreio, ou sobre velhas culturas extenuadas, nas quais justamente a última força vital se extinguia em esplendorosos fogos de artifício de espírito e corrupção"[16].

Muitos comentadores pretenderam discernir aqui o extrato essencial da cosmovisão de Nietzsche, sua ontologia 'natural' da força e da fraqueza, do dominador e do dominado por natureza. E, no entanto, a última frase do aforismo é taxativa quanto ao fato dessa divisão não ser devida a uma diferença de força física.

"No princípio, a casta aristocrática foi sempre a casta dos bárbaros: sua preponderância não residia, antes de tudo, na força física, porém na psíquica — eram homens mais *inteiros*"[17]. Essa indicação incisiva já deveria bastar para prevenir apropriações grosseiras e superficiais. Aqui a noção de integridade tem a ver com a capacidade de acolher e afirmar, sem subtração moralista ou cosmética, também os vigorosos impulsos hostis, a face sombria e destrutiva daquilo que denominamos os 'maus instintos', como indispensável para a tarefa da civilização.

Nesse processo, como em todo evento da história do espírito, nada é fato, dado, "natureza", tudo é vir-a-ser. Compreendê-lo — do mesmo modo como para compreender o que é verdadeiramente decisivo na história natural da moral —, faz-se necessário apreendê-lo como uma espécie de tirania contra a "natureza", o que, para Nietzsche, ainda não constitui uma objeção, pois "para tanto ter-se-ia que decretar, sobre a base de alguma moral, que não é lícita nenhuma espécie de tirania, nem de desrazão. ... Porém, a assombrosa realidade de fato é que toda liberdade, sutileza, audácia, dança e segurança magistral que há ou houve na terra, seja no próprio pensar, seja no governar, ou no falar e persuadir, nas artes como nas eticidades (*Sittlichkeiten*), se desenvolveram graças tão-somente à 'tirania de tais leis arbitrárias'; e, falando com toda seriedade, não é pequena a probabilidade de que precisamente isso seja 'natureza' e 'natural'"[18].

Esse aforismo 257 de BM é um dos mais ilustrativos daquela transfiguração artística da violência e da barbárie primordiais. Gostaria, na presente ocasião, de aproveitar a oportunidade para proporcionar um curioso olhar na oficina de trabalho e no estilo do escritor Nietzsche — ele permitirá compreender melhor seu pensamento.

No manuscrito de impressão desse aforismo 257, Nietzsche riscou aquilo que seria o prosseguimento conclusivo do texto e, por essa razão, o encerramento original foi subtraído da versão publicada do mesmo. Esse adendo, que Nietzsche *não* publicou, foi recolhido pelos organizadores da edição histórico-crítica de suas obras e publicado no volume de comentários crítico-filológicos. Ele torna inequívoco que "as naturezas mais naturais", os bárbaros e as raças mais fracas e exauridas, não são determinações biológicas, ou raciais, nem se inserem numa ontologia natural ou social da força.

> A "humanização" de tais bárbaros — em parte um processo involuntário que se instaura espontaneamente em seguida a uma relativa estabilização das relações de poder — é essencialmente um processo de enfraquecimento e abrandamento e se completa precisamente à custa daqueles impulsos aos quais eles deviam sua vitória e posse; e desse modo, enquanto se apropriam de virtudes "mais humanas", talvez até com um ímpeto magnífico, de conformidade com seu "prazer pela presa" até no mais espiritual, como subjugadores de antigas culturas, artes, religiões, completa-se também gradualmente, do lado dos oprimidos e escravizados, um processo inverso. Na medida em que estes são mantidos como mais brandos, mais humanos e, por conseqüência, prosperam fisicamente de modo mais profuso, desenvolve-se neles *o bárbaro*, o homem fortalecido, o semi-animal com a avidez da selva, o bárbaro que um dia se sente suficientemente forte para se defender de seus humanizados, isto é, enlanguescidos senhores. O jogo começa de novo: estão dados novamente os inícios de uma cultura superior e aristocrática. Pois o ser-senhor tem seus instintos, como o ser-escravo: "natureza" há em ambos — e também "moral" é uma parte de natureza"[19].

Essa perspectiva, não nos esqueçamos, é aquela que se volta para os *primórdios;* ela diz respeito à história da gênese de uma sociedade aristocrática.

Ela não constitui, porém, senão uma ficção heurística, que permite pensar — sem recurso a uma teleologia da história, a uma idealização da natureza, ou a uma concepção supra histórica da racionalidade humana — a pré-história da "alma"; ou ainda apreender as condições iniciais da superação da barbárie pela elevação do homem sobre sua animalidade, o passado remoto de suas primeiras auto-superações.

Creio poder afirmar que esse tema é uma constante no pensamento de Nietzsche. Um exemplo maior dessa onipresença pode ser detectado precisamente no livro considerado por todos os comentadores como o documento de emancipação desse filósofo, a saber, *Humano, demasiado humano*: "Quem quer que tenha visto aqueles terríveis despenhadeiros nos quais geleiras se acumularam custa a crer que vem um tempo em que, nesse mesmo lugar, se instalará um vale com bosque, relvado e regatos. Assim também ocorre na história da humanidade: as forças mais selvagens abrem caminho, num primeiro momento destruindo, mas essa atividade foi necessária para que aqui, mais tarde, tenha lugar uma cultura mais abrandada. As energias terríveis — isso a que denominamos o Malvado — são os ciclópicos arquitetos e construtores do caminho da humanidade"[20].

Se hoje Nietzsche pode ainda nos auxiliar, em alguma medida, a pensar o problema da barbárie e da civilização, é justamente na clareza com que discerne as coisas, na probidade de sua consciência intelectual.

Nietzsche não renega, nem procura mitigar o quanto de terrível, o quanto de inesperado — de animal — ainda resta no fundo da aventura humana na história. Pelo contrário, ele vê nisso uma fonte de elevação possível do que denomina o "tipo homem". Ignorar — ou, pior ainda, denegar — esse lado cruel e sombrio da humanidade constitui a pior maneira de se confrontar com seus assaltos sempre possíveis — nesse caso, com deplorável freqüência, sob as formas aterradoras do monstruoso.

"O homem é o *não-animal (Unthier)* e o *além-do-animal (Überthier)* — o homem superior é o não-homem e o além-do-homem: as duas coisas se pertencem mutuamente. Com todo crescimento do homem em grandeza e elevação, ele cresce também no profundo e terrível, não se deve querer uma dessas coisas sem a outra — ou, pelo contrário, quanto mais se quer uma coisa, tanto mais fundamentalmente se alcança justamente a outra"[21].

Esse é, pois, para Nietzsche, o autêntico sentido da cultura: a transfiguração do caos, o embelezamento da existência, o véu de ilusão lançado sobre os abismos insondáveis da força telúrica dos impulsos e paixões: "Cultura é apenas uma tênue pelinha de maçã sobre um caos incandescente"[22].

O domínio de si, o controle adquirido sobre os impulsos e a violência selvagem dos afetos primitivos é a meta da cultura, "*não* seu enfraquecimento ou extermínio. Quanto maior é a força dominadora de nossa vontade, tanto mais liberdade é lícito ser dada às paixões. O grande homem é grande pelo espaço de liberdade de suas paixões: porém, ele é suficientemente forte para fazer desses monstros seus animais domésticos"[23].

É sob essa ótica que proponho que se leia o confronto e a antítese entre cultura e civilização em Nietzsche: "Os ápices da cultura e da civilização estão separados entre si: não devemos nos deixar extraviar sobre o abissal antagonismo entre cultura e civilização. Moralmente falando, os grandes momentos da cultura sempre foram tempos de corrupção; e, novamente, as épocas de voluntária e coercitiva *domestificação animal* ('civilização') do homem foram tempos de impaciência para as naturezas mais espirituais e ousadas. A civilização quer outra coisa que a cultura: talvez o inverso[24].

Cultura e civilização se opõem, portanto, sob o ponto de vista econômico: a civilização representa o ponto de vista *conservador* do acúmulo e concentração de forças, a cultura, pelo contrário, a perspectiva do *desperdício*, do experimento perdulário, da tentativa de elevação do homem a patamares de poder e autoconfiguração jamais alcançados. A civilização representa a regra, a cultura é a encarnação da exceção.

"Há muita razão na luta contra os *grandes homens*. Eles são perigosos acasos, exceções, tempestades, suficientemente fortes para colocar em questão aquilo que foi lentamente construído e fundamentado, homens ponto de interrogação em relação àquilo em que se crê com firmeza. Não apenas descarregar inofensivamente tais matérias explosivas, porém, quando possível, já *evitar preventivamente* seu surgimento e acumulação: a isso aconselha o instinto de toda sociedade civilizada"[25].

De acordo com o diagnóstico de Nietzsche, a modernidade política é a era da barbárie civilizada, da mistura caótica de todos os gêneros e estilos, de todas as experiências e culturas. Ela representa, entretanto, do ponto de vista civilizatório, o acúmulo de um imenso potencial de energia e capacitações. Ela deveria se apreender a si mesma não como *fim* — sobretudo não como final escatológico dos tempos — mas como meio para uma "*cultura de estufa* para plantas não habituais". Esta "só tem direito quando está à mão força suficiente para que, daí em diante, até mesmo a dissipação se torne econômica"[26].

Para concluir, gostaria de relembrar aqui uma das mais extraordinárias reflexões sobre barbárie, cultura e civilização provenientes da pena de Nietzsche. Como que demonstrando que suas posições mais lúcidas a respeito da centralidade desse tema não tiveram que esperar até o período tradicionalmente considerado mais maduro de sua obra, escreve ele em *Humano, demasiado humano*:

Moral privada e moral mundial — após o fim da crença de que um deus dirige os destinos do mundo e, não obstante as aparentes sinuosidades no caminho da humanidade, a conduz magnificamente à sua meta, os próprios homens devem estabelecer para si objetivos ecumênicos, que abranjam a Terra inteira. A antiga moral, notadamente a de Kant, exige do indivíduo ações que se deseja serem de todos os homens: o que é algo belo e ingênuo; como se cada qual soubesse, sem dificuldade, que procedimento beneficiaria toda a humanidade, e portanto que ações seriam desejáveis; é uma teoria como a do livre-comércio, pressupondo que a harmonia universal *tem* que produzir-se por si mesma, conforme leis inatas de aperfeiçoamento. Talvez uma futura visão geral das necessidades da humanidade mostre que não é absolutamente desejável que todos os homens ajam do mesmo modo, mas sim que, no interesse de objetivos ecumênicos, deveriam ser propostas, para seguimentos inteiros da humanidade, tarefas especiais e talvez más, ocasionalmente. — Em todo caso, para que a humanidade não se destrua com um tal governo global consciente, deve-se antes obter, como critério científico para objetivos ecumênicos, um *conhecimento das condições da cultura* que até agora não foi atingido. Esta é a imensa tarefa dos grandes espíritos do próximo século"[27].

Essa imensa tarefa de pensar a civilização e a cultura a partir de objetivos e parâmetros ecumênicos, abrangendo o conjunto do planeta, talvez possa ser justamente a tarefa que nos esteja reservada.

Notas

1. A. Riehl, *Nietzsche. Der Künstler und der Denker*, Stuttgart, 1897, p.54.
2. F. Nietzsche, "Fragmento póstumo 3 [7] (mar. 1875)", in *Sämtliche Werke. Kritische Studienausgabe*, organizada por G. Colli e M. Montinari, Berlim/Nova York/Munique, de Gruyter/DTV, 1980, vol.8, p.16. Salvo indicação em contrário, as traduções são de minha autoria.
3. Trata-se da famosa insígnia ou oráculo, no templo dedicado a Apolo, em Delfos, conhecido como o dístico da divindade solar: "Conhece-te a ti mesmo". A sentença foi adotada por Sócrates como divisa de sua filosofia, tal como se encontra narrado por Platão na *Apologia de Sócrates*.
4. F. Nietzsche, "Vom Nutzen und Nachteil der Historie für das Leben", in *Sämtliche Werke*, op.cit., vol.1, p.333.
5. F. Nietzsche, "Das vantagens e desvantagens da história para a vida", X, in *Sämtliche Werke*, op.cit., vol.1, p.285.
6. F. Nietzsche, "Schopenhauer como educador", V, in *Sämtliche Werke*, op.cit.
7. F., Nietzsche, *Para além de bem e mal*, af.257.
8. Ibid., II, 16, in F. Nietzsche, *Obras incompletas*, São Paulo, Abril Cultural, coleção Pensadores, 1974, p.318. Trad. Rubens Rodrigues Torres Filho.
9. F. Nietzsche, "Para a genealogia da moral", I, 11, in *Sämtliche Werke*, op.cit., p.276.

10. F. Nietzsche, "Cinco prefácios para cinco livros não-escritos. O Estado grego", in *Sämtliche Werke*, op.cit., p.767.

11. F. Nietzsche, "Fragmento póstumo 10 [11] (outono 1887)", in *Sämtliche Werke*, op.cit., vol.12, p.459s.

12. Hufnagel, E. "Nietzsche als Provokation für Bildungsphilosophie", in V. Gerhardt e R. Reschke (orgs.), *Nietzsche Forschung*, vol.7, Berlim, Akademie Verlag, 2000, p.122s.

13. F. Nietzsche, "Para além de bem e mal", af.259, in *Sämtliche Werke*, op.cit., vol.5, p.207s.

14. Idem.

15. Ibid., af.229, in op.cit., p.165s.

16. Idem.

17. Idem.

18. Ibid., af.188, in op.cit., p.108s.

19. F. Nietzsche, "Kommentarband", in op.cit., vol.14, p.371.

20. F. Nietzsche, *Humano, demasiado humano*, I, af.246, in *Sämtliche Werke*, op.cit., vol.2, p.205.

21. F. Nietzsche, "Fragmento póstumo 9 [154] (outono 1887), in *Sämtliche Werke*, op.cit., vol.12, p.426s.

22. F. Nietzsche, "Framento póstumo 9 [48] (mai-jun 1883), in *Sämtliche Werke*, op.cit., vol. 10, p.362.

23. Ibid., 16 [7], p.485.

24. Ibid., 16 [10], p.485s.

25. Ibid., 16 [9], p.485.

26. Ibid., 16 [6], p.484s.

27. F. Nietzsche, *Humano, demasiado humano*, I, af.25. São Paulo, Companhia das Letras, 2000, p.33s. Trad. Paulo César de Souza.

Barbárie do capitalismo globalizado?
Sobre o uso das categorias antitéticas assimétricas

André Tosel
Universidade de Nice-Sophia Antipolis

A categoria de bárbaro é uma categoria histórico-política que não pode ser definida de maneira monológica e auto-reflexiva. Ela faz parte das classificações que o teórico da história Reinhart Koselleck chama antitéticas e assimétricas, no seu magistral estudo *O futuro passado* (1990). Originalmente, não há bárbaro senão para o grego, o heleno, ou mais tarde, para o civilizado; foi o grego que para designar sua comunidade, "nós os gregos", definiu-a em oposição às outras comunidades, "eles", significando sua própria excelência em oposição à inferioridade delas. A categoria de bárbaro é acusativa do outro, cujo não-bárbaro distingue-se para produzir uma relação de subordinação axiológica excluindo o reconhecimento desses outros como "iguais". Essa categoria permite a um grupo se constituir em unidade política sobre o modo depreciativo do outro grupo. A determinação do nós se faz pela posição do outro em posição de exclusão relativa.

Essa categoria permite impedir um reconhecimento recíproco, e ela comanda uma determinação de estranheza, de alteridade suscetível de assumir diversas formas. O bárbaro pode representar um estágio primitivo na evolução humana. A rudeza de seus costumes que é marcada por uma incapacidade de controlar as pulsões, de ceder a uma violência espontânea, seu fraco desenvolvimento intelectual, o caráter limitado do domínio econômico das forças naturais e, sobretudo, a ausência da cidade dos cidadãos livres, dão ao bárbaro o estatuto de uma criança violenta que deve ser educada, de um instrumento de produção dedicado à escravidão, ou de um inferior a ser colonizado e explorado. No caso de resistência à coerção educativa e à servidão instrumental dos helenos livres, a alteridade bárbara torna-se uma alteridade inimiga que justifica a guerra, a conquista e, em última instância, a "justa" penalização com a morte.

Na idade moderna, o bárbaro não é mais o termo antitético e assimétrico do grego, segundo a divisão da humanidade em duas espécies hierarquizadas que não são passíveis de unificação dentro do mesmo gênero humano, mas que mantêm uma relação de exterioridade espacial que convergem conjuntamente quanto ao modo de exclusão. Sucedendo a experiência cristã que já unificara na mesma identidade genérica "cristã" os gregos e os bárbaros, os sensatos e os loucos, aparece um outro par polarizado, aquele que opõe o bárbaro ao civilizado, o qual coincide com o humano. Bárbaro e grego remetiam a duas comunidades quase específicas ou grupos particulares. Desde então esse dualismo está ultrapassado por um universal englobante, o de humanidade cristã ou, com as Luzes, simplesmente de humanidade, de pura humanidade. Mas essa intervenção do universalismo circundante não dissolve a lógica dual das categorias antitéticas e assimétricas. Doravante, é a categoria universal-cristandade ou humanidade que se torna o termo ativo de uma dualidade que compreende um termo negativo e pejorativo, necessário à sua própria afirmação. Que se trate das figuras do não-cristão, do herético, do infiel, ou das figuras da não-humanidade que ocupam um espaço que vai do selvagem frente ao homem e das formas do humano não realizado como humano verdadeiramente humano, a dualidade se repete, mas segundo uma modalidade original, pois os pares cristão-infiel ou humano-não-humano não constituem mais duas espécies tão hierarquizadas que seja impensável a unidade de um gênero comum. Significam, quer diferenciações hierarquizadas no seio do mesmo gênero humano, quer o universal e seu limite negativo.

O par bárbaro-heleno não desaparece, ele se desloca e se reforma sob a forma modificada do par bárbaro-civilizado no seio do universal superior do próprio humano frente aos seus outros: as figuras do não-humano (o ainda não plenamente humano e o humano tornado inumano). São, portanto, enquanto subordinadas à humanidade como grandeza metapolítica de referência, que se produzem as diversas estratégias enunciando-se no uso do par bárbaro-civilizado e que se operam as diferenciações que na sua desigualdade participam todas do mesmo universal humano.

O bárbaro é uma modalidade humana inferior de realização da *humanitas,* de que o civilizado é a atualização superior interna. Desta vez, o espaço de realização, espaço polêmico, manifesta uma dimensão originariamente temporal que sobredetermina a dimensão espacial. O bárbaro é a figura de uma primeira humanidade histórica que não desenvolveu suas características, ele é arcaico, ainda inculto, repleto de pulsões a serem disciplinadas. Ele pode também na contemporaneidade histórica designar o não ainda civilizado, o ainda primitivo, o ainda não desenvolvido ou o subdesenvolvido. Mas então ele se coloca a pergunta das perguntas: quais são os critérios que definem a *humanitas* chamada a se tornar tema genérico? Isso é a potência econômica? A virtude ético-política tornada bem comum da Cosmópolis, assegurando o respeito efetivo de toda vida humana para além das violências da história? É isso a perfeição intelectual? Um comportamento fundado sobre o recalque da violência? Será o conjunto desses traços que supostamente podem já formar um conjunto harmonioso? A civilização nascida das Luzes se coloca como esse conjunto e se autodefine na sua relação com os outros. Foi ela que fez da categoria renovada de barbárie o instrumento de sua concepção de si e da sua própria afirmação. Pois a *humanitas* tem como suporte empírico a unificação geográfica do mundo como tal. Os "outros" foram então provocados a se definir reativamente. Eles tinham de escolher entre inúmeras respostas.

1. Reconhecer-se como bárbaros sob tal ou tal ponto de vista e engajar-se no processo da civilização, seja espontaneamente, preservando sua autonomia para entrar no grupo dos civilizados, seja deixando-se civilizar suportando passivamente a missão civilizadora sob a forma da colonização, do imperialismo e da dependência.

2. Resistir reivindicando a barbárie da qual eram acusados, para manter sua forma de vida, sob o risco de se ver destruir por guerras ditas justas podendo ir até ao genocídio, e devolver a acusação de barbárie contra seus conquistadores pretensamente civilizados. A civilização é então denunciada como bárbara, no sentido de que ela escolhe os métodos da violência para avançar e desenvolve um dinamismo destruidor contrário a suas pretensões ou a seus princípios.

Esse uso retorcido (se assim pode ser chamado) da categoria antitética assimétrica de bárbaro foi também praticado pelos pensadores críticos que pertencendo à própria civilização, desde os teóricos do "bon sauvage", que pretendiam desmistificar as certezas infundadas da civilização (Montesquieu, Diderot), até as teorias autocríticas da civilização (Rousseau) e às filosofias metacríticas da história, que constituem uma corrente esquecida do pensamento do século XVIII. Assim, Ferguson mostra no seu ensaio *Essay on the History of Civil Society*, que o advento alto da sociedade civil moderna é o da divisão econômica do trabalho e das suas performances produtivas inéditas, que ele exige um processo de racionalização e de disciplina da violência espontânea e heróica própria da idade bárbara, mas que ele implica simultaneamente em uma perda da política e de seu heroísmo, a decadência ameaçando, assim, destruir um dos princípios arcaicos da civilização. Desta maneira, Vico evoca na sua *Scienza nuova* o risco de um fim do processo civilizatório (que começou pela barbárie da idade poético-mítica) no advento de uma "barbárie da reflexão", conjugando o ressecamento da função simbólica, se perdendo no formalismo de signos auto-referenciais e o desencadeamento de lutas mortais entre egoísmos no seio da riqueza desigualmente partilhada.

Marx ocupa uma posição original nesse sistema do uso das categorias antitéticas assimétricas bárbaro-civilizado, no sentido que ele aceita a idéia da história como grande transição da barbárie para a civilização, que ele exalta a missão civilizadora do capital, mas que ele identifica nos mecanismos da acumulação, simultaneamente as causas de uma barbárie interna, marcada pela dilapidação dos recursos, no seio da abundância de necessidades, pela produção de homens supérfluos e, sobretudo, pela destruição incessante das formas de elo social nas "águas geladas do cálculo egoísta". O processo civilizatório só pode ter segmento pelo abandono da forma da relação social capitalista sob pena de queda na barbárie inumana moderna, particularmente injustificável do ponto de vista das potencialidades liberadas da humanidade. Rosa Luxemburgo será fiel a esse uso distorcido dinâmico das categorias, quando tiver enunciado o juízo de prognóstico famoso "socialismo ou barbárie".

Em que sentido o capitalismo-mundo pode ser dito bárbaro?

Não discutiremos aqui Marx. Simplesmente queríamos precisar a modalidade segundo a qual é possível utilizar a categoria de bárbaro para analisar a situação espiritual do mundo na época da globalização capitalista. Esse uso é, às vezes, distorcido e metacrítico, e se quer desprovido de toda garantia política. O capitalismo é apresentado como a forma econômica racional da civilização que, além do mais, escolheu a democracia representativa com o conjunto dos direitos do homem e do cidadão que a sustentam como forma política. O crescimento do bem-estar de todos os homens, o enriquecimento de suas necessidades, sobre o plano global, o controle racional dos recursos naturais e humanos, a multiplicação dos poderes de conhecer e de agir de todos e de cada um, o reino da liberdade universal (seja negativa ou positiva), tais são as promessas da civilização ocidental capitalista feitas a seus membros e aos de outras civilizações.

O advento da civilização significa, mais precisamente, um indicador particularmente emblemático, que seria, segundo o grande sociólogo da civilização Norbert Elias[1], o domínio da agressividade, o recalque do prazer experimentado diante da crueldade ou do sofrimento do outro, todos fenômenos enraizados na passagem de normas sociais impostas ao indivíduo do exterior até as normas de autocoerção, normas essas que se reproduzem sem problemas por um autocontrole, em parte, automático. O Estado de direito de soberano moderno seria, nesse sentido, o meio decisivo da pacificação da sociedade.

Não é difícil mostrar a distância que, no mundo da globalização capitalista, separa essas promessas de sua condição de efetividade. O próprio Norbert

Elias, depois dos terríveis embates do século XX, teve de rever o seu otimismo, sublinhando que o processo de civilização não exclui os momentos de regressão: a individualização acaba, de fato, por separar os homens uns dos outros, abandonando-os à angústia e às tentações de violência diante da impossibilidade de simbolizar a morte. Não se está mais então longe do Freud que, no coração da civilização, detecta a formação de uma cadeia do medo e da hostilidade entre os civilizados. Estudos contemporâneos como o de Yves Michaud[2] assumem a dianteira, tentando descrever as formas específicas da violência na época da globalização.

Nosso propósito não é analisar o estado atual do processo normativo da autocoerção e de seus impasses, ou seja, esse da "descivilização" ou da rebarbarização manifestadas na reemergência de uma agressividade assumida como tal. Convém responder à simples questão: pode-se considerar que ainda existe uma "missão civilizadora do capital" a partir dos critérios que o mundo capitalista deu a si próprio? Nossa resposta será negativa, porque o capitalismo não resolveu nenhuma das contradições que o definem e que remetem a suas promessas não cumpridas, inclusive insustentáveis. O modo de produção mais produtor que a história conheceu, como Marx assinalou com palavras inesquecíveis no *Manifesto do Partido Comunista*, ele o é, por ser simultaneamente o modo de produção mais destruidor de elo social que a história registrou, por não cessar de destruir os elos sociais que ele mesmo produziu. Três formas de elo estão em suspensão hoje: primeiro o elo transumano que condena milhares de seres humanos a viver nos limites da indigência, sem obter a menor marca efetiva de piedade de parte das empresas, das classes e das nações dominantes; em seguida a destruição gradual do elo das sociedades humanas com a natureza e com os recursos naturais, dilapidados sem reserva; enfim, o recurso crescente, desde 1939, fim do comunismo histórico, às violências organizadas das guerras da globalização.

Neste ponto, o importante é definir o que entendemos por modo capitalista de produção. Propomos seis invariantes mínimas que asseguram a continuidade das diversas formas de tecnologia social desde o século XVI até hoje.

— A produção por troca instaura a mediação e a dominação do valor pelo valor de troca.

— A força de trabalho é tratada como uma mercadoria.

— A aspiração ao lucro é a força reguladora fundamental da produção.

— O mecanismo vital da formação mais-valia, que implica, no interior do ato produtivo, na separação radical dos meios de produção e do trabalho, é uma forma econômica estrutural.

— A mais-valia é apropriada de maneira privada pelos membros da classe capitalista, que estão em permanente concorrência por essa apropriação.

— Somente um imperativo categórico regra o dinamismo capitalista, ele não é nem ético, nem jurídico, não obedece a nenhuma injunção do bem comum substancial, a nenhum princípio de justiça processual. É o imperativo absoluto e incondicional de crescimento e de expansão. Tende a uma integração global com o mercado mundial.

Neste nível, a política se manifesta, pois é o sistema hierárquico dos Estados que condensa as relações econômicas, dominando o mercado mundial. Esse sistema impõe sua lógica totalitária a todos os seus elementos, e ordena que seja representada e seguida como sistema de leis quase naturais, mesmo quando os resultados são destrutivos em escala local e global. Como Marx destacou, as crises econômicas e sociais intra-sistêmicas são inevitáveis na sua formalidade, imprevisíveis e contingentes no seu surgimento. Essas crises remetem a uma contradição estrutural central: o capital se desenvolve sobre um plano material transnacional, mas ele não pode existir sem se constituir simultaneamente segundo uma pluralidade hierárquica de planos políticos e sociais, incorporando-se a Estados nacionais desiguais. As crises (industriais, comerciais, financeiras) são fisiológicas, no sentido de que elas são a forma normal de movimento do modo de produção. A história confirmou esse uso capitalista produtivo das crises e seu custo humano.

Leiamos o *Manifesto* marxista, lúcido em seu diagnóstico imediato.

> Cada crise destrói, regularmente, não somente uma massa de produtos já criados, mas ainda uma grande parte das próprias forças produtivas. / No momento das crises de superprodução devidas à não solvabilidade da demanda / A sociedade se encontra subitamente lançada em um estado de barbárie momentânea /... / E por quê? Porque a sociedade tem civilização demais, meios de subsistência demais, indústrias demais, comércio demais. /.../ As relações burguesas tornaram-se estreitas demais para conter a riqueza que eles criaram. Como a burguesia supera essas crises? Por um lado, pela destruição forçada de uma massa de forças produtivas; por outro, pela conquista de novos mercados e pela exploração intensiva dos antigos.

O sistema econômico-político resolve a crise por uma fuga perpétua antecipada que coincide com sua expansão planetária e com as reviravoltas permanentes das relações de domínio nos sistemas hierárquicos dos Estados e das nações, com a constituição de impérios e de imperialismos mais ou menos "benévolos". Marx vislumbrou uma crise final dialeticamente resolutória. Pode-se, certamente, duvidar dessa saída, mas não da repetição aumentada da reprodução do sistema por crises infinitamente deslocadas.

A dúvida concernente à saída desses deslocamentos das crises não exclui, de fato, que se coloquem novos custos à questão dos limites desta expansão aparentemente ilimitada, para além da perspectiva da improvável crise final. Se o capitalismo pode se desenvolver somente sob um imperativo que exige uma imediatez permanente, que também é globalização instantânea, ele sustenta que a ação desse sistema não pode jamais ser compreensiva no sentido de estar disposta a prever uma planificação a longo termo e a pensar o tempo de sua atualização, levando em conta as conseqüências em longo prazo de cada uma das suas transformações adaptativas. A racionalidade do imperativo categórico da acumulação, tão caro a Weber, não obedece à ética da responsabilidade que o mesmo Weber identificava como a moral política moderna oposta à moral da convicção (irracional do ponto de vista da *Zweckrationalität*), defendida pelos cristãos evangélicos ou pelos militantes socialistas irrealistas. O sistema de imediatez do imperativo categórico capitalista, não pode ter outros valores que o pleno que é também o nada da sua auto-expansão, isto é, da sua dominação cega, cega sobre a estrutura de seu mecanismo, logo, irracional. As estratégias das empresas, as estratégias militares das grandes potências evidentemente existem, mas elas não têm o objetivo de construir uma orientação no meio dessas relações espaço-temporais. Elas são incapazes de perceber os desastres inscritos na maneira capitalista de ultrapassar as fronteiras internas da produção e de abater os obstáculos.

Crise estrutural e barbárie

A vitória obtida em 1989 pelo capitalismo sobre o comunismo soviético não foi contemporânea de nenhum progresso na resolução das contradições maiores. As crises conjeturais internas se deslocavam, segundo a lógica da prorrogação permanente de uma crise estrutural declinante. Esse mecanismo de deslocamento consistia, de fato, em anular umas pelas outras as crises que afetam cada um dos quatro momentos do processo de reprodução capitalista, os momentos da produção, do consumo, da circulação-distribuição, e da realização. Dessa forma, uma crise de produção se superava em uma expansão do consumo, e se evitava tocar nos limites da estrutura de conjunto.

Desde os anos setenta, a divisão quádrupla em que se articula a auto-expansão do capital não cessa de revelar disfunções que arriscam bloquear o deslocamento salvador das contradições; esse deslocamento exigindo um reforço separado dos quatro momentos. Se as disfunções tendem a tornar-se cumulativas portanto estruturais, é o mecanismo complexo do deslocamento das contradições que arrisca se bloquear. A transferência das contradições se faz em um outro nível, e quando uma zona satura, ela tem continuidade em zonas diferentes, inclusive recurso aos meios militares. A morte do Welfare

State abriu a crise estrutural de todas as instituições políticas, começando pela crise do consenso. A crise é difusa e também cultural, como mostra a crise da escola, incapaz de instruir no nível exigido pelas antigas elites, e incapaz, simultaneamente, de produzir civilidade. A emergência dos nacionalismos e dos etnicismos é a reação à dominação deste universal particular e privativo que é o universal técnico produtivo. A auto-expansão a qualquer preço do capital, o conduz a somente ver as crises no seu sentido imediato de obstáculos a ultrapassar, sem a consciência dos limites do sistema, que dizem respeito ao custo humano crescente. As manobras sobre as taxas de desconto, os movimentos de apropriação das aposentadorias por fundos de pensão capitalistas, os recursos aos bombardeios antiterroristas para controlar o abastecimento energético são operados sem que jamais as causas profundas das disfunções sejam estudadas e combatidas seriamente.

Isso quer dizer que o capitalismo tornado sistema-mundo, não tem o domínio de seu mundo como seus ideólogos gostariam de fazer crer ou como, inversamente, os cantores românticos da antiglobalização o imaginam. O capital não pode realizar o sistema-mundo como o capitalismo global. A globalização produz a aparência de um total controle, mas essa aparência é mistificadora, na medida em que ela reprime o seguinte fato evidente: depois de mais de três séculos de tentativas de estender-se pelo globo, o capitalismo não pode incluir mais da metade da população. Três milhões de homens não reproduzem as condições elementares de sua existência de acordo com as regras canônicas da extração de trabalho excessivo. O capitalismo existe sob formas híbridas de extração política do sobretrabalho, quer se trate das formas parcialmente tradicionais (Índia), ou mistas (China), ou mafiosas (Rússia pós-soviética). A passagem da produção da mais-valia absoluta à produção da mais-valia relativa, não é realizada em escala mundial, e pode ser talvez irrealizável. O mesmo é dizer que a produtividade do capital pode manifestar-se somente sob formas violentamente e estruturalmente desiguais.

Nos países de centro da economia-mundo, contrariamente à vulgata liberal, o Estado, desengajado de suas funções sociais, pilota a desemancipação e intervém de maneira massiva para sustentar certos setores do capital (como foi visto depois da destruição das torres gêmeas de Manhattan em 11 de setembro de 2001). Os processos de concentração e de centralização são portadores de subdesenvolvimento nas periferias da economia-mundo, como no coração das metrópoles. A destruição dos empregos não é compensada pela criação de novos empregos equivalentes, a desindustrialização é acompanhada de um desemprego considerável. A produção de homens supérfluos é sempre o pior tipo de dilapidação típica da agravação dos diferenciais de produtividade, e nenhum destino positivo é reservado a esses "homens sem".

O deslocamento das crises oriundas das contradições da acumulação foi possível porque também as crises eram parciais e apenas investiam em certas partes do conjunto, sem colocar em risco a sobrevida da estrutura geral. Sinais de crise tendencialmente global aparecem, já que todas as esferas conhecem disfunções financeiras, comerciais, industriais por ramos. Todos os países, alguns de forma diferente, são atingidos. Essa crise não é mais cíclica, mas ela tem uma dimensão temporal extensa e permanente. Ela não se manifesta por explosões brutais, mas se apresenta rasteira, pontuada de sobressaltos (como, por exemplo, a falência da Argentina em 2002). Todos esses traços autorizam a recolocar a questão dos limites sistêmicos. Uma crise é estrutural se ela toca os últimos limites de uma estrutura global, não os limites imediatos. Nenhuma das promessas enunciadas depois de 1989 foi seguida, nem elas parecem sustentáveis no quadro do sistema, ao passo que somente a realização dessas promessas teria uma virtude civilizatória.

Dirão que ele é bárbaro, contrário às possibilidades da civilização, que reproduz para si um sistema que reproduz, aumentando-os sempre mais, quatro séries de contradições que designam nosso "histórico-inumano".

1. As contradições entre grupos capitalistas concorrentes para a exploração da expansão global e a conquista de posições de monopólio implicam em um imenso processo de redistribuição da terra em zonas de influência, condicionando as necessidades sociais solvíveis e eliminando as outras. Essa contradição se redobra como contradição entre monopólios transnacionais e capitais não monopolistas e, logo, como contradição entre Estados, definidos por esses monopólios e outros Estados. A possibilidade de uma terceira guerra mundial apresenta-se como resultado catastrófico dessas contradições.

2. Os monopólios transnacionais que definem os Estados hegemônicos são portadores de complicações internacionais permanentes, no sentido que submetem os interesses nacionais (aqueles do país ao qual pertencem). Como as oligarquias financeiras tendem a instrumentalizar o poder político dos interesses nacionais, se constitui uma contradição entre essas oligarquias e as burguesias nacionais, que procuram recrutar as massas populares, nacionalizando-as ou etnizando-as, multiplicando, assim, os riscos da barbárie das políticas de purificação étnica.

3. A internacionalização do capital se realiza pela fragmentação da mão-de-obra internacional, segundo o domínio da mais-valia absoluta ou da mais-valia relativa. Essa hibridação dos modos de extorsão da mais-valia implica o retorno às formas de neo-escravidão. Esses escravos são, eles próprios, divididos e se diferenciam segundo sua "raça", sua cultura, sua religião. O que os une é uma condição negativa: a separação dos meios da alta tecnologia. Sua

unidade política é mais longínqua que o risco de seus afrontamentos interéticos.

4. A derrota do comunismo soviético acentuou paradoxalmente a crise global, no sentido de que essa derrota deixou o potencial anticapitalista e antiimperialista sem representação política fundada sobre a consciência da crise. Esse potencial foi jogado nos braços dos populismos racistas, no que diz respeito aos países do centro da economia-mundo, e naqueles mais armados dos fundamentalismos religiosos e do terrorismo, no que tange aos países periféricos. A escolha do terrorismo é uma escolha "imediata", que foi feita pela potência imperial, os Estados Unidos, em 1979, quando da primeira guerra do Afeganistão, onde os militantes islamitas foram jogados contra os comunistas afegãos e os soviéticos. Essa escolha foi feita com a convicção de que uma vez obtida a vitória sobre os comunistas, seria pouco difícil vencer o terrorismo islâmico.

Barbárie e terror

O terrorismo é evidentemente uma forma de ação fundada sobre a crueldade e sobre a retirada do controle exercido pelos mecanismos de autocoerção, caros a Elias. Seria tentador fazer dele o inimigo absoluto da civilização, a forma atual mais ameaçadora de barbárie, na época da globalização, sem jamais analisar as causas que remetem à dinâmica do sistema-mundo apreendido na perspectiva da longa duração. É preciso assinalar a ambigüidade deste terrorismo político: denunciado por suas vítimas e seus adversários como a arma dos covardes, não hesitando em matar inocentes para atingir seus objetivos, o terrorismo pode inversamente ser reivindicado como arma dos fracos coagidos pela inferioridade militar ou pela ocupação estrangeira a utilizar esse meio não regular de combate. As resistências dos partidários antinazistas na Europa, as dos combatentes anticolonialistas violavam, dessa forma, as leis da guerra. A situação atual não tem essas justificativas históricas: o terrorismo tipo Bin Laden é o feito de pequenos grupos visando reunir as condições de um subimperialismo árabe controlando uma região estratégica para o armazenamento do petróleo dos grandes imperialismos ocidentais e explorando o desespero das massas populares, desestabilizadas e radicalizadas pela crise geral.

O cúmulo da barbárie seria atingido se esse terrorismo detestável e privado de perspectiva política realmente transformadora das contradições do capitalismo globalizado criasse as bases de uma guerra das civilizações. Esta permitiria ao capitalismo e ao seu poder dirigente se constituir, sem grandes penas, como defensor da civilização contra os novos bárbaros e fugir novamente de suas contradições internas na "guerra justa" da civilização. O choque das civilizações, tematizado por Samuel Huntington, poderia se constituir em mecanismo de conjuração da crise estrutural do capitalismo mundial ao preço de destruições inauditas porque nada exclui, nesse caso, o recurso à arma nuclear.

Essa situação nos remete novamente ao estado específico de categorias antitéticas assimétricas de bárbaro e de civilizado, quando aparece a reivindicação universal do humano. Em caso de guerra civilizatória antiterrorista, conduzida pelo capitalismo ocidental contra as tentativas hegemônicas de um capitalismo islamita, a reivindicação de luta do humano contra o inumano terrorista não deixaria de vir à tona do mesmo modo que a represália islâmica denunciando o terrorismo efetivo do capitalismo ocidental, que conduziu à miséria sem saída massas orientais. O uso do par categorial humano e não-humano corre o risco de funcionar então, essencialmente como arma crítica de dois gumes. Os antagonistas pretendem cada um ocupar o lugar do humano e ter boas razões para desqualificar o outro como não-homem, a besta selvagem que deve ser eliminada para que viva a verdadeira civilização. O humano é aquilo mesmo que diz aquele que tem o poder de dizer o humano. O humano é definido pelo vencedor, o vencido ocupando o lugar do inumano.

Nossa situação é a do maior perigo, aquela em que uma luta que se legitimaria como luta de civilizações, dissimularia as causas objetivas da infelicidade na civilização, empurrando homens para um conflito cego, pretendendo realizar neles a essência da humanidade e desqualificando os outros excluídos da humanidade. A civilização capitalista que pensou e agiu em nome da humanidade, contra a não-humanidade dos bárbaros, não se privou de declinar seu bestiário. Nele figuraram ameríndios que mereceram práticas de genocídio e o tratamento dos sobreviventes como escravos, os negros tratados como inferiores a serem amestrados pela colonização, justificada como forma severa de civilização, os proletários perseguidos nos campos, liberados dos elos sociais tradicionais e chamados a viver sua nova liberdade sob a forma de escravidão assalariada, os estrangeiros e os nativos de outros países dedicados a ocupar a figura de inimigo hereditário, os judeus, enfim, que sequer tiveram mesmo o benefício, se assim se pode dizer, do tratamento reservado ao selvagem inferior que é preciso adestrar, ao colonizado que é preciso tratar como mão-de-obra servil, mas que se viram condenados à morte pelo único fato de terem nascido judeus. A despeciação moderna tem sua terrível hierarquia.

O par humano e não-humano, como foi visto com uma profundidade insuperável por Carl Schmitt, é solidário dos piores processos de despeciação, de negação da qualidade do humano no outro, o estrangeiro, o selvagem, o inimigo, o subordinado, o instrumento, a besta. Ele autorizou as guerras justas que foram as guerras totais contra as diversas figuras do "inimigo do gênero humano". Seria vão negar que esse processo de despeciação está inscrito em revoluções modernas, burguesas e comunistas, como mostram os episódios do Terror ou do Gulag. Certamente, é preciso sempre ler de maneira histórica cada terror. O terror stalinista remete à guerra permanente que as potências ocidentais conduziram contra a URSS, condenando-a a jamais sair do estado de exceção (a guerra fria). Certamente, os genocídios contra os ameríndios, a escravização dos negros, o uso das piores violências contra os povos colonizados, a selvageria da Primeira Guerra Mundial opondo as potências capitalistas para a partilha imperialista do mundo fazem pender a balança do horror bárbaro para o lado do capitalismo. Mas isso não desculpa nada. A guinada da lutas de classes, na denúncia do inimigo político como inimigo do povo, a ser eliminado, realmente aconteceu, a máquina de desqualificar, de desumanização do adversário, funcionou muito bem. A história não conhece ator inocente.

A origem filosófica próxima desse processo deve ser designada para o mundo moderno, ao tolerante Locke, à sua defesa fanática da propriedade privada burguesa, fazendo de todo ladrão uma fera selvagem, um bárbaro a ser eliminado pela justa violência do direito do homem identificado ao único proprietário privado. Esse liberalismo sempre defendeu, contraditoriamente, a categoria universal do homem, temperando-a estruturalmente de exceções insuperáveis. O não humano, que é a besta de rosto humano, é uma figura a ser negada, que permite a afirmação absoluta daquele que a nega. Como definir de maneira unívoca o vazio formal desta figura e evitar os enchimentos manipuladores? A categoria de homem da qual se deduz o não-homem (para não dizer nada sobre o subomem tematizado pela ideologia nazista) revela-se uma arbitrária ideologia que não consegue definir a que deriva historicamente de seu próprio conceito.

Para sair dessa aporia, pensamos que seria oportuno usar, imediatamente, categorias antitéticas assimétricas de maneira autocrítica e precavendo-se constantemente do desvio da despeciação, da exclusão da humanidade. Seria, em seguida, mais judicioso redefinir as condições do humano e do inumano histórico, definir as formas de coerção e de violência que perderam toda função civilizatória e que são causas de destruição sem compensação aceitável. Nossa crítica do capitalismo globalizado tendeu, sobretudo, a mostrar que, considerada na perspectiva de longa duração e de um ponto de vista sistêmico, a missão civilizadora do capital está hoje terminada, que ela é portadora de contradições irresolvidas que são fontes de destruições crescentes de seres humanos, de bens, de forças naturais, de formas de elos sociais que não são substituídos por nada. A real barbárie do capitalismo globalizado é seu niilismo ativo. Se uma figura de super-humanidade pode, então, ter sua legitimidade, é desejável que os duros combates que a esperam possam se formular para além do par bárbaro (não-humano)-civilizado (humano). É o mesmo dizer que a grande política que visava Nietzsche de maneira enigmática, se ela visse o dia, deveria se fundar sobre a recusa marxista do inumano niilista-histórico, secretado pelo capitalismo mundial e se conduzir, evitando a armadilha da guerra justa e excluindo todo recurso à despeciação do inimigo. Vasto programa lógico político que não conhece em definitivo outro critério que aquele de Spinoza de aumento do poder de pensar e de agir da multidão.

Tradução: Andreia Castagna

Referências bibliográficas

Elias, N. *La civilisation des moeurs*, Paris, Calmann-Lévy, 1991.

_____. *Le dynamisme de l'Occident*, Paris, Calmann-Lévy, 1975.

Koselleck, R. *Le futur passé*, Paris, Gallimard, 1990.

Lenine, V.I., *L'impérialisme stade ultime du capitalisme*, Editions de Moscou, vol.II, 1965.

Losurdo, D. *Marx e il bilancio storico del Novecento*, Gaeta, Bibliotheca di Gabriele Chiusano Editore, 1993.

Marx, K., *Manifeste du parti communiste*, Paris, UGE, 1963.

Mattéi, J.-F., *La barbarie intérieure*, Paris, PUF, 1999, 3ª ed.ampl., 2001.

Mészaros, I., *Beyond Capital*, Londres, Merlin Presses, 1995.

Michaud, Y., *Changements dans la violence. Essai sur la bienveillance universelle et la peur*, Paris, Odile Jacob, 2002.

Schmitt, C., *La notion du politique* suivi de la *Théorie du partisan*, Paris, Calmann-Lévy, 1972.

Tosel, A., *Démocratie et libéralismes*, Paris, Kimé, 1996.

Wallerstein, I., *Le capitalisme historique*, Paris, La Découverte, 1991.

Notas

1. Cf. N. Elias, *La civilisation des moeurs* e *Le dynamisme de l'Occident.*
2. Y. Michaud, *Changements dans la violence.*

Da crítica social à crítica da razão

José Arthur Giannotti

Neste texto não pretendo desenvolver um argumento estruturado nem seguir o fio de uma meada; viso apenas tirar alguns instantâneos que registrem as vicissitudes de uma reflexão em movimento. Se não espero assim ser entendido organicamente, não deixo de esperar que desperte interesse por aspectos nem sempre evidentes em temas cujo estudo vale a pena estimular.

I

É interessante notar que a partir do momento em que se passou a considerar bárbara uma forma de sociabilidade, o bárbaro, que desde os gregos era o outro, foi interiorizado como parte de nós mesmos. Se a radicalização da crise do capitalismo haveria de desembocar, como pretendeu Marx, no socialismo ou na barbárie, é porque nessa crise já habitaria uma exterioridade ameaçando por dentro a própria identidade do sistema vigente. Não se trata apenas de apontar uma contradição atravessando um sistema produtivo — outros igualmente a abrigariam —, mas de circunscrever no seio do capitalismo uma contradição de tal forma radical que só poderia ser superada, embora conservando seu lado positivo, se não deixasse de fora algo que determinasse essencialmente a maneira pela qual os seres humanos se relacionam entre si graças à mediação dos produtos do trabalho.

Não se pode dizer que esse relacionamento mediado pelo processo de trabalho teria a virtude de condicionar todas as outras relações sociais, como pretenderam o marxismo vulgar e outras formas de economicismo, mas me parece inegável que os homens não existem em sociedade se não estiver assegurada sua existência como seres vivos, enfim, se não pagarem tributo à natureza trabalhando de modo coletivo. Por certo esse *modo* não condiciona os outros modos de viver socialmente, como os axiomas determinam os teoremas de um sistema axiomático, mas não me parece haver dúvida de que o modo de garantir a *existência natural* cria constrangimentos para certas formas de sociabilidade. A mesma partitura não pode ser tocada da mesma forma no cravo e no piano. Em que medida um modo de produção marca a trama, a gramática das relações sociais, é um problema que só pode ser resolvido depois que esse modo de existência tenha sido corretamente descrito. Usualmente isso é feito recorrendo-se ao conceito de ação racional dirigida a um fim, cujo paradigma se arma a partir do emprego de um instrumento de trabalho. Ou seja: posto o fim de produzir algo, ponderam-se os meios necessários à sua obtenção. Isso implica que não sejam ponderados os fins, o que limita a racionalidade em questão. Mas não me parece correto transladar essa descrição, válida para o processo de trabalho, para o processo produtivo como um todo, que integra produção, distribuição, troca e consumo. Basta lembrar que numa sociedade tribal a distribuição dos produtos do trabalho deve respeitar determinações oriundas do sistema de parentesco.

Mas a racionalidade funcional e instrumental não descreveria corretamente as ações sociais do sistema mercantil, quando se age tendo em vista ganhar dinheiro? Vejamos, porém, o que significa esse fim meramente dado. Até para um behaviorista o dinheiro é um estímulo generalizado, vale dizer, serve de mediador para a satisfação de outros fins que não são estipulados no momento de sua obtenção. Sob esse aspecto, estaria mais próximo da finalidade sem fim, analisada por Kant. Quando encontramos na natureza um machado de pedra, por exemplo, reconhecemos que esse objeto serviu a determinados fins, embora não estejamos em condições de determinar quais sejam eles. Ora, a finalidade sem fim do dinheiro é ainda mais complicada. Suponhamos que esteja servindo de mediador das trocas em um modo de produção simples de mercadorias. Ao exprimir o valor de cada produto, está pressupondo que todos eles estejam sendo obtidos segundo uma *dada* taxa de produtividade do trabalho. Mas basta uma calamidade natural para que esse pressuposto não se realize. É de notar que isso vale até mesmo para a teoria neoclássica do valor. Ora, a não realização do pressuposto passa a integrar o próprio pressuposto, isto é, cria-se a expectativa de que o dinheiro sofrerá uma variação de seu poder de compra, dentro de limites razoáveis, e que terminará encontrando um produto a ser comprado. Ora, isso não acontece quando outro produtor é atingido por uma calamidade natural. Desse modo, a gama dos fins particulares possíveis fica pressuposta sem que sempre possa ser cumprida. A dificuldade, porém, não é que um dos fins não se realize, mas que entre eles se cria uma taxa média reflexionante que pressupõe a existência dele. É a partir desse pressuposto de uma totalização ilusória que atuam os agentes.

Essa ilusão necessária não destrói a racionalidade instrumental? Os indivíduos passam a agir racionalmente tendo em vista valorizar o capital investido segundo taxas de lucro e de juros esperadas, única maneira de assegurar a existência das empresas. Mas essa expectativa, base do cálculo dos investimentos, termina por configurar-se um pressuposto que acaba encobrindo o funcionamento real do sistema, sempre a escapar dessa medida. Isso se percebe muito claramente nos períodos de alta inflação, quando a racionalidade pressuposta aumenta a irracionalidade desse funcionamento. O comportamento racional constrói assim tanto um cone de luz de resultados previsíveis como um cone de sombra de correspondentes comportamentos irracionais.

Isso se torna ainda mais evidente no capital financeiro. O que significa investir na bolsa de valores? Que o investidor assume o risco de que uma ação — geralmente várias — não retribua na taxa esperada, seja abaixo, seja acima dela. Ora, essa variação não depende tão-só do bom desempenho da empresa titular da ação, mas de uma série de fatores que dizem respeito ao sistema produtivo e financeiro como um todo. Assim sendo, a taxa de juros pode descolar-se das condições efetivas do sistema produtivo, criando-se um sistema cujo fim em si mesmo é racional do ponto de vista interno, irracional do ponto de vista da própria continuidade do modo capitalista de produção e ainda mais irracional da perspectiva dos que são excluídos dele.

A ciranda financeira termina em crise quando as expectativas se ajustam às condições efetivas da produção e do consumo, obviamente devastadas por essa racionalidade irracional. Tudo se passa como se os investidores estivessem construindo sólidos geométricos e, sendo levados pela regularidade das definições nominais, passassem a operar em vista de decaedros, cuja inexistência só se comprovaria num momento de crise. Em resumo, à racionalidade do capital importa uma forma de socialização de ações racionais em vista da obtenção do mais-valor que imprime uma irracionalidade, uma irrazão necessária ao funcionamento do próprio capital. Se a crise não é um epifenômeno do sistema capitalista, se pertence à sua própria essência, vale dizer, ao processo efetivo de sua reposição, então revela como a racionalidade do capital, desse processo de criar riqueza social posta como fim em si mesmo, descolado das expectativas de seus agentes, está entranhada por uma irracionalidade que condiciona sua própria existência.

Esse movimento reflexionante do capital se redesenha no capitalismo contemporâneo, quando o conhecimento se torna um dos mais importantes fatores de produção. Mas com isso o próprio conhecimento se redefine, entrelaçando-se de tal modo com aplicações tecnológicas que muitas vezes são estas que vêm criar os problemas que a teoria há de resolver. Essa fusão permite que grandes empresas possam ter o monopólio da invenção tecnológica. Por certo não controlam a criação de modelos teóricos ou a descoberta de fatos novos — uma molécula, por exemplo — que continuam ocorrendo em pequenos laboratórios, mas essa ciência somente se efetiva e se comprova socialmente à medida que se torna produto acessível ao mercado. Para que uma nova molécula venha a ser a mercadoria remédio é preciso que se conheçam seus efeitos terapêuticos e colaterais, seu processo de síntese e assim por diante, tarefa que somente uma grande empresa pode financiar. Esse monopólio da invenção tecnológica sobredetermina o sistema produtivo como um todo, porquanto assegura às grandes empresas uma situação estratégica privilegiada em relação a todas as outras. Ao se converter em monopólio do capital ou até mesmo dos trabalhadores, que se classificam em vista de suas habilidades em lidar com situações criadas pela nova tecnologia, o conhecimento contribui para clivar tanto o mercado de capital como o mercado de trabalho. Além do mais, torna-se extremamente difícil medir o exercício desse conhecimento, seja ele desenvolvido por um indivíduo especializado, seja quando se inscreve num sistema eletrônico, o que destrói a possibilidade de um cálculo aplicável com a precisão pressuposta. Desse ponto de vista, as categorias que descrevem o presente sistema capitalista fibrilam, isto é, somente passam a denotar esferas do real na medida em que embaralham o próprio processo de denotação. Noutras palavras, as categorias medem aspectos do real conforme eles deixam de ser integralmente mensuráveis (cf. *Certa herança marxista*, para mais detalhes sobre a idéia de categorias fibriladas).

Essa fibrilação, porém, não instala a legalidade das regras do sistema capitalista numa crise permanente? Numa sociedade de risco, como diria Ulrich Beck, o comportamento das empresas passa a ser estratégico, visando tanto o lucro como posições privilegiadas para o controle do mercado. A nova empresa somente sobrevive se desenvolver uma política de longo prazo, que leve em conta a presença no mercado de fatores não econômicos. Desse modo, os agentes econômicos agem visando tanto racionalizar seus custos quanto prever e influenciar políticas econômicas que tenham influência no curso de suas ações.. Não se esboroa assim a idéia de um mercado auto-regulador, que se defende da intervenção do Estado? Não se transforma ele mesmo numa peça essencial do novo jogo, ainda que abdique de parte de sua soberania? Ocorre assim um jogo entre as políticas das empresas e as empresas da política, que tanto se entrelaçam como se descolam umas das outras. Mas com isso não é o próprio sentido da política contemporânea que se renova?

II

Do ponto de vista da crise é possível perceber como cada passo adiante desse capital, lastrado nas ciências transformadas em forças produtivas e posto em vista do autocrescimento indefinido, somente ocorre quando se integra num sistema tanto racional como irracional. Cada passo desenha uma sombra que o põe em xeque. Em particular, ao racionalizar a produção do conhecimento, o capital o torna irracional, na medida em que empresta a essa produção um fim estranho a ele. Embora constitua prática que interessa a toda a humanidade, esse conhecimento somente é efetivamente exercido nos lugares em que uma infra-estrutura assegure que as idéias sejam efetivamente exercidas. É conhecida a tendência, nos países pouco desenvolvidos, de praticar uma ciência verbal, descolada dos problemas levantados pelo seu exercício, como se nada mais fosse do que encadeamento de enunciados. Além disso, o resultado do fabuloso desenvolvimento tecnológico contemporâneo tão-só vem a ser acessível a uma estrita minoria que vive nos países avançados ou como se neles residisse. De que importam aos deserdados da terra os avanços da biologia molecular? Não há dúvida de que a essa avalanche ainda resistem bolsões onde se pratica a investigação desinteressada, aquela que responde à admiração e ao estranhamento do homem diante do mundo, mas eles sobrevivem porque aprenderam a fazer o jogo ambíguo de submissão e liberação do capital.

III

Fiz as observações acima com o intuito de indicar como a crítica do capital pode nascer das contradições de sua própria racionalidade, sem recorrer portanto a uma racionalidade diferente da dele. Não convém então retomar o projeto crítico de Marx sem ser marxista de estrita observância? Mas para que essa crítica venha a ser efetiva é necessário que se ilumine o novo imbricamento da política e da economia. Apontemos alguns tópicos importantes para a compreensão desse problema.

Qual vem a ser o estatuto da política agora quando a crise endógena do sistema capitalista contemporâneo encrua? Não ignoro que a política possui sua própria gramática, que conecta formas de consenso e modos de articular a relação entre amigo e inimigo. Mas se a ação política interfere diferentemente neste ou naquele modo de produção, se no capitalismo ela é negada no plano da engrenagem de suas categorias, mas reposta no processo histórico de seu vir a ser, não é o próprio sentido dessa política que se redefine quando os processos econômicos passam a depender de uma política de participação do mercado, por conseguinte da configuração legal e institucional do próprio mercado? Ocorre assim uma determinação recíproca entre economia e política na medida em que uma vigia o funcionamento das regras da outra. Não estou defendendo a tese de que fatos econômicos determinam o travejamento da política, nem vice-versa. Parece-me que o imbricamento se dá noutro plano, quando os agentes econômicos procuram atuar no funcionamento das regras da política e os agentes políticos no funcionamento das regras da economia. Assim como o Estado normatiza o mercado, empresas nacionais e transnacionais, sindicatos e outros agentes econômicos tratam de colorir o sentido das jogadas políticas, propondo-lhes uma agenda para ser tratada politicamente, colocando temas em vista dos quais os políticos se posicionam como se tivessem em vista apenas a salvaguarda da sociedade como um todo. Inclusive criam-se situações em que o jogo político se descola dessa sociedade ou se vê obrigado a comportar-se como se estivesse diante de uma sociedade mundial.

Deixemos, porém, de lado essas questões para atentar, muito brevemente na verdade, para o novo perfil da relação amigo/inimigo. Durante o capitalismo concorrencial, o primeiro inimigo, isto é, o bárbaro, se configurava como aquelas forças sociais internas que resistiam aos processos de capitalização e que se reconheciam como proletários. Essa internalização do inimigo transformava a questão das liberdades numa questão de libertação e emancipação do próprio gênero humano. Isso porque o desenvolvimento das forças produtivas, principalmente movidas pela nova ciência, haveria de libertar o homem do ônus do trabalho, daquela exteriorização primeira que ainda impedia o bom desenvolvimento do espírito humano. Reconhecido este ônus, a *existência* de relações sociais, vindo a ser dependente de um medidor do processo produtivo, passa a abrigar a possibilidade de uma dominação que se assente no controle do funcionamento dessa medida. Mas desde que venha a ser possível o controle social da medida do trabalho coletivo criaram-se condições para abolir todas as formas de dominação baseadas nele. A socialização dos meios de produção criaria assim a matriz de um novo homem, livre porque haveria de medir ele mesmo como cada um pagaria seu tributo à natureza.

Aqui não cabe examinar a lógica, a meu ver viciada, desse processo de totalizar e destotalizar a identidade do capital. Basta lembrar que, mesmo do ponto de vista de Marx, a fibrilação das categorias que regem o modo capitalista de produção, isto é, o enervamento de suas capacidades de medir, resulta numa centrifugação dos pontos aglutinantes das sociedades contemporâneas. Clivado o mercado de capital, não há como se lhe antepor o trabalhador total; clivado o mercado de trabalho, não há como as categorias de trabalhadores firmarem uma sólida aliança com todos aqueles que são excluídos desse mercado. Isso tornou possível uma globalização do capital que tem impedido a globalização de uma força antagônica a ele. Em vez do inimigo total, o proletariado, formou-se uma chuva de inimigos, cada um se encontrando diante daquela primeira tarefa que consiste em reconhecer o terreno de suas possibilidades de ser e de ação, em resumo, conhecer e fazer reconhecer a própria identidade. Numa sociedade basicamente de assalariados, onde cada um vale no mercado pela especificidade de suas qualificações, identificar-se constitui a primeira tarefa do agente social, por conseguinte, demarcar suas diferenças com os outros. Desse ponto de vista, o inimigo não está fora nem dentro, mas ao lado. Imagine-se a capacidade desestruturante dessa situação. Mas desde logo deixa de ter cabimento o projeto de emancipar o gênero humano, cuja origem religiosa torna-se ainda mais evidente. Para todos nós a tarefa não consiste em revolucionar a sociedade para dar lugar a um novo homem, mas conviver com os outros num patamar razoável de justiça social, vale dizer, tratando de controlar o processo coletivo de produção sem imaginar ser possível sua superação, a transformação do ato produtivo no exercício de uma força universalizada incidindo numa segunda natureza transformada pelas ciências. Por isso, se contra a barbárie ainda se levanta a bandeira do socialismo, é porque este perdeu sua dimensão emancipadora, reconfigurando-se, pois, como a questão da democracia e da justiça social.

O APRENDIZADO POLÍTICO NA CRISE DA GLOBALIZAÇÃO

Paulo J. Krischke[1]
Universidade Federal de Santa Catarina

Crise e globalização parecem caminhar juntas, inclusive durante os processos de democratização que se têm espalhado pelo mundo. Há um reconhecimento crescente entre os cientistas políticos de que uma fonte principal para a conquista da democracia e a superação de suas crises é o aprendizado político por parte dos atores sociais e políticos. Este reconhecimento decorre do fato de que "estamos particularmente interessados na sobrevivência das democracias emergentes — e em como evitar a recorrência de crises prevenindo o eventual colapso dessas democracias".[2]

Podemos de antemão duvidar que o aprendizado político evitasse a recorrência de crises, ou ainda que sendo isso possível, prevenisse o eventual colapso da democracia. Mas, depois dos eventos de 11 de setembro de 2001 podemos inclusive adiantar que essa preocupação com o aprendizado político não se aplica apenas ao destino das democracias emergentes, pois abarca as alternativas de futuro dos próprios países centrais do Ocidente. Escrito antes desses eventos, o livro de Jennifer McCoy já reconhece que a bibliografia especializada não considera satisfatoriamente *como* o aprendizado político reorienta os comportamentos e atitudes em apoio à democracia política e seu aperfeiçoamento.

Portanto, tais críticas à bibliografia são um vasto desafio para trabalho de pesquisa ainda a ser feito. E a presente proposta acata esse desafio, numa revisão inicial das abordagens existentes ao aprendizado político no contexto atual de crise da globalização. Num primeiro momento, consideramos certas limitações da abordagem ao estudo das elites nos processos de democratização. Em segundo lugar salientamos algumas dificuldades da teoria da modernização para enfrentar o tema, nos estudos sobre os públicos massivos. Mais adiante salientamos contribuições que uma abordagem inspirada nos trabalhos de Jürgen Habermas pode proporcionar ao estudo do aprendizado político. E concluímos indicando certas interfaces temáticas da bibliografia a serem examinadas no contexto da globalização.

I

É muito importante compreender como o aprendizado político por parte das elites afeta as instituições da democracia. Mas esse processo é mais complexo do que um modelo fundamentado apenas no auto-interesse poderia sugerir. Por exemplo, McCoy sustentou que as elites políticas da América Latina passaram a apoiar a democracia devido às experiências traumáticas vividas durante os regimes autoritários (violência, torturas, arbitrariedades) e as transições liberais que se seguiram (hiperinflação; campanhas contra a corrupção; processos de impeachment etc.). Os quatro estudos de caso que o livro organizado por McCoy apresenta (Venezuela, Argentina, Uruguai e Chile) indicam que as elites perceberam gradualmente que o regime democrático de governo seria mais benéfico e menos custoso aos seus próprios interesses, que o anterior regime autoritário.

O livro sustenta ainda que os traumatismos políticos (devidos à violação dos direitos humanos, ou a profundas crises da economia) resultam em aprendizado, que pode ser tanto "instrumental" como "complexo", na escolha pela democracia. Quando o processo de aprendizado é principalmente instrumental tende a centrar-se nas causas mais importantes do trauma, esforçando-se por evitá-las no futuro. Mas esta ênfase pode também bloquear a resolução de novos desafios, e mesmo a de outros problemas do passado não resolvidos. Um exemplo é encontrado no Chile, onde as elites constataram que a divisão entre as forças de esquerda e as de centro estiveram na origem do golpe militar de Pinochet, e trataram de superá-la ao ponto de deixarem intocados pontos centrais da institucionalização e do funcionamento da democracia — como demonstra a persistência dos "enclaves autoritários", com as limitações constitucionais, a autonomia das forças armadas, a ausência de reparação às vítimas da ditadura etc.

Passando a discutir este critério no contexto atual da "guerra ao terrorismo" declarada pelos países centrais do Ocidente, cabe salientar que o aprendizado instrumental das lutas anteriores contra os casos de terrorismo tem mostrado que não basta enfrentar o problema com uma estratégia apenas militar, mesmo que esta seja de desarmamento, anistia, ou de negociação através de um tratado de pacificação (i.e., logrando um *modus vivendi* no sentido hobbesiano). Casos tão diferentes como os da Irlanda do Norte, Palestina e Colômbia, por exemplo, estão mostrando que se necessitam medidas políticas de reparação pela violação dos direitos humanos junto à opinião pública, e de mediação e arbitragem judicial no plano internacional, bem como de fortalecimento da autonomia das instituições jurídicas e parlamentares no plano interno, com a participação ativa de setores da sociedade civil especialmente habilitados para esse fim. Pode-se certamente constatar que essas condições ultrapassam um aprendizado puramente instrumental do regime democrático, embora o desenvolvimento institucional e a transformação das elites políticas constituam o seu foco principal (como também ocorreu no relativo êxito dos processos de superação das guerras civis em Nicarágua e El Salvador, por exemplo).

Em outra ocasião[3] salientei que as abordagens da democratização que focalizam o comportamento das elites políticas tendem a considerar as orientações do eleitorado como um dado "fixo", que apenas reage à *accountability* das lideranças. Esta reação certamente existe, mas o comportamento e a cultura política da população também evolui paralelamente e merece estudo, como veremos adiante. Mais recentemente[4] constatei também que o aprendizado político das elites tende a ser considerado numa concepção bastante estreita da racionalidade instrumental, que desconsidera as mudanças de valores, normas e objetivos que caracterizam os processos de democratização.

McCoy sublinha nas conclusões do seu livro que o estudo do aprendizado político deverá centrar-se futuramente no "aprendizado complexo" dos novos valores, normas e objetivos da democracia: "... Os atores e agrupamentos políticos aprendem o comportamento democrático, seja porque valorizam as regras e normas democráticas em si mesmas, ou então porque as valorizam como os melhores meios do momento para a promoção dos seus próprios interesses privados (valorização instrumental da democracia). É certo que esta distinção trará conseqüências para a sobrevivência e a própria natureza da democracia."

McCoy também salienta a necessidade de pesquisas sobre as mudanças da cultura política e da socialização política, que devem trazer novas "lições comparativas" acerca da transição política e do aprendizado político da democracia: "Como o aprendizado político das elites se traduz em aprendizado massivo? Embora este estudo não tenha considerado o aprendizado massivo, as teorias da hegemonia das elites, da mudança cultural, e dos processos de socialização serão úteis para passar a essa nova etapa. E também para saber sob que condições o aprendizado massivo pode direcionar o aprendizado das elites ..."

A compreensão das condições que produzem esses tipos diversos de aprendizado requer mais estudos de casos comparativos em contextos diferenciados, que incluam tanto as novas democracias que proliferam no contexto da globalização, como as democracias reemergentes de ditaduras, como as da Europa oriental, ou ainda as democracias consolidadas que estejam passando por turbulências e crises — como as que estão ocorrendo atualmente nos países centrais do Ocidente.

II

À luz do que vimos acima, seria lícito supor que o aprendizado político fosse um dos tópicos centrais dos estudos sobre cultura política na América Latina. Contudo isto não tem acontecido, uma vez que a literatura dessa área pouco tem tratado especificamente do tema. Quais as razões dessa lacuna? Sugeri anteriormente[5] que há um certo determinismo peculiar às teorias da modernização, que afeta a maior parte dos estudos sobre cultura política. Penso especificamente em uma forma de determinismo que considera a modernização como decorrente de forças externas que se impõem aos indivíduos, sem a mediação de processos de aprendizado em que estejam envolvidos como participantes ativos. Por exemplo, muitos estudos tendem a considerar o apoio à democracia como resultado de um "equilíbrio multicausal" entre o sistema sociocultural e o desenvolvimento político-econômico[6]. Tal suposição é também adotada por muitas interpretações sociológicas da democratização.[7]

Em suma, muitas das "grandes" teorias políticas e sociais sobre a modernização e a democratização mantêm supostos implícitos, e não demonstrados, acerca dos processos sociopolíticos de aprendizado que acompanham a mudança da sociedade e das instituições. Seria necessário "desmontar" essas teorias para constatar em que medida o estudo do aprendizado político confirma, modifica ou invalida esses supostos. Por exemplo, os estudos da cultura política geralmente referem várias agências de socialização política (igrejas, escolas, família, mídia, grupos de idade etc.) que seriam responsáveis pela diversidade entre as culturas e subculturas políticas. Assim, Inglehart atribui a tendência atual ao "pós-materialismo" entre a juventude, no mundo inteiro, à influência crescente da mídia (e a outros fatores econômicos e tecnológicos da "pós-modernização"). Em contraposição, afirma-se que a religião, a família e a escola estão perdendo a sua anterior centralidade nos processos de socialização. Mesmo reconhecendo a importância dessas mudanças, pouco se sabe sobre como e por que afetam a socialização política. Em outras palavras: como o *deus ex machina* da modernização/pós-modernização modifica a socialização e o aprendizado político?

Klaus Eder[8] sustenta que "as sociedades aprendem mas o mundo é difícil de mudar". Um exemplo disso nos estudos de cultura política foi o apoio normativo crescente do público brasileiro à democracia, detectado por Moisés.[9] Partes do eleitorado declararam uma preferência crescente pelo regime democrático, e uma rejeição ao retorno do regime autoritário, apesar dos sérios problemas econômicos do país que prevaleciam na época. Simultaneamente, esses mesmos setores criticavam fortemente as falhas do desempenho governamental, a corrupção política, a falta de *accountability* etc. Moisés denominou essa atitude crítica de "indignação republicana", pois aparenta fundar-se nos princípios e valores da democracia. Tal atitude parece similar à que Moreira[10] constatou no caso mais atual e mais polarizado do Uruguai, entre um amplo setor (quase a maioria) do eleitorado, como sendo constituído de "democratas inconformados". Mas devemos perguntar se essas atitudes de inconformidade realmente representam casos de aprendizado político.

Os resultados dessas pesquisas por *survey* são muito úteis para o planejamento político, as políticas públicas, ou as campanhas eleitorais. Contudo é duvidoso que eles revelem muito sobre o aprendizado político, a cultura política ou acerca das "bases sociais da legitimidade democrática" — como queria Moisés. De fato é possível questionar se as técnicas de pesquisa por *survey* podem ter acesso ao "aprendizado complexo". O ponto aqui é que a mudança de valores políticos não pode ser inferida diretamente de comportamentos e intenções declarados num contexto de resposta a questionários.[11] Há diferentes níveis e ritmos de mudança na vida social, política, cultural e pessoal. Todos eles interagem, mas cada um deles requer análise específica.

No momento atual de "guerra ao terrorismo" no plano internacional é necessário perguntar como os eventos de 11 de setembro repercutiram tão fortemente, em países e regiões do mundo tão diferentes, com níveis de desenvolvimento e cultura tão diversificados. Um ponto em comum é que o ato terrorista explora medos, inseguranças e preconceitos, firmemente enraizados no plano individual, social e geracional, desencadeando comportamentos irracionais e mesmo imprevisíveis — inclusive regressões momentâneas, que podem degenerar patologicamente em inversões (ou estagnação) do desenvolvimento moral e cognitivo dos indivíduos e das coletividades. Como a própria McCoy constatou em seu livro, os traumas da violência podem resultar em "não-aprendizado", deslocamento ou transferência crônica inconsciente.

Os estudos do aprendizado político "complexo" deveriam localizar as raízes dessas diferenças, de país para país e com foco em sua especificidade cultural. Isso permitiria identificar formas mais eficazes para combater localmente o medo, a insegurança e o preconceito, a partir de princípios propriamente universais e conducentes à democracia.[12]

III

Algumas de minhas pesquisas anteriores podem ser vistas como tentativas de encaminhar uma abordagem alternativa ao aprendizado político (Krischke, 2001). Para isso é importante compreender o aprendizado político no contexto do que definimos por democracia. A "virada lingüística" de Habermas, e seus conceitos de "ação comunicativa" e "democracia como institucionalização de discursos", oferecem um território comum para examinar as abordagens anteriores ao aprendizado político. Por exemplo, nesse novo contexto as teorias anteriores podem ser vistas de forma coordenada, e não apenas como propostas competitivas ou excludentes. Embora não se possa desenvolver aqui este argumento, ele visa superar alguns dos problemas principais da literatura sobre a democratização na América Latina.[13]

Por exemplo, aprendi com Habermas[14] a distinguir entre a mudança na esfera motivacional e no âmbito da legitimação (e seus efeitos mútuos indiretos). Assim pude entender as diferentes conseqüências, em cada lugar, das ações das comunidades de base das igrejas e de outros grupos populares no Brasil, para a democratização política e sociocultural.[15] Também interpretei como "ação comunicativa"[16] as várias interações entre atores sociais na constituição da esfera pública. Isto me permitiu entender os processos locais, nacionais e regionais de democratização através de uma perspectiva geral comparativa.[17] Esta perspectiva aborda comparativamente o aprendizado político como "desenvolvimento moral-cognitivo".[18] Tal desenvolvimento resulta de interações e da mútua constituição, histórica e intersubjetivamente situadas entre os *indivíduos*, os atores/processos *sociais*, e os atores/instituições *políticos*.[19] Mas o mais interessante é que essa leitura da democratização é capaz de integrar as contribuições diferentes (e muitas vezes antagônicas) das várias abordagens ao tema.

Tudo isso pode parecer demasiado ambicioso, ou de pretensão excessiva para um relato de pesquisa. Mas apenas indiquei nesses trabalhos a trajetória possível desta proposta, de uma nova abordagem ao aprendizado político, através de algumas evidências da sua manifestação local e nacional nos países da América Latina. A proposta deriva de uma fundamentação teórica coerente. As teorias de Habermas sobre a "ação comunicativa" e o "desenvolvimento moral-cognitivo" são multidimensionais, incluindo a dimensão cognitiva (o desenvolvimento de visões do mundo), a dimensão normativa (o desenvolvimento jurídico e moral), e a dimensão subjetiva (o desenvolvimento de identidades e estruturas de personalidade mais complexas). As minhas pesquisas têm sugerido que o aprendizado político acontece em todas as três dimensões, através de processos históricos desiguais e diversificados, em cada dimensão.

Além disso, a definição por Habermas da "democracia como institucionalização de discursos"[20] supõe que "os discursos são institucionalizados à medida em que é criado um contexto social que permita acordos coletivos pós-convencionais, os quais por sua vez criam quaisquer estruturas compartilhadas pelos atores". Esta ênfase desloca o ônus da prova do aprendizado político a uma validação histórica intersubjetiva por parte dos atores *individuais, sociais* e *políticos* — naqueles processos e instituições políticos que se disponham a criar e sustentar.

A "virada lingüística" habermasiana permite ainda entender a reação dos grupos defensivos, que resistem de forma radical à penetração da racionalidade na dissolução progressiva dos componentes tradicionais do "mundo vivido" ("*Lebenswelt*"). Por mais que utilizem os recursos tecnológicos mais modernos, esses grupos podem fazê-lo de modo a manifestar espetacularmente (como em 11 de setembro) uma intenção destrutiva catastrofista, da sua experiência de dissolução cultural. Portanto, em casos assim, a única alternativa real e construtiva ao confronto terrorista é a persuasão dos grupos tradicionais a que adotem sua inserção num contexto multicultural, mediante garantias institucionais de sobrevivência para o seu legado histórico-cultural.[21]

Esta mudança de paradigma (ou "virada lingüística") também conduz a um debate acerca da reconstrução da teoria democrática[22] ao interior das ciências sociais na América Latina. Esta reconstrução busca recuperar e convergir contribuições alternativas das várias abordagens (em geral consideradas mutuamente excludentes). Isto é visto como parte do aprendizado político no exercício de nossa própria atividade profissional, durante as tentativas atuais de construir e fortalecer a vida democrática de nossas sociedades.[23] Encarei da seguinte maneira esse desafio, em uma revisão anterior das teorias da democratização na América Latina:

> (Esta é uma) resenha comparativa dos estudos sobre os processos de democratização na América Latina, focalizando principalmente os que tratam das transformações atuais da cultura política dos públicos massivos (autodenominados "culturalistas"), e outros que abordam o comportamento das elites sob o prisma da escolha racional (considerados "racionalistas"). A resenha argumenta que há entre essas duas abordagens excludentes uma crescente convergência temática, relacionada com seus respectivos desdobramentos internos e com sua competição na América Latina com novas correntes de interpretação, que lhes são limítrofes e/ou alternativas. Tudo isso tem suscitado interfaces emergentes e inovadores desafios à pesquisa nessa área de estudos.[24]

IV

O que vimos até aqui não chega a tratar o aprendizado político no âmbito da globalização, embora este esteja implícito na orientação comparativa que propomos de sua experiência nas várias esferas nacionais. Na verdade, existem subtemas do aprendizado político que constituem "interfaces temáticas"[25] entre as diferentes abordagens na literatura, as quais se aplicam diversamente às situações nacionais no contexto da globalização. A minha proposta é realizar uma avaliação dessas diferentes contribuições de cada abordagem para os temas comuns em estudo, e dos problemas e limitações conceptuais que deixam em aberto para pesquisas futuras.

Uma primeira interface focaliza o *aprendizado organizacional*, experiência que é diversamente enfatizada por Jennifer McCoy e por Klaus Eder[26]. O que atrai atenção para esta temática é a influência atribuída às chamadas "comunidades epistêmicas" sobre o desenvolvimento institucional.[27] Seria necessário conhecer se essa influência colabora para institucionalizar novas visões do mundo, e processos cognitivos inovadores, através do aprendizado político das elites, e quem sabe também entre os públicos massivos — através de processos como os que Habermas[28] denominou "juridificação das relações sociais".

Sem dúvida estes processos de institucionalização são reconhecidamente ambíguos, por implicarem uma "colonização" da vida cotidiana por procedimentos administrativos. Contudo, a ênfase nas "comunidades epistêmicas" também potencializa sua penetração na dinâmica da sociedade civil, onde a criação de novos conhecimentos permite a expansão democrática participativa. Vários autores estão trabalhando esta temática, entre os quais March, Strydom, Wynne, Reiter[29], e muitos outros. Um exemplo notório dessas possibilidades na atual etapa de globalização tem sido a crescente legitimidade dos tribunais internacionais para julgar a violação dos crimes contra a humanidade, os direitos humanos, genocídio etc.

Outra linha clássica de estudos a ser reconsiderada é a abordagem dos processos de *socialização política*. Um aspecto atual desta literatura é o caráter reflexivo que alguns autores atribuem aos indivíduos participantes na sociedade globalizada.[30] Seria esse processo caudatário da "virada lingüística" (Searle, 1995) ou talvez apenas um novo nome para os esquemas hipergeneralizantes das teorias da modernização? No primeiro caso, como se relacionaria aos conceitos de "pessoa moral"[31] e "desenvolvimento moral-cognitivo"[32], sem recair numa filosofia da história ou do sujeito, centrada nas tradições liberais do Ocidente?

O ponto sublinhado por Eder é que o "mundo é difícil de mudar". Se consideramos simplesmente as agências usuais de socialização como foco do aprendizado político pouco podemos garantir com a sua mudança. Afinal, a mídia internacional tem sido o principal alvo do terrorismo desde 11 de setembro, e a censura (ou autocensura) prévia não constitui imunidade a essa utilização. Também as escolas de quadros disseminadas por Bin Laden no

Paquistão e outros países podem até ser desativadas, mas isso não significará a total neutralização do terrorismo (embora colabore para a sua redução atual).

O ponto central é como assegurar a existência de uma esfera pública plural, de âmbito internacional, que permita a inclusão da diferença e a resolução negociada dos conflitos. Os processos de socialização política democráticos só serão possíveis com alcance global mediante a participação nessa esfera pública. Vários autores dessa linha de estudos oferecem contribuições relevantes ao debate, entre eles Connover e Searing, Ikenberry e Kupchan, Mann, Corsten, Heiskala entre outros.[33] Klaus Eder[34] é quem mais tem trabalhado esta temática no contexto do aprendizado político. Mas será importante constatar o que outros críticos "comunitaristas" de Rawls e de Habermas têm a dizer sobre os processos de socialização no âmbito da globalização.[35]

Finalmente, há uma vasta literatura sobre a *ética do discurso*, que lançou originalmente luz sobre as contribuições de Jürgen Habermas, e da qual Eder derivou criticamente sua linha de pesquisa sobre o aprendizado político. Penso que essas contribuições devem ser comparadas às de Honneth, Gunther, Bohman e Regh, Chilton,[36] e outras tantas, de modo a extrair conseqüências práticas no contexto da globalização. A ênfase previamente transcendental dessa linha de estudos teve o mérito de relacionar as questões referentes ao aprendizado aos contextos metafísicos e religiosos que usualmente fundamentaram os discursos (senão a prática) da política no mundo inteiro.

Ainda hoje, meses após os eventos de 11 de setembro de 2001, pode-se constatar que a mídia e os discursos oficiais continuam perigosamente impregnados de uma mística de "guerra santa" que se supunha erradicada da experiência ocidental, pelo menos nas últimas décadas. Contudo, há um contexto dito "pós-moderno" que também favorece a persistência da irracionalidade, enquanto oferece a crítica relevante das "Grandes Narrativas" da modernidade (como prisioneiras de uma metafísica teleológica). Vários dos autores já citados colaboram para integrar e superar essas limitações no debate sobre a ética dos discursos. Alguns outros referem-se especificamente a temas relacionados ao aprendizado político, como nas contribuições de Amato, Enders, Anderson, Strike, Chilton etc.[37]

Certamente não se trata aqui de propor o retorno a uma filosofia da história ou da consciência, ou que a democratização e a globalização possam apenas ser compreendidas através de um conceito metafísico da humanidade e de seu destino. Mas constatamos, isto sim, que a globalização, como a democratização, são processos históricos de aprendizado de novos valores, atitudes e comportamentos sociopolíticos que capacitam as pessoas, grupos e indivíduos a criar e a sustentar um novo modo de vida, e novas instituições que organizem e administrem esse mundo vivido. Há um trabalho enorme a fazer nessa direção, inclusive apenas para mostrar inicialmente que esse processo histórico de aprendizado político pode ser compreendido de uma perspectiva abrangente, que seja tanto comparativa como universalista.

Referências bibliográficas

Amato, P., *Communicative Ethics and Deliberative Democracy: Between Rationale and Rationality*, Fordham University, 1998.

Anderson, J. "The 'Third Generation' of the Frankfurt School", *Intellectual History Newsletter* 22, 2000.

Beck, U., *Risk Society. Towards a New Modernity*, Nova York, Sage, 1992.

_____. "The Cosmopolitan Perspective: Sociology of the Second Age of Modernity", *British Journal of Sociology* 50 (1), p. 79-105, 2000.

Bohman, J., *Public Deliberation. Pluralism, Complexity, and Democracy*, Cambridge, MIT Press, 1996.

Bohman, J. e B. Rehg (orgs.), *Pluralism and the Pragmatic Turn: The Transformation of Critical Theory*, Cambridge, MIT Press, 2001.

Chilton, S., *Grounding Political Development*, Boulder, Lynne Rienner Publishers, 1991.

_____. "Situating Postmodernism in Cognitive-developmental Perspective", *Egipán de vidrio. Revista de Filosofia* n.1, primavera 2000. (http://www.artea.com.ar/egipan/5.htm)

_____. *Ways of Relating* (no prelo).

Conover, P.J. e D. Searing, "Democracy, Citizenship and the Study of Political Socialization", in Budge, I. e D. McKay (orgs.), *Developing Democracy*, Nova York, Sage, 1994.

Corsten, M., "Between Constructivism and Realism: Searle's Theory of the Construction of Social Reality", *Philosophy and the Social Sciences* 28, 1998.

Eder, K., "As sociedades aprendem mas o mundo é difícil de mudar", *Lua Nova. Revista de Cultura e Política* 53, p.5-28, 2001.

Enders, B., "Habermas and Critical Thinking", *Philosophy of* Education, 1996.

Giddens, A., *Runaway World: How Globalization is Reshaping our Lives*, Nova York, Routledge, 2000.

Gunther, K., *A Sense of Appropriateness: Application Discourses in Morality and Law*, Albany, SUNY, 1993.

Haas, E.,"Collective Learning: Some Theoretical Speculations", in Breslauer, G. e P. Tetlock (orgs.), *Learning in U.S. and Soviet Foreign Policy*, Boulder,: Westview, 1991.

Haas, P., "Epistemic Communities and International Policy Coordination", *International Organization* 46, 1992.

Habermas, J., *Legitimation Crisis*, Boston, Beacon Press, 1975.

_____. *Communication and the Evolution of Society*, Boston, Beacon Press, 1979.

_____. *The Theory of Communicative Action*, 2 vols., Boston, Beacon Press, 1984-7.

_____. *Moral Consciousness and Communicative Action*, Cambridge, MIT Press, 1990.

_____. *Between Facts and Norms: Contributions to a Discourse Theory of Law and Democracy*, Cambridge, MIT Press, 1997.

Heiskala, R., "Society as Semiosis", University of Helsinki, 1997.

Honneth, A., *The Struggle for Recognition: The Moral Grammar of Social Conflict*, Cambridge, Polity Press, 1995.

Ikenberry, J. e C. Kupchan,. "Socialization and Hegemonic Power", *International Organization* 48 (2), p.279-312, 1990.

Inglehart, R., *Modernization and Postmodernization: Cultural, Economic and Political Change in 43 Societies*, Princeton, Princeton UP, 1997.

Krischke, P.,"Church Base Communities and Democratic Change in Brazilian Society", *Comparative Political Studies* 24(2), p.186-210, 1990.

_____. "Brasil: 'Democracia delegativa?'", in Pinto, C. e H. Guerrero (orgs.), *América Latina: O desafio da democracia nos anos 90*, Porto Alegre, UFRGS, 1995.

_____. "Cultura política e escolha racional na América Latina: Interfaces nos estudos da democratização", *BIB. Revista Brasileira de Informação Bibliográfica em Ciências Sociais* 43, p.103-26, 1997.

_____. "Contextos de socialização, desigualdades e diferenças na democratização: Revisando a teoria de R. Inglehart sobre a mudança cultural", in *Anais do Seminário Internacional "Por Uma Cultura da Paz"*, Curitiba, UNESCO/AUGM/UFPR, 1999.

_____. "Participação social e cultura política" *Revista de Administração Municipal — Municípios* 45 (224), p.12-8, IBAM, 2000.

_____. "Problems in the Study of Democratization in Latin America", *International Sociology* 15 (1), p.107-25, 2000.

_____. "Aprender a democracia na América Latina. Notas sobre o aprendizado político e as teorias da democratização", in Leis, H. et al., *Modernidade crítica e modernidade acrítica*, Florianópolis, Cidade Futura, 2001.

_____. *The Learning of Democracy in Latin America: Social Actors and Cultural Change*, Huntington, New Science Publishers (no prelo).

Lipset, S.M. et al., "A Comparative Analysis of the Social Requisites of Democracy", *International Social Science Journal* 136, p.155-75, 1993.

Mann, D., "Environmental Learning in a Decentralized Political World", *Journal of International Affairs* 444, inverno 1991.

McCoy, J. (org.). *Political Learning and Democratization in Latin America: Do Politicians Learn from Crisis?*, Coral Gables, North-South Center, 2000.

Moisés, J.A.,. *Os brasileiros e a democracia. Bases sociais da legitimidade democrática no Brasil*, São Paulo, Ática, 1995.

Moreira, C., "Cultura política no Uruguai ao final do século: A democracia dos inconformados", in Krischke, P. (org.), *Ecologia, juventude e cultura política*, Florianópolis, UFSC, 2000.

Rawls, J.,. *The Law of Peoples*, Cambridge, Harvard UP, 1999.

Searle, J.,. *The Social Construction of Reality*, NovaYork, Free Press, 1995.

Strike, K.A., "Discourse Ethics and Restructuring", *Philosophy of Education*, 1994.

Strydom, P., "Sociocultural Evolution or the Social Evolution of Practical Reason. Eder's Critique of Habermas", *Praxis International* 13, 1993.

Taylor, C., *Multiculturalismo (Examinando a política do reconhecimento)*, Lisboa, Instituto Piaget, 1998.

Walzer, M., *Da tolerância*, São Paulo, Martins Fontes, 1999.

Wynne, B., "Risk and Social Learning: Reification to Engagement", in Krimsky, S. e D. Golding (orgs.), *Social Theories of Risk*, Nova York, Prager, 1992.

Notas

1. Agradeço as pertinentes sugestões recebidas de Stephen Chilton e Denis Rosenfield para versões anteriores deste texto.

2. J. McCoy, *Political Learning*.

3. P. Krischke, "Church Base Communities".

4. P. Krischke, "Problems in the Study of Democratization in Latin America" e "Aprender a democracia na América Latina".

5. P. Krischke, "Contextos de socialização, desigualdades e diferenças na democratização".

6. R. Inglehart, *Modernization and Postmodernization*.

7. S.M. Lipset et al., "A Comparative Analysis of the Social Requisites of Democracy".

8. K. Eder, "As sociedades aprendem mas o mundo é difícil de mudar".

9. J.A. Moisés, *Os brasileiros e a democracia*.

10. C. Moreira, "Cultura política no Uruguai ao final do século".

11. Cf. J. Habermas, *Moral Consciousness*, p.104; S. Chilton, *Grounding Political Development*, p.80; e P. Krischke, "Participação social e cultura política". Habermas sugere que "os valores culturais ... são, na melhor das hipóteses, *candidatos* a materializar-se em normas destinadas a expressar um interesse geral. Por conseguinte, é apenas relativamente a normas e sistemas normativos destacados da totalidade da vida social que os participantes podem tomar a distância necessária para adotar face a eles uma atitude hipotética [a qual] estende-se apenas às questões práticas que se podem debater racionalmente, ou seja com a perspectiva de obter um consenso. Isso não se relaciona com a preferência de valores, mas com a validade das normas de ação." (Grifo no original.)

12. Sobre isso ver J. Rawls, *The Law of Peoples*.

13. P. Krischke, "Cultura política e escolha racional na América Latina" e "Problems in the Study of Democratization in Latin America".

14. J. Habermas, *Legitimation Crisis*.

15. P. Krischke, "Church Base Communities".

16. J. Habermas, *The Theory of Communicative Action* e *Between Facts and Norms*.

17. P. Krischke, *The Learning of Democracy in Latin America*.

18. J. Habermas, *Moral Consciousness*.

19. P. Krischke, "Problems in the Study of Democratization in Latin America" e *The Learning of Democracy in Latin America*.

20. J. Habermas, *Communication and the Evolution of Society*, p.73.

21. J. Rawls, *The Law of Peoples*.

22. J. Habermas, *Between Facts and Norms*.

23. P. Krischke, "Cultura política e escolha racional na América Latina" e "Problems in the Study of Democratization in Latin America".

24. P. Krischke, "Cultura política e escolha racional na América Latina".

25. P. Krischke, "Problems in the Study of Democratization in Latin America".

26. J. McCoy, *Political Learning* e K. Eder, "As sociedades aprendem mas o mundo é difícil de mudar".

27. E. Haas, "Collective Learning".

28. J. Habermas, *Between Facts and Norms*.

29. Cf. March (1991); P. Strydom, "Sociocultural Evolution or the Social Evolution of Practical Reason"; B. Wynne, "Risk and Social Learning: Reification to Engagement"; e Reiter (1994).

30. Cf. A. Giddens, *Runaway World*, e U. Beck, *Risk Society*.

31. J. Rawls, *The Law of Peoples*.

32. J. Habermas, *Moral Consciousness*.

33. Cf. P.J. Conover e D. Searing, "Democracy, Citizenship and the Study of Political Socialization"; J. Ikenberry e C. Kupchan, "Socialization and Hegemonic Power"; D. Mann, "Environmental Learning in a Decentralized Political World"; M. Corsten, "Between Constructivism and Realism"; Heiskala, R., "Society as Semiosis".

34. K. Eder, "As sociedades aprendem mas o mundo é difícil de mudar".

35. Cf. C. Taylor, *Multiculturalismo*; M. Walzer, *Da tolerância*.

36. Cf. A. Honneth, *The Struggle for Recognition*; K. Gunther, *A Sense of Appropriateness*; J. Bohman e B. Rehg (orgs.), *Pluralism and the Pragmatic Turn*; S. Chilton, *Ways of Relating*.

37. Cf. P. Amato, *Communicative Ethics and Deliberative Democracy*; B. Enders, "Habermas and Critical Thinking"; J. Anderson, "The 'Third Generation' of the Frankfurt School"; K.A. Strike, "Discourse Ethics and Restructuring"; S. Chilton, "Situating Postmodernism in Cognitive-developmental Perspective".

A DOBRA E A SINTONIA, PARA UM MUNDO EM RESSONÂNCIA

Jean-Jacques Wunenburger
Université de Bourgogne
Université Jean Moulin Lyon 3

Se temos motivos para falar hoje de uma crise da civilização, ela encontra sem dúvida sua origem numa "dupla-imposição" (*double bind*) inerente à ideologia planetária dominante. Essa repousa, com efeito, sobre duas injunções contraditórias endereçadas aos indivíduos, grupos ou sociedades: de um lado, "seja você mesmo", quer dizer, afirme sua diferença, sua singularidade, e, de outro lado, "seja Homem", quer dizer, participe da expressão do universal da humanidade. Podemos tornar conciliáveis essas duas prescrições éticas, que engendram sensibilidades, práticas e instituições opostas: uma escalada de reivindicações em favor das identidades autóctones, do direito dos povos disporem de si mesmos (a indianidade, por exemplo), e uma propensão à globalização crescente das normas e dos poderes (tecnologia planetária, nova ordem mundial)?

A questão não é, nem de longe, puramente teórica, visto que ela toma a forma de contradições bastante concretas. Deste modo, a passagem progressiva da sociedade produtivista do século XIX à sociedade de informação contemporânea permitiu valorizar os bens imateriais em detrimento dos bens materiais, o que aproxima pela primeira vez as sociedades hiperdesenvolvidas das sociedades tradicionais, pré-industriais. Mas a técnica da mídia (produção, gestão e transmissão de informações) não se desenvolve freqüentemente em detrimento da mensagem, como já havia previsto McLuhan? Uma verdadeira sinarquia internacional não tende a monopolizar os códigos e sua circulação (redes informáticas, bancos de imagem, TV etc.) e a dar crédito à profecia — apocalíptica — de uma uniformização mundial dos referentes, de uma hegemonia cultural dos produtores de signos? Neste caso, a sociedade de informação colocaria progressivamente fim a todas as formas de expressão local. Numa outra perspectiva, pode-se notar que depois da fase de descolonização do terceiro mundo, marcada, em parte, pelo confisco das emancipações culturais em benefício da soberania da ideologia soviético-marxista, assiste-se a um ressurgimento de neotradicionalismos exacerbados. Mas essas resistências culturais à uniformização não correm o risco de levar, ao contrário, a uma inesperada cacofonia, uma espécie de Torre de Babel das mensagens?

Neste contexto, dois tipos de reação unilateral tendem a se desenvolver, e remontam às estratégias primárias próprias de todo vivente ameaçado: de um lado, a síndrome identitária que passa por uma sobredeterminação das raízes, um apego fantasmático à pureza das origens, que pretende preservar a identidade étnica da idiossincrasia cultural pelo fechamento sobre si, o isolamento, a separação, a exclusão; de outro lado, o ideal sincrético da intercambialidade de todas as normas, da indistinção ou da variedade de cores dos modos de pensamento e de vida, em benefício de um *melting pot* [cadinho] geral. Ora, tanto a catarse identitária ativa dos afetos de hostilidade, em relação à diferença e à alteridade, como o cosmopolitismo apátrida cultivam uma paixão, até mesmo uma idolatria da confusão, que pode levar ao esquecimento de si mesmo, ao ódio de si. Neste caso, busca-se exclusivamente o mimetismo, a assimilação ao outro, exato simétrico de sua exclusão.

A questão é, portanto, de saber se o desafio que nos é imposto não consiste em ultrapassar esta disjunção entre o retorno glacial rumo a uma espécie de idade de ouro "pré-colombiana" e a fuga para a frente em uma aventurosa pós-modernidade. Em suma, seja como for, talvez devêssemos apreender nosso futuro imediato com a ajuda de um paradigma da complexidade. Neste caso, conviria transformar uma contradição extática em um paradoxo dinâmico e sair da aporia — identidade alterófoba ou pluralidade indiferenciada. Trata-se, em particular, de saber se podemos pensar os nexos do mesmo e do outro sem passar por um terceiro incluso ou um entre-dois, definir uma harmonia que não elimine as heterogeneidades e as tensões entre entidades constitutivas, salvaguardar juntamente, mesmo de maneira instável e, portanto, vivaz, o local (o *Oikos*, o país) e o global (o *Kosmos*)? Neste caso, os nexos dos homens com seu ecossistema, com uma Natureza-paisagem, não constituiriam a condição para que a sociedade e as culturas pudessem experimentar sua interdependência não renunciando, em absoluto, à originalidade de seu mundo? Como pensar, então, as relações entre o cultural, o intercultural e o natural, ou seja, em particular, entre a nova consciência planetária e a ecologia?

1. O Um e o Outro: gênese de um pensamento binário

Ao longo da história, as conquistas militares e econômicas de terras e de populações, estranhas ou desconhecidas, sempre impuseram ao vencedor ter de inventar dispositivos de dominação e de exploração, mas também de denominação do estrangeiro, tornado inimigo, pois, uma vez vencido, submetido. Se os primeiros objetivos residem no uso da força e da violência, os segundos colocam em jogo procedimentos de expressão e de comunicação lógico-lingüísticos que são comuns a cada uma das partes. Como abordar o Outro, representá-lo, conferir-lhe um estatuto?

a) A alteridade impensável

O problema colocado a toda sociedade consiste em efetuar a divisão entre os que são de seu mundo e os que não são de seu mundo. Se o *mundus* é este buraco-central ao redor do qual Rômulo e Remo traçaram os sulcos fundadores de Roma e designa, por sua vez, o círculo dos próximos, dos semelhantes, do Mesmo, como situar os que estão para além do *mundus*, fora do círculo dos próximos e que permanecem na periferia do Outro[1]? Adotando o ponto de vista eurocêntrico, podemos distinguir pelo mesmo três configurações de uma representação intercultural, já operantes antes do século XV e que constituem o *corpus* de base dos operadores da tradução do Outro no Mesmo.

Muito antes da conquista das Américas, os europeus já haviam feito a experiência de um descentramento de seu *mundus*. A literatura grega e a romana, sob a forma de ficção e de crônica histórica, preparam uma lógica de representação do Outro, notadamente durante os encontros dos gregos com os citas ao norte, os egípcios ao sul, depois com o conjunto dos povos orientais, sob o Império de Alexandre. Heródoto, nas suas "Histórias", ilustra assim como a estranheza e a diferença do *Xenós* tomam lugar nas categorias informantes-deformantes. Trata-se, com efeito, de traduzir o Outro, tornando-o inteligível na língua e no pensamento deste que o descobre, inscrevendo-o numa retórica, seja a da inversão: assim Heródoto descreve certos costumes dos egípcios e dos citas, enfatizando que estes fazem ao contrário dos gregos (as mulheres urinam de pé, os homens agachados): "o princípio da inversão é, portanto, uma maneira de transcrever a alteridade tornando-a fácil de ser apreendida (é a mesma coisa, com a pouca diferença de que é o inverso)"[2]; seja da comparação: é uma outra maneira de reconduzir o Outro ao Mesmo. Procuramos, então, encontrar um intermediário pelo qual se possa restituir uma similitude sobre fundo de dessemelhança. Um rio "algures" é como um rio no nosso quintal, tal cerimônia alhures é como tal em nosso lar. A comparação pode ser aprimorada analogicamente, onde o nexo entre duas coisas conhecidas permite representar um nexo desconhecido: Heródoto compara assim, primeiramente, a Táuria ao Cabo Sunion (passagem do grande ao pequeno); depois, ele estabelece um nexo entre a Táuria e a Cítia, análoga ao nexo entre o salto da bota da Itália e a Apulha (nexo da parte ao todo)[3].

Em todas essas técnicas lógico-retóricas não se faz outra coisa senão assimilar a diferença capturando a alteridade. Um dos traços salientes da conquista das Américas, por exemplo, foi mudar a retórica de escala, introduzindo novas categorias. Em Jean de Léry (1578), a diferença inassimilável torna-se novidade absoluta e realidade propriamente anômica: "este país da América, o qual, seja pela maneira de viver dos habitantes, a forma dos animais e, em geral, o que a terra produz, sendo dessemelhante do que nós temos na Europa, na Ásia e África, bem que pode ser chamado mundo novo no que diz respeito a nós"[4]. De uma certa maneira vai aparecer um jogo entre uma identidade da natureza humana e um deslizar das aparências que instalam a alteridade. "A tradução é ao mesmo tempo o que mantém e reduz a distância oceânica; ela é, portanto, ao mesmo tempo a marca, sempre presente de seu corte, e o signo, sempre retomada de sua sutura."[5] É porque a alteridade é pensada a partir de uma recombinação de elementos conhecidos segundo uma nova aparência. Como mostra F. Hartog: "A figura do dessemelhante vai se construir como afastamento em relação ao que se vê 'para aquém de', na medida mesma em que será uma combinação insólita de formas de 'para aquém de'. O hipopótamo parece com o boi, com o cavalo, com o javali, mas ele não é nem boi, nem cavalo, nem javali. O monstro é sempre uma junção de elementos conhecidos."[6]

A lógica da tradução continua portanto, mas a representação da alteridade absoluta se opera antes por intermédio do esquema da alteração: os autóctones têm as mesmas práticas, mas elas são desviantes, anormais, bárbaras. Este procedimento, aliás, foi posto em andamento pelos índios, quando da chegada dos espanhóis no México: assim, os astecas, depois de haver acreditado que a chegada dos espanhóis marcava o retorno do deus Quetzalcoatl e de seu pai, os percebem como homens monstruosos, uma vez que compreenderam que estes possuíam um corpo mortal e que cobiçavam "bestialmente" o ouro. Da mesma maneira, os espanhóis viram nos ritos e crenças astecas uma profanação, por conseguinte, um desvio de seu sagrado transcendente.[7]

Enfim, a modernidade culpabilizada pelo uso passado da violência destruidora do Outro, tem a tendência de trocar a categoria da alteridade pela da diferença. A diferença instala imediatamente o estrangeiro em uma pluralidade anômica, onde cada elemento encontra seu lugar, sem ponto de referência absoluto. Não existe mais mundo absoluto e nem perspectiva única; desse modo, enquanto todas as retóricas anteriores permanecem duais, binárias[8], esta salta sobre o terceiro e coloca imediatamente o múltiplo puro, sem limites. Assim, o diferencialismo dá origem a um relativismo, que já estava em germe no ceticismo de um Montaigne, falando das tribos brasileiras: "Eu acho ... que não há nada de bárbaro e selvagem nessa nação como me contaram, senão que cada um chama de barbárie o que não é seu costume."[9]

Mas não nos encontraremos, de novo, prisioneiros de uma aporia? Saímos verdadeiramente da oposição entre o Um e o Outro? Assim como mostra Myra Jehlen, "a diferença nega a possibilidade de um ponto de vista central e de um horizonte que englobe tudo. Tudo isto só faz negar todo o fundamento à auto-suficiência transcendente que autoriza a designar o não-Eu como o Outro. ... A diferença é a resposta anticolonial à história imperial da alteridade."[10] O problema colocado pela diferença é, então, o seguinte: ou a categoria se dissolve em benefício da alteridade e reconduz, por conseguinte, à linha da divisão esquizomórfica ou, para evitar essa derivação, se faz da diferença a máscara de um universal antropológico e, portanto, uma identidade escondida — o que Myra Jehlen censura T. Todorov de fazer em *A conquista da América.* O mais importante não seria então partir, dado que semelhanças e dessemelhanças se repartem de um lado e de outro, do terreno do encontro comum, que comporta as zonas de interferência e de contestação? O essencial não seria compreender que possa haver diferença que seja suficientemente distinta para constituir o oposto da universalidade[11]?

b) A Uni-versidade do múltiplo

Dito isso, como elaborar um modo de pensar que não pense a alteridade comparativamente, quer dizer, relativamente a uma identidade prévia? Poderíamos, talvez, tentar uma primeira aproximação da questão passando pelo desvio de um mito grego, o dos tipos de humanidade, exposto por Aristófanes, no *Banquete*, de Platão:

> Saiba primeiramente que a humanidade compreendia três gêneros, e não só dois, macho e fêmea, como atualmente; não, existia um terceiro, proveniente dos dois outros. ... Era de uma única peça, a forma de cada um desses homens, com um dorso arredondado e ventres circulares; eles tinham quatro mãos e pernas em número igual; dois rostos em cima de um só pescoço, de uma redondez perfeita, e absolutamente parecidos um com o outro, enquanto que a cabeça, com estes dois rostos, colocados em oposição um ao outro, era única ... Por que esses gêneros eram em número de três e assim constituídos? É porque o macho era originariamente rebento do Sol e o gênero feminino, da Terra; e o que participava dos dois seria, enfim, um rebento da Lua, pois esta também participaria dos dois astros. Eram conseqüentemente

seres de uma força e de um vigor prodigiosos, seu orgulho era imenso, eles chegaram até a se tomarem por deuses.[12]

Zeus, para puni-los, corta assim todos os seres em dois: "nestas condições, o seccionamento dividiu em duas partes o ser natural". Num primeiro tempo, cada metade procurava se unir a outras metades ao acaso, num ciclo sem fim, totalmente estéril. Então, Zeus decidiu deslocar as partes sexuais para que certos encontros se tornassem acasalamentos fecundos. Desde então, Zeus torna possível dois tipos de relação entre metades, as relações entre machos e fêmeas — procedentes da totalidade mista (heterossexuais), tornam-se férteis —, e aquelas entre duas metades do mesmo sexo são estéreis (homossexuais). Deste modo, as metades dos seres homogêneos se unem esterilmente, enquanto as que se opõem complementarmente chegam a procriar.

Em que sentido este texto simbólico, visto que o andrógino permite igualmente definir o símbolo ele mesmo (como união de duas metades formando um todo), poderia nos ajudar a progredir? Primeiramente, este mito da humanidade andrógina constitui talvez o primeiro texto sistemático, uma vez que ele explica as propriedades de um indivíduo, de um gênero sexuado ou de uma sociedade, não relativamente a um outro elemento exterior, mas pelo seu lugar num todo do qual ele é um dos pólos; a estrutura e suas relações de oposição-simetria precedem, por conseguinte, os laços adventícios contratados pelas entidades elementares. Neste quadro, temos dois tipos de justaposição de entidades estéreis, que só fazem duplicar o homogêneo (o macho e a fêmea puros); ou seja, a relação entre semelhantes conduz a uma aproximação, mas que é sem vida. Em contrapartida, para que uma categoria mista, feita de elementos heterogêneos, opostos e complementares — a do andrógino —, forme uma nova unidade, é necessário, antes de mais nada, introduzir (e tal é o artifício de Zeus) um terceiro que religue, simbolizado aqui pelos órgãos sexuais e sua instalação; dito de outro modo, para evitar que elementos complementares se contentem em se relacionar por contigüidade, mas para fazer com que se reúnam na sua diferença, é preciso uma estrutura mediadora, uma "tomada" (*prise*). Pois ser tomado por, ter domínio (*prise*) sobre é a condição que permite tomar, e, analogicamente, sobre o plano intelectual, compreender. Mas os elementos fracionados que sempre estão às voltas uns dos outros (por intermédio de Eros) só se oferecem à posse se se voltam, ao mesmo tempo, em direção à totalidade circular de sua origem, quer dizer, em direção ao mundo "em círculo". Em suma, uma das lições do mito grego é que não é suficiente unir-se ao Outro para recriar a semelhança viva nem de ser semelhante para reconstituir uma unidade. A verdadeira unidade é a do complexo: ela supõe uma oposição essencial entre dois cônjuges, que se reúnem na dessemelhança no momento em que se voltam para o Um (*uni-versos*), simbolizado pelo andrógino circular.

Poderíamos, então, transpor o mito ao problema das culturas dessemelhantes — que são, ao mesmo tempo, partes tomadas de um mesmo mundo, o Todo do mundo, entendido como ser esférico? Neste caso, a uni-versidade das culturas não se aparentaria mais à universalidade homogeneizante e abstrata, mas, antes, a uma hierogamia (casamento sagrado dos complementos opostos), a uma tensão erótico-agonística, tendo como fundo a mediação pela totalidade cósmica. O nexo intercultural, que cria um laço entre culturas dessemelhantes, pode ser compreendido num sentido platônico, como proveniente de uma simbólica do astro lunar, ou seja, do que é colocado no meio e serve de intermediário aos opostos. Ele se distingue, por conseguinte, tanto do nexo cultural de inspiração solar — de dominação exclusivamente masculina, falocrática mesmo —, quanto do nexo unilateralmente feminino, até mesmo maternal, que procura a fusão generalizada por meio de um comum pertencimento à Terra-mãe.

A interpretação mística permite, portanto, revelar uma estrutura sistemática onde os pólos extremos de um mesmo Todo podem reconduzir rumo a uma união, que não é uma fusão alucinada, mas o acoplamento genésico. Para este fim, é necessário que as metades, no lugar de desejar se fundirem com a outra metade, desejam recompor o Todo do qual eles são os seccionamentos. Nunca nos comunicamos mais do que quando nos voltamos em direção a um terceiro, no lugar de procurarmos assemelhar-nos ao outro para uma aproximação. Trata-se, então, de perguntar qual poderia ser a função da cosmologia em relação ao erótico intercultural: voltando-se para a mesma totalidade cósmica — a Natureza —, as culturas, heterogêneas entre elas, não poderiam elas se oferecer os meios de melhor se ligarem juntamente? Em que medida? O que é uma universidade ecológica? Como se voltar para a Natureza como Cosmos, para melhor encontrar-se com os outros homens?

A ecologia frustrada. Podemos constatar que há, talvez, uma má ecologia, que isola a natureza ao invés de ocasionar um *medium* entre os homens. Na maior parte do tempo, com efeito, a concepção da Natureza reenvia a uma ou outra das lógicas seguintes: a) seja por uma representação douta, mesmo científica, que se apóia em uma lógica racional identitária, que faz com que a Natureza seja apreendida como um sistema fechado, cujas leis intrínsecas exigem uma submissão passiva do homem. A racionalidade científica oferece, em conseqüência, a imagem de um mecanismo auto-regulado, do qual o homem é como que excluído, ou percebido apenas como um perturbador; b) seja, ao contrário, a Natureza é abordada sob o efeito da afetividade, como um grande Vivente, que acolhe maternalmente os humanos em seus nichos, que é preciso, desde logo, preservar a qualquer preço contra a desordem ou violência da civilização. Tendemos, por isto, a artificializar a Natureza, a encerrá-la, a colocá-la em reserva (como nos parques naturais, cuidadosamente protegida). Há aqui uma mística invertida, um messianismo ecológico, que pretende que o homem se torne o salvador-redentor da natureza.

A com-preensão do mundo. Em contrapartida, a verdadeira ecologia deveria evitar apoiar-se sobre uma Natureza homogênea, unidimensional, seja esta máquina ou Terra-mãe. O que é, com efeito, a Natureza se não o conjunto dos lugares (*topoi*) e dos meios, que só existem e se dizem no plural? Pois cada indivíduo, grupo ou sociedade só vive e se desenvolve num meio idiossincrático, numa paisagem, que é também seu país, sua morada (*oikós*). Como sugere Augustin Berque, as relações entre o homem e a natureza se situam no plano de uma interface, de uma "mediança", de um *continuum* dialético da objetividade e da subjetividade. "Em matéria de meios, os trajetos de ordem fenomenológica e de ordem física não podem, em absoluto, se dissociar"[13]; "a natureza é, com efeito, o que em si não tem sentido nem pelo, nem para o homem; mas que tem um sentido no homem e ao redor do homem."[14] A Terra não é a mesma para todos, ela não tem as mesma formas e nem o mesmo sentido por toda a parte[15]. A condição de uma relação ecológica não advém de um mesmo tratamento da Natureza, porém do que os habitantes vivem em um certo "clima" (*Stimmung*), onde o homem e o meio procedem ininterruptamente a trocas.

Para que os homens possam, então, se voltar em direção à totalidade mesma, é preciso que renunciem a uma ciência abstrata universal assim como a uma sacralização de seu meio, que o isolaria da História e da vida; o essencial, ao contrário, reside na arte de perceber, de uma estética, que permitem reconhecer um "mundo", um meio específico (o "mundo perceptivo" de Uexküll[16]), que é a condição para que o homem tenha controle sobre a Terra e para que haja influência da Terra sobre o homem. Pois um meio faz surgir entre a Natureza e aquele que a habita uma conivência que os liga num "campo". É o que James Gibson chama *affordance*, quer dizer, "o que o meio específico oferece (*affords*) a um observador que pode percebê-lo, porque ele mesmo está especificamente adaptado a este meio[17]. Augustin Berque usa o termo por "tomada" (*prise*): "é o galho quando a mão o pega, a asperidade se o dedão aí se escora. Os pinheiros têm galhos e os rochedos são ásperos por natureza, mas eles só oferecem apoio (*prise*) para a criança que sabe subir... Um ambiente se manifesta como um conjunto de tomadas (*prises*) com as quais nós estamos tomados (*en prise*)"[18]. É, porém, necessário também para que o homem possa tomar apoio em seu meio e possa tomá-lo em mãos, que seja capaz de o com-preender (no sentido de tomá-lo fechando a mão, de aproximar-se da *Katalepsis*, no sentido de apanhado pelo pensamento, dos estóicos gregos), que haja influência do mundo sobre o homem, ou que o homem experimente uma sim-patia, uma intro-patia em relação ao mundo, pois só conseguimos segurar nas mãos o que sentimos bem. Para este fim, é necessário suspender as relações de objetivação com os arredores, tratado como um conjunto de coisas inertes, esse purgar também das relações animistas, que só vêem no meio espaços sagrados, tabus e coisas inalteráveis. Viver "com" — mais do que "na" — sua paisagem não é lhe impor modelos arbitrários nem imobilizá-lo em uma visão naturista, é crescer juntamente com ele. Tal é a função de uma participação no ecossistema, através da qual se pode perfazer sua própria individuação. A ecologia implica, portanto, uma geo-patia, uma capacidade comunitária de sentir uma paisagem, "con-sentir" com um lugar, vibrar com ele, mas para ter um melhor domínio sobre ele e não procurar somente o êxtase.

Para isso, o habitante e seu país devem "entrar em sintonia", estar em concordância, ter a mesma dobra. É por isso que as atividades humanas criadoras residem freqüentemente numa interiorização dos ritmos da paisagem (no sentido espacial e temporal da descoberta dos intervalos entre as formas) e numa exteriorização dos ritmos corporais no mundo exterior[19]. A relação entre o homem e a natureza deve ser, neste sentido, ritmofásica, o que exige um imaginário de tipo "copulativo" e não assimilativo ou digestivo (que introjeta o exterior no interior), nem adaptativo ou postural (onde o interior domina o exterior para submetê-lo)[20]. Desde então, a vida interativa é constantemente "re-desempenho"[21], quer dizer, mimetismo simbiótico entre o exterior e o interior, porém sem a supressão da identidade específica e da singularidade recíproca da Natureza e do homem.

É porque o homem está integrado em sua paisagem que ele acede a uma expressão específica de si. E é quando ele está assim em sintonia com o seu meio que ele pode voltar-se para o Todo que o com-preende; o homem dispõe, então, de uma eco-cultura a partir da qual ele ata os nexos de complementaridade com outras culturas. A geopatia constitui, neste sentido, o equivalente da sexualidade no mito platônico; desde que o homem acósmico, abstrato, desenraizado, é privado de um *vinculum*, elos que fazem laços, o re-desempenho ecológico confere ao ser uma estrutura, uma organização psicocósmica que abre a geopatia sobre a alteridade. O vínculo sensorial à paisagem torna-se um órgão genésico que dá *domínio*, que dota o sujeito de um dispositivo de colocar-se em relação, que o coloca em sintonia com os outros, mesmo diferentes dele.

Falta ainda perguntar em que condições pode se desenvolver, a partir de meios diferentes, uma comunicação intercultural, aberta sobre uma uni-versidade? O fato de ser membro de uma eco-cultura não inibe o laço de simpatia? Como o fato de se viver em espaços vitais diferentes e, portanto, em campos perceptivos diferentes pode contribuir à unidade andrógina, à reunificação dos homens em uma totalidade?

3. Para o entre-acordo de pontos de vista sobre a Natureza

Como pensar um tipo de comunicação entre culturas heterogêneas, porém dotadas de estruturas relacionais graças à sua simbiose com o meio? Se a verdadeira comunicação opera entre entidades heterogêneas, orientadas para o mesmo Todo, o que é então comunicar? Como reconhecer semelhantes na dessemelhança, sem suprimir as dessemelhanças em benefício de uma informação universal, idêntica?

Este tipo de abordagem se encontra prenunciada, já no século XVII, na lógica filosófica de Leibniz, que procurou conceitualizar uma harmonia universal entre as substâncias, chamadas mônadas, cada qual encerrada em uma perspectiva singular sobre o Todo do universo. Para Leibniz, com efeito, tudo o que vive constitui uma mônada, absolutamente singular, ou seja, uma substância em si e para si, que contém em potência a totalidade do que existe, à maneira como o espelho reflete tudo o que está ao seu redor; cada mônada é assim um "ponto de vista" sobre o Todo, e que Leibniz compara com as diferentes perspectivas que têm os viajantes, vindos de pontos cardeais diferentes, quando abordam a mesma cidade; a identidade de uma mônada é feita da multiplicidade de tudo o que é: "Toda substância como mundo inteiro e como um espelho de Deus ou bem de todo o universo, que cada uma exprime à sua maneira, mais ou menos como uma cidade é diversamente vista segundo as diferentes situações daquele que a olha. Assim, o universo é, de alguma maneira, multiplicado tantas vezes quantas substância há, e a glória de Deus é redobrada por tantas representações diferentes de sua obra."[22] Em conseqüência, cada substância sendo autárquica, auto-suficiente, não tem portas, nem janelas[23]; todavia, ela não é como um átomo isolado, sem vínculo com as outras mônadas. É preciso, portanto, imaginar uma comunicação intersubstancial que opere por relação, sem contato e sem produção de efeitos reais. Dito de outro modo, o vínculo substancial (*vinculum substantiale*) é comparável ao éter da cosmologia newtoniana, que, desde séculos, foi concebido como um meio semimaterial, capaz de influências à distância. Cada mônada dispõe, portanto, do que os românticos chamaram de "afinidades eletivas", de ligações à distância (que em Goethe aproximam, como em Platão, seres opostos) e do que os psicológos lewinianos designaram "campos energéticos"[24]. Deste modo, as substâncias monádicas estão em sintonia, na medida em que cada uma contém em si mesma a dobra — o molde da estrutura interna das outras mônadas[25]. Sua configuração se dobra assim, de si mesma, toma a mesma dobra que os outros, sem sair de si, sem mudar de natureza; deste modo, se instaura uma harmonia das substâncias, sem perda de substância, sem alienação da singularidade, sem tradução da dessemelhança em semelhança. Leibniz pode estender esse paradigma ao conjunto dos problemas de organização dos diferentes, e desenvolve entre outros um projeto de unidade das religiões, sem uniformização real. Existe, portanto, um modelo universal de acordo das mônadas, que se entreacordam sem ser idênticas. "As percepções ou expressões de todas as substâncias se entrecorrespondem, de forma que cada uma, seguindo com atenção certas razões ou leis, por ele observadas, encontra-se com a outra, que faz o mesmo, como quando muitos entram em acordo de se encontrar em determinado lugar em um dia prefixado, o podem fazer efetivamente se quiserem. Ainda que todos exprimam os mesmos fenômenos, não é por isso que suas expressões sejam perfeitamente semelhantes, mas é suficiente que elas sejam proporcionais; como muitos espectadores crèem ver a mesma coisa e se entreentendem de fato, mesmo que cada um veja e fale segundo a medida de sua perspectiva."[26]

Como transpor o paradigma leibniziano da harmonia na diversidade ao problema intercultural? Cada cultura poderia ser pensada como uma mônada que contém em si, por sua constituição geopática, um ponto de vista específico sobre o Todo do mundo, da mesma maneira que todas as outras. Desse modo, as culturas ecológicas podem se comunicar entre si, estar em sintonia, ressoar juntamente, em uníssono na diferença. Em outras palavras, cada homem, grupo ou povo, a partir de sua ecocultura, enquanto habitante de seu lugar, se comunica numa harmonia universal, com todos os outros, mesmo se eles têm cada um, por seu estabelecimento diferente, outras perspectivas sobre o Todo. Cada um pode produzir em si o eco do que outros sentem em seus lugares e tempos. A noção de eco permite designar judiciosamente este trânsito, esta trajetória entre o Mesmo e o Outro: cada um escuta o mesmo som, porém, à distância; portanto, sente ligeiramente diferente, porque experimenta um leve diferencial. Tal é talvez a verdadeira simpatia existente entre culturas ecológicas diferentes. Somente assim acedemos ao verdadeiro sentido da diferença, que é a modulação do Mesmo, mas em lugares distantes, opostos. Cada um em seu lugar participa, então, da mesma música da Natureza.

Assim, o verdadeiro problema para a humanidade hoje não é se recolherem nichos ecológicos e culturais autárquicos, entre os quais não existiria nenhuma ressonância, nem de se reunirem numa massa plástica, gregária, uniforme, para fazer um único corpo, pois assim não haveria mais lugar para o outro e menos ainda para o terceiro que liga, que é a Natureza. O futuro não pertence à explosão centrífuga em mundos fechados nem ao sincretismo informe que quer homogeneizar as diferenças. É desenvolvendo, ao contrário, uma forte, "mediança" entre o homem e seu meio que se pode favorecer formas de "ambientação", que não é fechamento ctônico nas raízes, nem o extravio em uma utopia, no que é "sem-lugar", mas que é criação de um domínio que dá sustentação à vida. É sendo "ambientado" no seu meio, no meio de seu *mundus*, que talvez possamos melhor conhecer em sintonia com todas as outras mônadas, semelhantes-dessemelhantes dos outros "países". É estando à escuta do eco do mundo que se entra da melhor forma em ressonância com os outros, mesmo se não os vemos, nem se viva a mesma coisa. O entreacordo dos mundos, dos lugares e dos meios ergue-se, como o lembra Platão, de um processo de tipo lunar, quer dizer, mediador, que permite entrarem em correspondência o macho e a fêmea, o céu e a terra, a Mãe-Natureza (a *Pakriti* hindu) e o sopro vital do Pai divino (*Puruscha*).[27]

A harmonia planetária não passa, portanto, por cosmos-políticos de entendimento direto, de desenraizamento e desestandardização, de consciência abstrata do universal; ela exige primeiramente o renascimento, aqui e ali, de um olhar em direção ao cosmos andrógino do qual nós somos fragmentos seccionados, e de uma escuta que nos permita escutar o eco, o diferencial-diferente, da mesma ressonância cósmica. A comunicação planetária resulta de uma capacidade de fazer ritmar junto às dobras de nosso ser, que são também as dobras que fazem do mundo o que ele é. Para isto, é necessário talvez aprender a dançar no ritmo da música do mundo.

Tradução: Sônia Amaral Martins e *Marcelo de Andrade Pereira*

Notas

1. Sobre esta questão, ver M. Serres, *Le livre des fondations*, Paris, Grasset, 1983.
2. F. Hartog, *Le miroir d'Heródote: essai sur la représentation de L'Autre*, Paris, Gallimard, 1980, p.237.
3. Ibid., p.240.
4. J. de Léry apud F. Hartog, op.cit., p.227.

5. Ibid., p.249.

6. Ibid., p.260.

7. Ver os artigos de J. Villoro e de J. Martinez-Contreras, como também J.-J. Wunenburger (org.), *La rencontre des imaginaires entre Europe et Amériques*, Paris, L'Harmattan, 1993.

8. F. Hartog, op.cit., p.269.

9. Montaigne, "Des Cannibales", in *Essais*, Paris, Gallimard, Bibliothéque de la Pléiade.

10. M. Jehlen, "L'autre et la différence. La découverte réciproque de l'Amérique", in J.-J. Wunenburger (org.), *La rencontre des imaginaires entre Europe et Amériques*, op.cit.

11. Idem.

12. Platão, *Le Banquet*, 189 d sq, Paris, Les Belles-Lettres.

13. A. Berque, *Médiances: De miliex en paysages*, Reclus, Maison de la Géographie, Montpellier, 1990, p.41.

14. Ibid., p.51.

15. Ver M. Serres, *Détachement*, Paris, Flammarion, 1993.

16. Ver J. Uexküll, *Mondes animaux, monde humain*, Paris, Gonthier-Médiations, 1965.

17. J. Gibson, "The Ecological Approach to Visual Perception", in A. Berque, op.cit., p.102.

18. A. Berque, op.cit., p.103.

19. Ver a importância concedida por Gaston Bachelard à imaginação material, por exemplo: *La terre et les rêveries de la volonté* (Paris, Corti).

20. Estas categorias são empregadas no sentido de Gilbert Durand em *Las structures anthropologiques de l'imaginaire* (Paris, Dunond, 1990).

21. Termo emprestado de Marcel Jousse em *Anthropologie du geste* (Paris, Gallimard).

22. Leibniz, *Discours de métaphysique*, IX.

23. Ibid., p.XXVI.

24. Ver K. Lewin, *Psicologique dynamique*, Paris, PUF, 1959.

25. Ver Leibiniz, *Nouveaux essais sur l'entendement humain*, II, 12, 1.

26. Leibniz, *Discours de métaphysique*, XIV.

27. Ver A. Grinbetière, "Quelques remarques sur la fonction du symbole à propos de l'espace sacralisé", *Cahiers Internationaux de Symbolisme* n.13, 1967.

Filosofia Política • III / 4

O Terror

Este livro foi composto por TopTextos Edições Gráficas, em Agaramond e Stone Sans, e impresso por Cromosete Gáfica e Editora em setembro de 2002.